Steinwede
Religionsbuch Oikoumene
Werkbuch 3

Religionsbuch Oikoumene

Werkbuch 3

von Dietrich Steinwede
unter Mitarbeit von Kerstin Lüdke

Patmos

Gesamtherstellung: Bercker GmbH, Kevelaer

ISBN 3-491-78467-0

INHALT

Drittes Schuljahr

Vorwort

Liebe Religionslehrerin, lieber Religionslehrer,

in seinen didaktischen Intentionen entspricht das Religionsbuch Oikoumene 3 den Bänden 1 und 2. Biblisches Lernen, Lernen als Umgang mit Symbolen wird erweiternd fortgesetzt; das ökumenische Lernen erfährt durch das Bekanntwerden mit der ökumenischen Bewegung der Christen – und der im Spiralcurriculum aus Kl. 1/2 wieder aufgenommenen und differenzierten Information über islamisches Glaubensleben (Oikoumene der Religionen) – eine inhaltliche Intensivierung. Wie das Werkbuch 1/2 gibt auch das Werkbuch 3 knappe theologische und fachdidaktische Hinweise zu den Buchabschnitten, Einzelhinweise zu den Bilddoppelseiten (Bild-, Text- und Liederinterpretationen), methodische Anregungen und reiches Zusatzmaterial. Wieder ist der Band nach dem Bausteinprinzip angelegt. Auswahl aus dem überreichen Angebot ist also nicht nur möglich, sondern sogar geboten. Die im Einführungsteil des Werkbuches 1/2 beschriebenen Arbeitsformen sind bei erhöhtem Anspruch für die konkrete Unterrichtsgestaltung weiterhin maßgebend.
Alle, die an der Arbeit mit den Bänden 1/2 Freude gewonnen haben, mögen auch aus Bd. 3 mit seiner vielfältig aufgefächerten Thematik zum Leitmotiv ›Haus‹ ebenso reichen Gewinn ziehen. Das wünschen

Kerstin Lüdke und Dietrich Steinwede

DRITTES SCHULJAHR

Leben in einem Haus

Alle Menschen dieser Erde
wohnen in dem Haus der Welt.
Alle Menschen dieser Erde
wohnen nebenan.

Hans Jürgen Netz

Siehe da, Gottes Haus bei den Menschen.
Er wird bei ihnen wohnen.
Und sie werden sein Volk sein.

Offenbarung 21,3

Teil 1: Wohnen und Leben im Haus (Seiten 4–9)

Absichten
Die Kinder sollen:
- lernen, daß sie ihr eigenes Haus Gott anvertrauen können – S. 4–5
- Behaustsein und Unbehaustsein auf dieser Erde wahrnehmen – S. 6–7
- über Lebensformen im Haus nachdenken – S. 8–9

Seiten 4/5
Das Religionsbuch Oikoumene 3 beginnt mit einem Hausfoto und einem Segen (S. 4). Hinter Bäumen liegt ein kleines einladendes ländliches Haus. Es strahlt Wärme und Geborgenheit aus, steht für einfaches aber erfülltes Leben und Wohnen in einer von der Natur geprägten Umgebung, das längst nicht jedem Kind vergönnt ist. Aber wenn wir nach einer gottgewollten Behausung für den Menschen fragen, könnte hier ein Beispiel gegeben sein. Verbunden wird das Foto mit einem Segensspruch, der nach dem Wassersegen auf der Abschlußseite von Bd. 2 (S. 93) nun den 3. Band eröffnend Welt – Haus – Eltern – Augen, Hände, Mund – das Aufstehen am Morgen und den Schlaf in tiefer Nacht Gott anbefiehlt. Die Segensbitte kann über längere Zeit zu Beginn des Tages (der Religionsstunde) gesprochen, zu einem festen Bestandteil des Schullebens werden (Ritualisierung).
Dasselbe gilt für das Jahreslied S. 5. Bei der ruhig dahinfließenden vierteiligen Melodie (Schema aa, bb) empfiehlt es sich, mit dem Refrain (»Gott mit deiner Liebe . . .«) zu beginnen. Strophe 1 mit ihrem Geborgenheits- und Sehnsuchtsmotiv legt dann den Vergleich mit dem Foto S. 4 nahe. In Strophe 2 läßt das Brückenmotiv eine Rückblende auf die entsprechende Einheit in Bd. 2 (dort S. 18–20) zu. Schutz, Sehnsucht, Geschenk des Wortes, Heilwerden der Seele sind die Leitwörter von Strophe 1, Vergebung, Brücke, Ufer, Weg die von Strophe 2. Beide Male sind die Hände Gottes angesprochen (vgl. den Abschnitt ›Hände‹, Bd. 2, S. 20–23), während der Refrain den Lebensanfang unter Gottes Liebe und die Schöpfung anspricht: »Du bist es, der diese Welt ersann« – »Du bist es, der meinen Sinn (meine Fähigkeit zu denken, zu träumen usf.) ersann.«

Methodische Empfehlung zur Erarbeitung von Text und Melodie (vgl. Werkbuch 1/2, S. 26 f.)
1. Refrain und Strophen zeilenweise als Lückentext an die Tafel schreiben. Die Kinder suchen die zu ergänzenden Wörter, finden sich dabei in die Textaussage, in den Gedankengang, ein.
2. Die Melodie summen, jeweils erst nach kürzeren, dann nach längeren Partien abrupt aufhören. Hörend und den Text mitlesend, benennen die Kinder den betreffenden Ort. Dabei prägen sie sich unmerklich Text und Melodie ein (funktionales Lernen!).
3. Nachdem sie oft genug in immer schwierigeren Aufgaben Text-Melodie-Stellen identifiziert haben, beginnen die Kinder die Melodie zunächst vorsichtig, dann immer sicherer nachzusummen, danach in einem letzten Arbeitsgang das Lied zu singen.

4. Bei einer Klapptafel kann man durch Zu- und Aufklappen zunächst zeilenweise das eigentliche Memorieren (intentionales Lernen!) beginnen, indem man abwechselnd sprechen und singen läßt.

Ich habe diese Methode häufig verwendet und dabei festgestellt, daß die Kinder dieses ›Spiel‹, das Rateeffekte hat, unter sofort einsetzender Konzentration stets mit viel Spaß vollzogen haben. Wichtig ist, daß man in den nachfolgenden Stunden die Wiederholung als eigentliche Befestigung nicht vergißt.

Seiten 6/7
Das ›Haus der Welt‹, die Welt als Haus aller Menschen ist Thema von Band 3. Dieses Welthaus, unsere Erde, ist immer zugleich – so die religiöse Aussage – ein Gotteshaus. Die originelle Kinderzeichnung des 11jährigen Tomoko aus Berlin verdeutlicht in kindlich-ökumenischer Sichtweise aber zunächst einmal: Die Erde ist Wohnstatt aller Menschen, und alle Menschen sind auf dieser Erde willkommen. Im dunklen Weltall, das durch Sterne sowie einen Planeten mit Ring gekennzeichnet ist, schwebt unser blauer Planet, dieser Stern, gar wundersam (Bd. 1, S. 16), auf dem alle Menschen, also auch wir (wir Kinder) in der jeweiligen unmittelbaren Nachbarschaft – sei es im Hochhaus, sei es im gutbürgerlichen Reihenhaus – miteinander auskommen müssen. Friede wünscht Bertolt Brecht unserem Haus, dem Haus nebenan und dem friedlichen Nachbarn. Jedermann ist in seinem Haus auf diesem Erdball willkommen. Jedermann aber sollte sich auch einem friedlichen Miteinander verpflichtet fühlen.

Stark kontrastiert dazu die S. 7: Längst nicht jeder Mensch hat ein heiles, schützendes, bergendes Haus als Heim- und Wohnstatt. Die äthiopischen Flüchtlinge am Lager Wad Sharife im Sudan haben nur eine Matte gegen die brennende Sonne. Sie sind unbehaust (›Menschen ohne Haus und Habe‹). Mutter und Kind kauern sich mit dem minimalen Besitztum, das sie haben. Und nicht viel anders ergeht es den Menschen, den Kindern in den Slums vieler Großstädte vor allem der Dritten Welt. Sie haben zwar ein Zuhause, aber in welcher elenden Armseligkeit. Unsere Kinder sollen diesen Kontrast sehen und im Gegenüber zu dem festen, sicheren Ort der eigenen Wohnung mit den nahezu selbstverständlichen Gaben von Licht, Wasser und Wärme, von Bett, Herd, Tisch und Stuhl immer neu bedenken lernen.

Aufgaben:
1. Die Fotos S. 7 im Vergleich betrachten. Der Betroffenheit über elendes Wohnen Ausdruck geben.
2. Sich vor allem an der Kinderzeichnung S. 6 die Weltweite des Wohnens – auch in ganz unterschiedlichen Wohnhäusern (vgl. Zeichnungen S. 2/3) – verdeutlichen.
3. Über friedliches Miteinander sprechen.
4. Den Aufgaben S. 7 gerecht werden[1].

---

1 Zu Aufgabe 3: »Die Füchse haben ihren Bau und die Vögel ihr Nest, aber der Menschensohn hat keinen Platz, wo er sich hinlegen und ausruhen kann« (Matthäus 8,20).

Zu den unterschiedlichen Behausungen von Menschen im geschichtlichen Ablauf empfiehlt sich die Liedfassung einer Strophe von Eva Rechlin[1]:

Text: Eva Rechlin
Melodie: Martin Gotthard Schneider

Von der Wohnnot im Nahbereich, von den Wünschen einer in einer Baracke untergebrachten Flüchtlingsfamilie erzählt Renate Schupp höchst anschaulich in ›Häuser anschauen‹. Der Unterschied zwischen Unterbringung und Wohnen wird hier deutlich. Das Träumen von einem bescheidenen zukünftigen wirklichen Heim hilft der vaterlosen Familie die entbehrungsreiche Gegenwart zu ertragen. Sind Flüchtlingskinder in der Klasse, können sie vom Wohnen in ihren Heimatländern erzählen. U. a.: Großfamilie. Es wird viel mehr gemeinsam gelebt. Die Türen stehen offen, Gastfreundschaft wird geübt.

Häuser anschauen

Draußen vor der Stadt, dort, wo schon die Felder beginnen, befand sich das Flüchtlingslager – fünf niedrige, langgestreckte Holzbaracken, die sich vollkommen glichen. Innen hatten sie alle einen langen düsteren Mittelgang, rechts und links eine Reihe Türen, und hinter jeder Tür eine Familie. Susi Jablonski wohnte hier mit ihrer Mutter und ihrem Bruder Paul. Sie hatten eine von den kleinsten Stuben, weil sie nur zu dritt waren. Aber für mehr als drei

1 Aus: *Martin Gotthard Schneider,* ›Sieben Leben möcht ich haben‹. Neue Lieder für Schule, Gemeinde und Familie, Verlage Kaufmann/Christophorus, Lahr/Freiburg 1975, Nr. 37. Text: © Autorin.

hätte der Platz auch nicht gereicht. Sie konnten gerade die allernötigsten Dinge unterbringen.
Für jede Baracke gab es einen einzigen Wasserhahn am Ende des Flurs und eine Toilette, die immer besetzt war und vor der sich die Mutter unaussprechlich ekelte.
Wenn es regnete, tropfte es in der Stube durch die Decke, immer an einer anderen Stelle, und sie mußten die Betten verschieben, mal hierhin, mal dorthin, damit das Bettzeug nicht naß wurde. Als der Winter kam, pfiff der Wind so erbärmlich durch alle Ritzen, daß das schwache Feuerchen im Ofen nichts gegen die Kälte ausrichten konnte. Dann saßen Susi und Paul in Mütze, Schal und Mantel am Tisch und machten ihre Aufgaben mit klammen Fingern.
Für die Mutter war das schlimmste, daß man nie und nirgends wirklich allein sein konnte. Jeden Augenblick geschah es, daß jemand den Kopf durch die Tür steckte oder im Vorbeigehen mal eben durchs Fenster sah. Und die Wände zwischen den Stuben waren so dünn, daß man jeden Atemzug hörte, den nebenan einer tat. Jeder nahm zu jeder Zeit an jedermanns Reden und Lachen und Weinen teil. Nie, nicht einmal nachts, war es wirklich still.
Manchmal, wenn Paul und Susi aus der Schule kamen, saß die Mutter auf dem Bett und weinte. Dann setzten sie sich zu ihr und weinten mit. Es gab nichts, daß man fragen oder sagen konnte – nur dieses ganz trostlose Leben.
Immerhin ging der Winter vorüber, und allem Unglück zum Trotz wurde der Frühling strahlend schön. Da fingen sie an, große Spaziergänge zu machen, den Fluß entlang und in die umliegenden Wälder oder einfach planlos durch die Landschaft – nur weg von diesem Ort des Elends.
Sonntags gingen sie Häuser anschauen. Sie spazierten durch die stillen, ausgestorbenen Straßen und überlegten, in welchem Haus sie am liebsten wohnen wollten.
Es gab Mietshäuser mit langen Reihen hoher Fenster. In solch einer Wohnung hatten sie früher gewohnt – in großen hellen Zimmern mit schönen Möbeln und sauberen Vorhängen. Sie sahen zu den Fenstern hoch und verteilten die Zimmer und ereiferten sich, bis sich irgendwo ein Fenster öffnete und jemand herausschaute. Dann grüßten sie verlegen und gingen rasch weiter.
Susi hätte am liebsten in einer von den alten Villen am anderen Ende der Stadt gewohnt. Sie standen in großen verwilderten Gärten unter alten Bäumen und waren mit Erkern und Türmchen geschmückt. Besonders von den Türmchen war Susi entzückt.
»Schau doch, schau!« rief sie und hielt die Mutter am Ärmel fest. »Wie ein Dornröschenschloß!«
Aber die Mutter winkte ab.
»Nein, nein! So ein großes Haus muß man nicht haben. Ich wäre schon mit einem ganz kleinen zufrieden. Zwei Räume – das wär' genug! Einer zum Schlafen und einer für alles andere.«
Sie gingen nebeneinander her, die Kinder eng an die Mutter gedrängt, und träumten sich ihr Häuschen zurecht. Umsichtig bedachten sie alles, was nötig war, damit sie es schön und behaglich darin hätten. Eine Küche wurde eingerichtet und ein Schlafzimmer mit weichen weißen Betten. Allerlei Möbelstücke wurden hin- und hergeschoben und Schränke eingeräumt. Und die Fenster bekamen innen Vorhänge und außen feste Läden, die man abends zumachen konnte.

»Gegen den Wind«, sagten die Kinder.
»Gegen die Leute«, sagte die Mutter.
»Und die Haustür kann man abschließen, nicht wahr«, rief Paul eifrig. »Wir machen ein Schild an die Tür mit unserem Namen darauf. Dann wissen alle: Hier wohnen Jablonskis. Und wer uns besuchen will, muß klingeln.«
»Und wenn wir keine Lust haben, machen wir nicht auf«, erklärte Susi schlau. »Wir lassen nur liebe Leute rein.«
»Ganz bestimmt!« sagte die Mutter und lächelte. »Und am Abend bringe ich euch ins Bett und sage: ›Schlaft schön, Kinder, ich gehe ins ANDERE Zimmer!‹ Und das tue ich dann auch. Ich mache die Tür hinter mir zu und gehe ins ANDERE Zimmer!«
»Und was tust du da?« fragten die Kinder neugierig.
»Oh«, sagte die Mutter, »ich setze mich an den Tisch und höre zu, wie still es ringsum ist.«
»Das ist langweilig«, erklärte Paul.
Aber die Mutter schüttelte den Kopf. Sie sah über die Kinder hinweg in eine unerreichbare Ferne. Und in ihren Augen lag ein verträumtes Lächeln.

Renate Schupp[1]

Von der Freude der Kinder, sich selbst Häuser als Unterkünfte zu schaffen (Höhle im Wald, Baumhaus oder nur das Haus unter dem Tisch, der mit einer Decke bedeckt ist; vgl. S. 8, Aufgabe 5) erzählt ›Lukas in der Hundehütte‹ von Gudrun Pausewang. Die Geschichte – Lukas bereitet sich in der leeren Hundehütte einen Ort, darin zu wohnen – läßt sich gut mit dem Lied ›Das erste Haus war eine Höhle‹ verbinden. So klein die Hütte auch ist und obwohl sie erst von Hundehaaren und Flöhen gereinigt werden muß, Lukas schafft sich darin ein warmes, urgemütliches Nest, das er sogar elektrisch beleuchtet.

Lukas in der Hundehütte

Harko, der große alte Hofhund, ist schon seit einem Monat tot. Aber seine Hütte steht noch immer leer. Die Eltern wollen keinen neuen Hofhund kaufen.
»Was wird mit der Hütte?« fragt Lukas.
Darüber hat sich der Vater noch keine Gedanken gemacht.
»Darf ich sie haben?« fragt Lukas.
»Was, um alles in der Welt, willst du mit dieser Hütte anfangen?« fragt der Vater.
»Drin wohnen«, antwortet Lukas, ohne lange überlegen zu müssen.
»Was?« sagt der Vater und muß lachen. »Verrückte Idee. Du kannst dich da drin nicht mal richtig ausstrecken, so klein ist sie.«
»Darf ich?«
»Also, von mir aus – meinetwegen«, sagt der Vater. »Aber mach sie vorher sauber. Sie wird voller Flöhe und Hundehaare sein.«
Lukas räumt Harkos alte Decke aus der Hütte und wirft sie in den Müllcontainer. Dann holt er einen Eimer voll Wasser und eine Wurzelbürste. Damit schrubbt er die Hütte aus. Flöhe hüpfen auf, und im Eimer schwimmen

1 Aus: ›Vorlesebuch Symbole‹, hrsg. von E. Domay, Verlage Kaufmann/Patmos, Lahr/Düsseldorf 1989, S. 187–189 (geringfügig geändert).

Hundehaare. Die Mutter bringt Lukas eine Streubüchse voll Insektenpulver. Das streut er in der Hütte aus, sobald sie wieder trocken ist. Dann läßt er sich von der Mutter das Schaffell geben, das früher mal ein Bettvorleger gewesen ist. Es hat schon ein paar kahle Stellen, aber es ist noch immer schön weich und flauschig. Er breitet es auf dem Boden der Hütte aus. Seine kleine Nachttischlampe fällt ihm ein. Er holt sie aus seinem Zimmer, klopft einen Nagel in die Innenwand der Hütte, hängt die Lampe daran, bettelt sich von Mutter und Großmutter drei Verlängerungskabel zusammen und legt damit eine elektrische Leitung aus dem Kuhstall in die Hundehütte. Die Großmutter schenkt ihm zwei alte Kissen, die für ihr Sofa nicht mehr schön genug sind, und der Vater borgt ihm die Reisedecke aus dem Auto.
»Kannst du für deine Wohnung vielleicht einen Kalender gebrauchen?« fragt die Mutter.
Natürlich kann Lukas ihn gebrauchen, denn was ist eine Wohnung ohne Kalender? Er hängt ihn neben die Lampe. Und ein Poster klebt er sich auch hin. Auf dem Poster ist ein Vogelnest zu sehen, in dem eine Vogelmutter ihre Jungen füttert.
»Wie wär's mit Proviant?« fragt die Großmutter.
O ja, Proviant ist immer gut, vor allem wenn's Gummibärchen sind. Aber wohin mit ihnen? Noch ein Nagel muß her, damit Lukas die Gummibärchentüte an der Wand aufhängen kann. Dieser Nagel muß auch noch die Tasche mit der Blockflöte und dem Liederheft tragen. Und über dem Türloch befestigt Lukas mit Reißzwecken einen leeren Kartoffelsack, den er wie einen Vorhang herunterlassen kann.
Dunkle Wolken ziehen auf.
»Gleich wird's gießen!« ruft die Mutter Lukas zu. »Komm rein!«
»Wozu?« fragt Lukas. »Ich hab doch ein Haus.«
Er kriecht in die Hundehütte, läßt den Sack herunter, kuschelt sich aufs Schaffell, deckt sich mit der Reisedekke zu, kaut Gummibärchen und lauscht dem Regen, der auf das Hüttendach trommelt. Kein Tropfen dringt ein, kein Sturm, keine Kälte. Lukas findet es urgemütlich. Nur daß er sich manchmal kratzen muß, weil es ihn juckt. Sind etwa doch ein paar Flöhe auf ihn gehüpft?
Ab und zu schaut die Mutter aus dem Küchenfenster zur Hundehütte hinüber. Es dämmert schon. Noch immer regnet es. Auf einmal sieht sie Licht aus den Ritzen der Hütte schimmern. Und dann hört sie ein Lied auf der Flöte.
Da möchte sie am liebsten zu Lukas in die Hütte kriechen.

Gudrun Pausewang[1]

Vom Gegensatz des Wohnens der Armen (vgl. S. 7) und der Reichen in Südamerika erzählt ›Lieber Gott der Reichen‹. Müllkinder bitten in der Kirche der Reichen voller Hoffung den Gott der Reichen um Hilfe. Sie werden vertrieben. Der Gott der Reichen scheint für sie nicht da zu sein (Kritik).

1 Aus: ›Vorlesebuch Symbole‹, a. a. O., S. 189–190. © Autorin.

Lieber Gott der Reichen

In Südamerika gibt es viele Arme und nur wenige Reiche. So ist es auch in der Stadt San Vicente. Die Reichen wohnen im Viertel El Sol, daß heißt »die Sonne«. In diesem Viertel stehen die herrlichsten Villen, und jede Villa steht in einem Garten voller gepflegter Blumenbeete. Die Arbeit in den Villen tun Dienstmädchen, die Gärten werden von Gärtnern gepflegt, Kindermädchen führen die Kinder der Reichen aus, Köchinnen kochen den Reichen das Essen, und manche Reiche halten sich sogar einen Chauffeur.

Die Köchinnen, Dienstmädchen, Kindermädchen, Gärtner und Chauffeure sind in den neun Vierteln der Armen daheim. Dort gibt es weder Villen noch Blumengärten. Dort hausen Familien mit vielen Kindern zusammen mit den Großeltern und noch anderen Verwandten in winzigen Hütten ohne fließendes Wasser und ohne Toiletten. Dort sind die Wege nicht asphaltiert: Die Kinder spielen in den Pfützen der Abwässer und im Schlamm des letzten Regens. Die Kleineren laufen nackt herum. Die Eltern haben kaum Geld genug, um den Größeren Kleider zu kaufen. Bei vielen langt es nicht einmal, um die Familie satt zu machen. Und die meisten Armen, egal ob Kinder oder Erwachsene, haben keine Schule besuchen können, weil es nicht genug Schulen in den Armenvierteln gibt und weil man die Bücher und Hefte und den Unterricht bezahlen muß.

Es gibt auch Kirchen in den Armenvierteln – kleine, ärmliche Kirchen, in denen die vielen Armen kaum Platz finden. Und der Pfarrer kann ihnen in ihrem Elend auch nicht helfen. Wenn wenigstens jede Familie ein Stückchen Land besäße, um sich selbst Mais und Kartoffeln und Gemüse zu ziehen und ein paar Hühner zu halten! Aber das meiste Land gehört den Reichen. Und es gibt nicht genug Arbeitsstellen für all die vielen Armen, die Geld verdienen möchten, um ihre Familien vor diesem Elend zu bewahren.

Die Kirche von El Sol dagegen ist ein mächtiges Gebäude, das die Villen überragt und schon von weitem zu sehen ist. Sie hat einen Marmorboden und Marmorsäulen und riesige bunte Glasfenster mit Bildern darauf, und der Turm ist der höchste in der ganzen Stadt San Vicente. Viele Touristen schauen sich die Kirche an, weil sie so gerühmt wird. Und dann gehen sie auch durch das Viertel El Sol und sagen zueinander: »Wie wunderschön, wie sauber und reich ist diese Stadt!«

Aber niemand sagt ihnen, daß sie auch die Armenviertel anschauen müssen, wenn sie die Stadt kennenlernen wollen. Vielen von ihnen würde grausen vor dem Elend, das sie dort sähen. Nein, damit wollen die meisten Touristen nichts zu tun haben.

»Die Armut macht so traurig«, sagen sie. »Gott sei Dank sind wir nicht arm. Und wenn wir verreisen, wollen wir fröhlich sein.«

Sonntags strömen die Reichen aus dem Viertel El Sol in ihre Kirche. Sie fahren in ihren großen Autos vor und tragen kostbaren Schmuck und teure Kleidung, um zu zeigen, wie reich sie sind.

Die Armen gehen nicht in diese Kirche. Sie wissen, daß sie hier nicht gern gesehen werden und fühlen sich unter den Reichen auch nicht wohl. Aber auf den Kirchenstufen warten die Allerärmsten, die Bettler, die nicht einmal eine Hütte im Armenviertel haben,

sondern irgendwo in Treppenhäusern oder auf Parkbänken schlafen. Wenn der Gottesdienst zu Ende ist, strecken sie ihre Hände aus und betteln die Reichen an. Dann bekommen sie ein paar Münzen geschenkt und laufen zufrieden fort, um sich etwas zu essen zu kaufen. Sie haben alle Hoffnung verloren, daß es je anders werden könnte. Sie können sich nicht vorstellen, jemals ein kleines Haus zu besitzen und so viel Geld zu verdienen, daß sie sich sauber kleiden und drei Mahlzeiten am Tag leisten können.
Aber die Kinder haben noch nicht verlernt, zu hoffen und zu träumen. Und so kommen eines Sonntags zwei kleine Jungen mitten im Gottesdienst in die Kirche der Reichen: Das Portal stand ja auf, und da sind sie hereingeschlichen, auf Zehenspitzen natürlich. Aber man hätte ihre Schritte sowieso nicht gehört, denn sie sind ja barfuß. Sie sind entsetzlich schmutzig und struppig und haben nichts an als zerlumpte Hosen. Der ältere von ihnen trägt auf dem Rücken einen alten Plastiksack. Darin sind ein verschimmeltes Brötchen, ein paar vertrocknete Weißbrotscheiben, kalte Pellkartoffeln und ein Stück Käse, das von Mäusen angenagt worden ist. Das alles haben die beiden Jungen aus den Mülleimern von El Sol gewühlt: ihr Sonntagsessen.
Der Kirchendiener kommt gelaufen und will die Jungen hinausscheuchen, die gerade durch den Mittelgang auf den Altar zuwandern. Sie stinken. Ein paar Damen werfen ihnen entrüstete Blicke zu und rümpfen die Nasen.
»Fort mit euch«, flüstert der Kirchendiener. »Was habt ihr hier zu suchen? Geht in eure Kirche, dort, wo ihr hingehört!«
»Aber wir wollen euren Gott um etwas bitten«, flüstert der Ältere, der neun Jahre alt ist. Genau weiß er sein Alter selbst nicht.
»Wir waren schon mal da, vor ein paar Tagen, als die Kirche leer war, aber da war wohl euer Gott nicht hier. Jedenfalls hat er uns nicht gehört, denn es ist nichts geschehen bis heute. Deshalb kommen wir nochmal, wo ihr alle hier versammelt seid. Denn jetzt ist er sicher da, wegen euch, und er muß uns hören.«
»Schluß mit dem Gefasel«, zischt der Kirchendiener, stellt sich mit ausgebreiteten Armen vor sie hin und schneidet ihnen den Weg zum Altar ab. Aber sie sind wendig, sie haben gelernt, an Polizisten vorbeizuhuschen und an Dienstmädchen, die den Auftrag haben, Mülltonnenwühler zu verjagen. Sie lassen sich los und schlüpfen rechts und links am Kirchendiener vorbei, rennen hin zum Altar, wo sie sich wiederfinden und an den Händen fassen. Und noch ehe sich der Kirchendiener von seiner Verblüffung erholt hat, ruft der Ältere zum Kreuz über dem Altar hinauf: »Lieber Gott der Reichen, schenk uns reiche Eltern, solche, die in El Sol wohnen! Denn wir hatten nur eine Mutter, die ist tot. Bitte! Wir schenken dir dafür alles, was wir hier im Sack haben. Es war ein guter Tag, wir haben heute morgen viel gefunden. Wir haben noch nichts davon gegessen, damit du siehst, daß es uns ernst ist.«
Und der Ältere läuft die Stufen empor, reckt sich und schwingt seinen Sack vom Rücken auf den Altar.
»Daß du's nur weißt«, fügt er hinzu, »wir haben heute überhaupt noch nichts gegessen –.«
Ein paar Damen in den ersten Reihen schreien erschrocken auf. Die Ministranten weichen zurück, der Priester hört auf vorzulesen und starrt verstört

den schmutzigen Sack an, der vor ihm auf dem Altar liegt, auf der schneeweißen gestickten Decke, zwischen Liliensträußen und Kerzen.
In diesem Augenblick hat der Kirchendiener den Jungen erreicht, hält ihm den Mund zu, zerrt ihn von den Stufen herunter und schiebt ihn vor sich her durch den langen Mittelgang bis zum Portal. Der kleine Bruder stolpert den beiden nach und schluchzt: »Lieber Gott der Reichen, hilf uns doch!«
Er schreit es immer lauter, je näher sie dem Portal kommen. Der Ältere wehrt sich, er beißt dem Kirchendiener sogar in die Finger. Aber es hilft alles nichts, der Kirchendiener ist stärker. Der Jüngere schreit und schreit. Seine Tränen fließen ihm über die schmutzigen Wangen, seine Nase läuft. Aber er hat ja kein Taschentuch.
Kurz vor dem Portal reißt der Ältere die Hand des Kirchendieners von seinem Mund und ruft: »Er ist ja heute wieder nicht da! Pablito, hör auf zu schreien, er ist nicht da!«
Die Leute in den Bänken starren die Kinder an. Sie sind zornig. Was für ein Spektakel in der Kirche, was für eine lästige und peinliche Störung der Heiligen Messe! Der Priester schweigt noch immer und wartet. Er runzelt die Stirn.
Aber nun ist es dem Kirchendiener endlich gelungen, die beiden Störenfriede hinauszuschieben und die Kirchenstufen hinunterzuscheuchen, Gott sei Dank. Er schließt das Portal.
Jetzt sind sie wieder unter sich, die Reichen. Nach dem Gottesdienst beschließen sie, daß künftig ein Wächter am Portal stehen soll, der Bettelkinder gar nicht erst hereinläßt. Überhaupt keine Armen.

Gudrun Pausewang[1]

Seiten 8/9
Das Lied auf den Text von Gina Ruck-Pauquèt entfaltet die Lebensmöglichkeiten im eigenen Haus, wobei die Tür, die man öffnen aber auch verschlossen halten kann, in den Blick kommt. Die Melodie von Martin Gotthard Schneider ist eingängig und leicht zu behalten.[2]

Text: Gina Ruck-Pauquèt
Melodie: Martin Gotthard Schneider

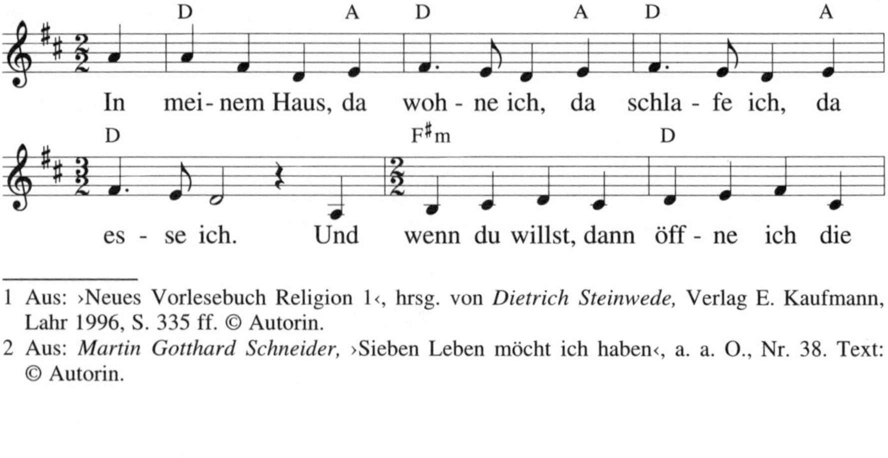

1 Aus: ›Neues Vorlesebuch Religion 1‹, hrsg. von *Dietrich Steinwede,* Verlag E. Kaufmann, Lahr 1996, S. 335 ff. © Autorin.
2 Aus: *Martin Gotthard Schneider,* ›Sieben Leben möcht ich haben‹, a. a. O., Nr. 38. Text: © Autorin.

Der kleine Text von Renate Schupp, man mag ihn vorlesen, zeigt, wie unterschiedlich Menschen ihre Türen öffnen, wenn Kinder aus der Nachbarschaft unangemeldet zu Besuch kommen. Das ›Herzlich willkommen‹ der Frau Rosa geht dabei wirklich zu Herzen.

Das anspruchsvolle Lied S. 9, dessen Melodie schwungvoll (in diesem Fall am besten über Instrumentalbegleitung) sich vermitteln will, enthält eine Textpassage, die reine Poesie ist (›der Himmel, der uns blüht‹). M. a. W.: Solch eine Passage wirkt durch sich selbst, will nicht weiter erläutert oder ausgedeutet werden. Unbeschwertheit, Freiheit, Fröhlichkeit beherrschen Text und Melodie des auch bei Erwachsenen vielgeschätzten Liedes. Das Haus, der Baum, der Himmel, die Tiere, die beim Baum munter spielen, die Kinder, die beim Baum fröhlich tanzen, die Alten, die beim Baum bewirtet, frei aus ihrem Leben erzählen, all das zeigt an, wie ein näherer Umkreis des Hauses von Pflanze, Tier und Mensch mitgemeint ist. Die Kreise sind dabei (neben Haus, Baum und Himmel) leitendes Motiv: »Wo keiner sie (die Tiere) in Kreise sperrt« (Str. 1); »Wo keiner ihre Kreise (die der Kinder) stört« (Str. 2); »Von Kreisen, die ihr Leben zog« (erzählen die Alten, Str. 3); »Weil unser Leben Kreise zieht« (Str. 4). So (keineswegs einfach) rhythmisch-munter, wie das Lied selbst ist, so will es auch ein- und weitergesungen werden.

Die Arbeitsaufgaben S. 8 beziehen die Erfahrungen der Kinder ein. Die siebte Aufgabe versucht ihr Interesse im Hinblick auf Hausinschriften, wie sie vorwiegend über den Türen alter Häuser zu finden sind, zu wecken.[1]

1 Sollten die Kinder keine Hausinschriften finden, lassen sich Beispiele anbieten: »Ich aber und mein Haus wollen dem Herrn dienen« (Josua 24,15). »Herr, segne dieses Haus und die da gehen ein und aus.«

Teil 2: Durch die Tür in Gottes Haus (Seiten 10–14)

Absichten
Die Kinder sollen:
- den Umgang mit Türen reflektieren – S. 10–11
- die Tür ins Gotteshaus als eine besondere Tür wahrnehmen – S. 12
- die Metapher von Jesus als der wahren Tür zur neuen Welt Gottes kennenlernen – S. 13
- erkennen, daß die Tür zu Gottes neuer Welt die Tür zum eigenen Haus sein kann – S. 14

Türen führn ins Haus.
Türen führn hinaus.
Eine Tür führt von mir bis zu dir.
Und ich lad dich ein:
Komm zu mir herein. *Rolf Krenzer*

Seiten 10/11
Die Tür gehört zum Haus wie Wände, Fenster und das Dach. Über Türen können die Kinder sprechen. Das Thema ist ja bereits S. 8 (Lied, Erzählung) angeklungen. Jetzt gilt es, die eigene Haustür (Zimmertüren im eigenen Haus) näher zu betrachten und zu beschreiben (u. U. ein Foto davon mitzubringen und mit Fotos anderer Kinder zu vergleichen). Verschiedene Arten von Türen (in verschiedenen Gebäuden!) kommen in den Blick. Zu den auf S. 10 oben genannten Türen können viele andere Türen hinzukommen: Schultür, Kirchentür, Schranktür; Auto-, Bus-, Zugtür; Flügel-, Pendel-, Dreh-, Schiebetür; oder auch Tore: Hof-, Burg-, Stadttor. Zu einer Haustür (Fotos S. 10) gehören Türangel, Türklinke, Schloß, Klingelknopf, auch ein Namensschild, ein Briefkasten, eine Hausnummer. Viele Haustüren werden bei einem Fest schön geschmückt. An der Haustür steht man beim Willkommen oder Abschied.
Wer an eine Tür anklopft, dem wird das ›Herein‹ entboten. Ihm wird aufgetan. So kann sich im übertragenen Sinne dann eine Tür zum Herzen (vgl. die Liedzeile ›Herr, öffne mir die Herzenstür‹, EG 197), zum Leben, zu Gott öffnen. Schlüssel (vgl. S. 10, Aufgabe 4) ist dann wieder ein eigenes Symbol.[1]

---

1 Zum Teilthema Schlüssel läßt sich das bekannte Schlüsselmärchen der Brüder Grimm (Kinder- und Hausmärchen, Nr. 200) heranziehen:
Da mußte einmal ein Junge hinausgehen und Holz holen. Wie er so den Erdboden aufräumte, fand er einen kleinen goldenen Schlüssel. Nun glaubte er, wo der Schlüssel wäre, müßte auch das Schloß dazu sein, grub in die Erde und fand ein eisernes Kästchen. Wenn der Schlüssel nur paßt, dachte er, es sind gewiß kostbare Sachen in dem Kästchen. Er suchte, aber es war kein Schlüsselloch da. Endlich entdeckte er eins, aber so klein, daß man es kaum sehen konnte. Er probierte, und der Schlüssel paßte glücklich. Da drehte er einmal herum . . ., und was meint ihr wohl, was für wunderbare Sachen in dem Kästchen lagen?
Das Märchen ist offen. Eine Interpretationsrichtung sollte vorgegeben sein. Man kann sich mit einem Schlüssel aufregende, geheimnisvolle Dinge »erschließen«. Ein Schlüssel kann ein Versprechen sein zu etwas. Aber Schlüssel können auch zu wertlosen Dingen führen.

Geschichtsträchtig ist die niedrige (120x79 cm), schwere Tür zur Geburtskirche Jesu in Betlehem (Foto S. 11). Feinde sollten nicht mit ihren Pferden in die Kirche einreiten können. Wer sich dem Geburtsort Jesu nähern wollte, mußte sich zunächst einmal tief bücken (›Tür der Demut‹). Solche uralten Türen mit starken Streben, dicken Nägeln, ausgetretener Schwelle finden sich auch als Zugang zu Burgen, alten Kirchen und alten Häusern.
Die kleine Geschichte S. 11 – die Tür ist darin ein lebendiges, sprechendes Wesen – korrespondiert mit den Zeilen von Gina Ruck-Pauquèt S. 8.
Weitere Sprichwörter und Redensarten zu S. 10, Aufgabe 2, sind: »Offene Türen einrennen«, »jemandem die Tür vor der Nase zuschlagen«, »jemanden vor die Tür setzen«, »jemandem eine Hintertür offenlassen«, »überall offene Türen finden«, »jeder kehre vor seiner eigenen Tür«. Adventlich-weihnachtlich ist das »Macht hoch die Tür, die Tor macht weit« (vgl. S. 50; Psalm 24,7). Biblisch ist das Verheißungswort: »Wer anklopft, dem wird aufgetan« (Matthäus 7,7).
Zum letzteren läßt sich die Geschichte ›Die Tür‹ von Mechtild Theiss heranziehen: Eine verschlossene Tür – es ist die zum Haus seines Großvaters (Streit zwischen Vater und Großvater ist der Grund) – tut sich für Gero auf, als er selbst den Mut gewinnt, den alten Türklopfer anzuschlagen. Feindschaft zwischen den älteren Generationen wird durch die mutige Entschlußkraft des Jungen unterbrochen.[1]

Die Tür

Auf seinem Weg zur Geigenstunde kam Gero immer an einem alten Haus vorbei. Es war grün und weiß getüncht, seine großen Fenster waren in kleine Einzelscheiben eingeteilt, es hatte ein mächtiges Dach. Einige flache Stufen führten zu der breiten Haustür hinauf.
Gero hielt kurz vor dieser Treppe an. Früher war er sie oft hinaufgeeilt und hatte die schwere Türklinke über dem verzierten Schloß nur mit Mühe bewegt. Den runden Türklopfer, den ein messingner Löwenkopf im Maul hielt, hatte er lange nicht erreichen können. Ganz klein war er sich immer vor dieser Tür vorgekommen. Aber dann hatte Großvater die Tür geöffnet und ihn mit ins Haus genommen.
All das war schon lange her. Großvater wohnte zwar noch hier, aber Gero durfte ihn nicht mehr besuchen. Die Eltern und Großvater hatten Streit miteinander.
»Es ist doch unsinnig, wenn ein alter Mann in so einem schönen Haus wohnt«, hatte der Vater gemeint. Er wollte, daß Großvater das Haus verkaufen und ihm dann eine größere Geldsumme geben sollte. Großvater aber wollte im Haus wohnen bleiben.
»Es gehört mir, und solange ich mich selbst versorgen kann, bleibe ich«, antwortete er Vater. Es gab immer wieder Streit wegen des Hauses, einmal hatte Vater den Großvater beschimpft und angeschrien. Nun besuchten sie sich schon jahrelang nicht mehr.
Wenn Gero an dem Haus vorüberging, zögerte er jedesmal. Dort oben hinter dem Eckfenster saß Großvater jetzt bestimmt an seinem Schreibtisch.

1 Vertiefende Ausführungen zum Symbol ›Tür‹ in *Hubertus Halbfas,* ›Religionsunterricht in der Grundschule, Lehrerhandbuch 1‹, Patmos Verlag, Düsseldorf 1983, S. 311 ff.

»Wenn ich käme, würde er sich wohl freuen«, dachte Gero, denn Großvater hatte ihn immer gern gehabt. Aber da war die Tür zwischen ihnen, die Tür mit der schweren Klinke, die dunkle Tür, die so abweisend war, als wollte sie zu ihm sagen: »Bleib draußen!«
Beschämt ging Gero weiter und blickte sich noch einmal um. Oben in Großvaters Arbeitszimmer brannte Licht. Gero sah Großvaters Schatten am Fenster. Ob er gehört hatte, daß jemand an der Haustür gewesen war? Aber er hatte ihn nicht eingelassen!
Eines Tages rief der Lehrer Gero zu sich. Er zeigte ihm ein Buch und fragte: »Hat das eigentlich dein Großvater geschrieben?«
Gero las den Namen und nickte.
»Es gefällt mir sehr. Richte das deinem Großvater aus«, sagte der Lehrer.
Gero wurde rot. Er hatte keine Ahnung, daß Großvater Bücher schrieb.
»Auf so einen Großvater kannst du stolz sein. Grüß ihn von mir!« sagte der Lehrer. Als Gero wieder einmal an dem alten Haus vorbeikam, blieb er stehen. In Großvaters Arbeitszimmer brannte Licht.
»Dort oben sitzt er und schreibt«, dachte Gero, »und hier unten stehe ich und würde ihn so gerne vieles fragen. Wenn die Tür nicht wäre, würde ich einfach reingehen!«
Gero stieg langsam die Treppe hinauf. Er drückte die Klinke herab. Im Haus rührte sich nichts. Zaghaft griff Gero nach dem Türklopfer. Er schlug den Ring gegen die Tür – einmal, ein zweites Mal. Dann lauschte er gespannt.
Das Fenster von Großvaters Arbeitszimmer wurde geöffnet. Großvater beugte sich heraus.
»Gero? Bist du es, Gero?« rief er zögernd und sah angestrengt hinunter.
»Es ist Gero!« Seine Stimme klang freudig-erregt. »Warte, ich komme herunter!« Das Fenster ging wieder zu.
Gero hörte Schritte. Ein Schlüssel wurde umgedreht. Großvater öffnete die Tür. Helles Licht strömte heraus in die Abenddämmerung.
»Gero!« rief der Großvater. »Wie groß du geworden bist! Ich habe so gehofft, daß du einmal zu mir kommen würdest!« Er legte freundlich den Arm um Geros Schultern und führte ihn ins Haus.

Mechtild Theiss[1]

Seite 12
»In besonderer Weise manifestiert sich die transzendentale Bedeutung der Tür in den öffentlichen Türen, zumal den Stadttoren, Tempeleingängen und Kirchenportalen . . . An den Tempelportalen beginnt der Weg zum Allerheiligsten, deshalb sind Tempeltüren immer auch Manifestationen der Tür zum Himmel.«[2]
»Das Kirchenportal umfaßt alle Vielfalt in einem einzigen Spannungsbogen: Dieses Tor ist ein Tor des Todes *und* des Lebens, ein Portal, das Gestern, Heute und Morgen umfaßt, das Himmel und Erde trennt und verbindet.«[3]

1 Aus: ›Vorlesebuch Symbole‹, a. a. O., S. 192–194.
2 *H. Halbfas,* a. a. O., S. 313.
3 *H. Halbfas,* a. a. O., S. 319.

Das drückt sich in dem Portalspruch von St. Peter in Salzburg aus. Und das große Portal zum Dom in Köln ist eine solche Tür, die die Menschen anlockt, heilsuchend einzutreten in den heiligen Raum, in dem sich in Gebet und Gottesdienst Leben des Menschen mit Gott vollzieht. Im Geiste treten die Kinder ein. Sie erleben mit dem Bild von der Nürnberger Lorenzkirche die Schönheit eines schwingenden Kircheninnenraums (Altar, Tabernakel, Kronleuchter, der ›Englische Gruß‹ von Veit Stoß und die großen gotischen Fenster als Türen zum Himmel). Eintreten in die Kirche, die Sakralität des Raumes erleben und wieder hinaustreten, das ist eine dichte Dreiheit der Erfahrung.
Ökumenisch weit öffnet sich im 3. Foto der Blick. Aus der Eingangstür einer christlichen Kirche in China schaut man in fernöstliche Landschaft. Das Kind, das sich in alle drei Bilder vertieft hat, tritt aus dem heiligen Raum heraus in die schöne Schöpfung Gottes. Und alle, die hier wieder hinausgehen zu ihren Familien, zur Feier der Sonntags und der Natur, werden von dem chinesischen Portalspruch begleitet, von dem Wunsch für ein Leben in Frieden.
Die Seite eignet sich zur ruhigen Betrachtung, zum Stillewerden, zum intensiven Staunen, Nachdenken und leisen Miteinandersprechen.
Beispiele:
1. Was sagt die Tür, wenn ich hinausgehe? – Sagt sie auch etwas mit ihrem Schmuck? Gibt es Bilder in der Portalwandung? Jesusbilder? Bilder von Propheten? Von biblischen Geschichten (vgl. S. 50)?
2. Immer nehme ich etwas mit, wenn ich das Haus Gottes nach einem Gottesdienst verlasse: Eindrücke von Bildern und Menschen, Lieder, die gesungen, Gebete, die gesprochen wurden. Musik und Worte klingen nach.

Seite 13
Das Jesus-Wort »Ich bin die Tür. Wenn jemand durch mich hineingeht, wird er gerettet« will von den Kindern sensibel erspürt werden. Zu begreifen, daß ein Mensch (Jesus) als Tür angesprochen werden kann, wird ihnen nicht leichtfallen. Aber wir sind hier beim theologischen Zentralort des Symbols ›Tür‹. Und das frühchristliche Bild ›Jesus in der Tür‹[1] – der einladende Gestus der jugendlichen Figur ist besonders zu beachten – kann mit den zugeordneten Worten das Verständnis erleichtern.[2]
Durch Jesus kommt man zu Gott wie durch eine Tür, das sagt der uralte Hausspruch, der memoriert werden kann, das sagt die Strophe aus Kurt Rommels Weihnachtslied ›Uns wird erzählt von Jesus Christ‹ (vgl. Werkbuch 1/2, S. 106), das sagen vor allem die Sätze Jesu »Ich bin wie eine Tür. Ich will mich öffnen für dich«, Sätze, die nach Johannes 10,7.9 frei formuliert sind. Dort lauten sie: »Glaubt mir, ich als der Hirte bin die Tür für die Schafe. Wer durch mich hineingeht, wird gerettet. Er wird ein- und ausgehen und Weideland finden.«

1 Detail eines frühchristlichen Elfenbeinkästchens, Oberitalien um 360/70, Musei Pinacoteca Brescia.
2 Hinführend kann noch einmal auf die Geschichte S. 8 zurückgegriffen werden: Jesus öffnet die Tür zu Gott weit, ganz weit, und sagt: »Herzlich willkommen«. Danach: Jesus ist selbst wie die Tür!

Die Kinder beschreiben die Tür: Zwei Säulen mit einem Bogen. Sie beschreiben das junge Gesicht Jesu, die langen Haare, das übergeschlagene Obergewand (wie man es in der Zeit Jesu trug), nicht zuletzt die ausdrucksvolle einladende Geste der rechten Hand.
Erzählt werden kann ihnen, daß das Bild ein Ausschnitt ist. Das ganze Bild zeigt rechts von der Hand die Schafe, die sich vor dem Wolf zu ihrem Hirten Jesus, der die Tür zum sicheren Stall ist, flüchten.[1] Entscheidend bleibt indes der übertragene Sinn: Durch Jesus kommt man zu Gott wie durch eine Tür.
Die Arbeitsaufgabe »Wer stand zur Zeit Jesus draußen vor der Tür?« lenkt dann den Blick auf die, die zunächst nicht den Weg zu Gott durch die Tür, genannt Jesus, fanden, auf Außenseiter und Ausgestoßene, auf Levi, Zachäus, auf Aussätzige, Blinde, Gelähmte. Jesus, selbst wie die Tür, hat vielen von ihnen (die wie ängstliche Schafe waren) die Tür zu Gott geöffnet.[2]

Seite 14
Eröffnen läßt sich die Erarbeitung der Seite mit einem Tafel-Impuls: »Wo ist Gottes neue Welt?«
Die Kinder sprechen darüber, suchen eine Antwort zu finden, werden dann mit der Antwort Jesu »Gottes neue Welt ist mitten unter euch« konfrontiert. Darum geht es, aufmerksam zu sein für diese neue Welt, sie zu entdecken, sie anderen zu zeigen. Die Geschichte sollte u. U. nach einer kurzen Stilleübung ganz ruhig vorgelesen werden. Im mitgehenden Hören wird den Kindern die Bild-Folge lebendig vor Augen treten. Der im Buch von jetzt ab leitende Begriff ›Gottes neue Welt‹ (für Reich Gottes, Himmelreich) wird hier mit der Tür verbunden: Es muß eine Tür zu Gottes neuer Welt geben, so denken die beiden Mönche, und sie finden diese Tür nach langer Suche als die zur eigenen Behausung: Gott ist dir ganz nahe. Seine neue Welt beginnt bei dir selbst in deinem (häuslichen) Tun und Lassen.
Was man den Kindern dazu sagen kann: »Das Ende der Welt – sofern man sie sich als Kugel vorstellt – ist zugleich ihr Anfang. Dort ist auch die Mitte der Welt: dein Haus, dein Zuhause. Dort ist auch Gott zu finden. Du kannst ihm die Tür öffnen, die Tür deines Hauses, die Tür deines Herzens. Gott wohnt dort, wo du ihn einläßt.«

---

1 Vgl. ›Kommt und schaut die Taten Gottes‹. Die Bibel in Auswahl nacherzählt von *Dietrich Steinwede,* Göttingen/Freiburg/Lahr 1982, Bild S. 171.

2 Eine geschlossene Unterrichtseinheit ›Tür‹ findet sich in dem Material ›Türen öffnen – Türen schließen‹, Unterrichtseinheit im 3. Schuljahr, Pädagogisch-Theologisches Institut Bonn-Bad Godesberg, zu beziehen über den Presseverband der Ev. Kirche im Rheinland, Postfach 104153, 40032 Düsseldorf.

Teil 3: Von Gottes neuer Welt (Seiten 15–31)

Absichten

Die Kinder sollen:

- die Gleichnisse von Gottes neuer Welt (vom Himmelreich) als Vergleichsgeschichten kennenlernen – S. 15–21
  - vom Schatz im Feld und von der großen Perle – S. 15
  - vom Senfkorn – S. 16–17
  - vom großen Mahl – S. 18–19
  - von den Arbeitern im Weinberg – S. 20–21.
- Sie sollen sich mit Grundaussagen der Bergpredigt befassen – S. 22–25
  - Seligpreisungen – S. 22–23
  - Bildworte von Salz und vom Licht – S. 24
  - Auge um Auge – vom Sorgen – S. 25.
- Sie sollen
  - vom Zuspruch an den Hauptmann von Kafarnaum erfahren – S. 26
  - vom Ausschluß des jungen reichen Mannes aus der neuen Welt Gottes hören – S. 27
  - das Vaterunser kennenlernen und bedenken – S. 28–29
  - über das Beten nachdenken und Gebete aus aller Welt kennenlernen – S. 30–31.

Seite 15

Das afrikanische (damit ökumenische) Bild[1], das die Freude über das Finden des Schatzes sinnfällig zum Ausdruck bringt, und das Foto von der großen wunderschönen Perle geben den kurzen Gleichnistexten jeweils einen anschaulichen Hintergrund: »Immer wieder wollte Jesus die neue Welt Gottes mit etwas anderem vergleichen.[2] Dazu hat er Vergleichsgeschichten erzählt: Gleichnisse.« Diese kindgemäße Gleichnisdefinition von S. 17 kann hier schon angewendet werden: »So ist es mit Gottes neuer Welt . . .«. Menschen, die für Gottes neue Welt alles hergaben (Aufgabe S. 15), waren z. B. Franziskus, Albert Schweitzer, Mutter Teresa.[3]

Seiten 16/17

Ausführlich wird hier in Bild, Text, Gebet und Lied das Senfkorngleichnis Markus 4,30–32[4] dargestellt. Für Senfkorn wird S. 16 zunächst Samenkorn gesagt, um – und das will auch die Illustration – das Bild ganz aus der Erfahrungs-

1 Vgl. die Bilder vom gleichen Künstler Bd. 2, S. 59/60.

2 Zum Gleichnis vom Schatz im Acker und von der Perle vgl. *Hubertus Halbfas,* ›Religionsunterricht in der Grundschule, Lehrerhandbuch 3‹, Patmos Verlag, Düsseldorf 1985, S. 558.

3 Vgl. Bd. 2, S. 82–89. Verwiesen sei auch auf den Schulgottesdienst ›Muschel – Stille – Gebet‹, Schulgottesdienste für die Primarstufe, Bd. 1, zu beziehen über den Presseverband der Ev. Kirche im Rheinland, Postfach 104153, 40032 Düsseldorf, in dem die Perle, die sich in der Muschel findet, mit der Kraft Gottes gleichgesetzt wird.

4 Zum Senfkorngleichnis vgl. *H. Halbfas,* ›Lehrerhandbuch 3‹, a. a. O., S. 551 ff.

welt der Kinder (große Bäume!) zu nehmen.[1] Denselben Bildhintergrund hat auch das Gebet S. 17, während das Lied dann vom Senfkorn (anstatt der Senfstaude indes auch wieder von Baum) spricht.
Nahe liegt es, im Zusammenhang mit dem Lied den Kindern zu sagen, daß Jesus ursprünglich von einem Senfkorn erzählte, nahe liegt es, den Kindern auch Senfkörner in die Hand zu geben, sie vor allem Bewegungen zu dem Lied, das den Text sehr eindringlich umsetzt, vollziehen zu lassen:
Strophe 1: Kniend ducken sich die Kinder ganz tief (Teil 1), dann richten sie sich mit nach oben erhobenen Händen (der wachsende Baum) langsam auf (Teil 2).
Strophe 2: Wieder tiefes Ducken wie bei Strophe 1. Dann Aufstehen und die Arme zu Zweigen breiten. Leichte schaukelnde Bewegungen.
Strophe 3: Ausgangshaltung wie bei Strophe 1 und 2. Nach dem Aufstehen mit den Händen Nester formen und Vögel fliegen lassen.
Zu der Aufgabe S. 17 (die Kinder sollen eigene Vergleichsbeispiele – Gleichnisse – für Gottes Welt finden) sei noch hinzugefügt, daß ein Kind in direkter Entsprechung zum Senfkorngleichnis die Formulierung fand: »Gottes neue Welt ist wie ein gestrickter Pullover: Erst ist er ganz klein. Dann wird er größer und größer.«
Eine schöne kreative Aufgabe ist es, auf einem Plakat in Gemeinschaftsarbeit den Reich-Gottes-Baum mit Nestern, Vögeln, Kindern, die den Baum umtanzen (mit Motiven aus dem Lied »Komm, bau ein Haus«, S. 9), ganz groß zu gestalten. Kein Zweifel, an diesem Gottesbaum wachsen Früchte, groß und schwer (vorbereitende Erarbeitung des Baumes aus dem Haiti-Hungertuch, Bd. 4, S. 77). Wenn dann mit Orff-Instrumenten etwas, das zunächst ganz klein ist, dann groß und immer größer wird, in Töne umgesetzt wird (auch Vogelgezwitscher im Rauschen des Baumes kann erklingen), wenn die Kinder das Senfkornlied darstellend singen, und das Lied »Komm, bau ein Haus« wieder aufklingt, wenn die Kinder auch noch ihr Plakat, das auf der Erde liegt, umtanzen, sind genügend Elemente für eine kleine Feier »Reich-Gottes-Baum« gefunden.

Seiten 18/19
Die Erzählung S. 18[2] ist in rhythmischer Sprachfassung geboten; hier muß man sich erst (am besten laut) einlesen, bevor man den Kindern vorliest. Das Bild S. 19 aus der frühmittelalterlichen Buchmalerei (Krönungsevangeliar von Speyer, 11. Jh.) ist ein Entdeck-Bild. Wir sehen ineinander verflutende Zonen, die in dem statischen Querrechteck der Mahlszene oben zur Ruhe kommen. Rechts, von unterhalb des Tisches her dreifach gestaffelt, die Erstgeladenen mit ihren Entschuldigungsgründen: Ich habe ein Landgut erworben (Gebäudegrup-

1 Wenn er auch der Größe der Senfstaude im Orient nicht entspricht, dürfen sich Kinder ruhig einen großen Baum vorstellen, jedenfalls widerspricht das dem Sinn des Gleichnisses nicht. Der kraftvoll-prachtvoll wüchsige Baum (ohne Nester und Vögel, aber mit Früchten) ist Teil eines Fußbodenmosaiks aus einem arabischen Schloß des 7. Jahrhunderts in der Nähe von Jericho (Thronraum des Omaijaden-Schlosses in Khirbat al Mafjar).
2 Theologische Überlegungen zur Parabel vom großen Gastmahl in *H. Halbfas,* ›Lehrerhandbuch 3‹, a. a. O., S. 361–365.

pe), ich habe Ochsen gekauft, ich heirate eben. Dreimal, den Eingeladenen jeweils gegenüber, sehen wir den Boten des Herrn mit aufforderndem Gestus – die Dringlichkeit der Einladung kann nicht besser ins Bild kommen.
Oben links, am Tisch des machtvoll mit ausgebreiteten Händen vor einem Torbogen thronenden Gastgebers, die ›Armen‹ aus der ersten Alternativeinladung, die von den Straßen und Plätzen der Stadt. Rechts ein Diener mit Trinkgefäß; der Tisch gedeckt für das endzeitliche Freudenmahl.
Von links her, wie in einem von unten heraufströmenden Fluß, in einer Zone für sich, abgesondert von den anderen, die Bettler und Kranken und Sünder, all das elende Volk von den Hecken und Zäunen vor der Stadt, die aus der zweiten Alternativeinladung; der einladende Bote links unten ein viertes Mal im Bild. Eine großartige Bildkomposition. In der Farbgebung verbinden sich Rot-, Türkis-, Grün- und Goldtöne zu vollendeter Harmonie.
Das Evangeliar, mit seiner Goldschrift auf weißem Pergament, 1046 vor dem Aufbruch zur Kaiserkrönung nach Rom als Gabe besonderer Gunst von Kaiser Heinrich III. an den von ihm gestifteten Dom in Speyer gegeben – in der Widmungsinschrift nennt sich das Buch selbst ein ›Diadem der Bücher‹ –, enthält noch mehrere Bilder von gleicher Qualität. Unser Bild bringt das ›Jetzt‹ der Freudenzeit Gottes unvergleichlich zum Ausdruck: »Freuen darf sich jeder, der zu Tisch geladen ist, in Gottes neuer Welt« (Lukas 14,15), im ewigen Haus Gottes. Aber: Eingeladensein ist nicht genug. Man muß auch kommen. Die ›Armen‹, die, von denen keiner etwas wissen will, haben Zeit für Gott. Anders als die, die am Besitz haften, erkennen sie den entscheidenden Charakter der Stunde, da Gott zu sich lädt. Sie nehmen das ›Wunder der Gnade der Einladung‹ (G. Eichholz) wahr.
Zusätzlich zu den im Buch gestellten Arbeitsaufgaben bietet sich das Nachspielen des Gleichnisses (Mitspieler: Herr, Bote, Landkäufer, Ochsenkäufer, Hochzeitspaar, Gruppe derer von den Straßen und Plätzen der Stadt, Gruppe derer von den Wegen vor der Stadt) an. Das endzeitliche Essen mit dem Herrn am Tisch (Brot und Traubensaft) sollte dabei Feiercharakter gewinnen. Im Tischgespräch können die Armen von ihrer jeweiligen Lebenssituation erzählen, vor allem zum Audruck bringen, daß sie gern gekommen sind. Der Hausherr kann ihnen zusprechen: »Freuen dürfen sich alle, die tief leiden. Gott wird sie trösten« (Matthäus 5,4; vgl. S. 22) und »Die mit Tränen säen, werden mit Freuden ernten« (Psalm 126,5).

Seiten 20/21
›Von Gottes Güte‹ ist das Gleichnis von den Arbeitern im Weinberg, mit dem Jesus auf die Petrusfrage nach dem Lohn für die Nachfolge antwortet, zu überschreiben: Gott lohnt trotz unterschiedlichen Arbeitsaufkommens nach seiner Güte alle gleich. Warum? Weil der Lohn der höchstmögliche ist. In Gottes Haus sein dürfen, in Gottes neuer Welt, einen größeren Lohn gibt es nicht. Darum kann sich dieser Lohn auch nicht danach bestimmen lassen, ob jemand mehr oder weniger geleistet hat.
Dennoch: das Gleichnis fordert das Gerechtigkeitsempfinden seiner Hörer (der Kinder) heraus. Das ist menschliche Grundeinstellung: Wer mehr arbeitet, soll

auch mehr Lohn erhalten. So werden die Kinder die Rembrandtzeichnung[1] S. 20, in der sich (rechts) eine Gruppe offensichtlich über den überreichen Lohn für wenig Arbeit freut, in der (links) einer von den Langzeitarbeitern dem Verwalter einen Vogel zeigt (›mit dir kann etwas nicht stimmen‹) gut verstehen.[2] Indes: Auch sie müssen sich von den Bedingungen der neuen Welt Gottes überführen lassen: Hier wird – anders als Menschen es sich ausrechnen – aus der Güte des Herzens voll und reich und für alle gleich gelohnt: jedem, der sich – ob mehr oder weniger – für Gott engagiert, wird die Tür zu Gottes neuer Welt geöffnet. Und diese Welt ist nicht größer oder geringer zu machen. Sie ist unteilbar. Sie ist so, daß jeder an ihr genug hat.

Alternativen zu den Arbeitsaufgaben S. 21:
Die Geschichte erzählen bis S. 21, Zeile: »Jeder bekommt einen Denar«. Die Kinder diskutieren oder spielen, wie es weitergeht. Gespräch über die Ergebnisse. Dann den Schluß hören. Gespräch darüber.

Seiten 22/23
Grundaussagen der Bergpredigt, einer von Matthäus zusammengestellten Rede Jesu, vertiefen S. 22–25 die Anschauung von Gottes neuer Welt und den Bedingungen, die in ihr gelten.
Das Bild von Otto Dix[3] S. 22 ist für die nächsten Seiten übergreifend zu denken. Groß, mit segnend ausgebreiteten Händen steht der Rabbi, der ›Lehrer‹ Jesus über der dichtgedrängten Schar der ihm zugewandt lauschenden, auch in sich hineinsinnenden Hörer, die – so ist die Botschaft in unsere Tage hinein gesagt – Menschen des 20. Jahrhunderts sind. Der einführende Text zu den Seligpreisungen (S. 22/23) lenkt den Blick auch auf die Frauen (Jüngerinnen!). Luthers »Selig sind« ist hier mit »Freuen dürfen sich alle« übersetzt. Im Lied S. 23 heißt es dann: »Hört, wen Jesus glücklich preist«. Der synonyme Gebrauch von Sichfreuen und Glücklichsein ist zu beachten, wobei das Lied mit seiner eingängigen Spiritual-Melodie den Kindern sicher eine Hilfe zum Behalten der wichtigsten Aussagen bietet. Man kann in der Erarbeitung (in Verbindung mit dem Bild) vom Lied ausgehen – Begleitung durch eine Gitarre wäre hier hilfreich – und dann, nachdem man verdeutlicht hat, daß ›Gottes Reich‹ (Str. 1) identisch mit Gottes neuer Welt ist, die einzelnen Seligpreisungen von der Tafel her laut mit den Kindern erlesen. Das ›reich belohnen‹ aus der letzten Zeile der Seligpreisungen ermöglicht dann noch einmal die Rückkoppelung auf den ›Lohn‹ im Gleichnis von den Arbeitern im Weinberg (S. 20 f.), während die 3. Strophe des Liedes eine Rückbindung an das große Gastmahl (S. 18/19) zuläßt.
Die Liedstrophe, die mit einer Textstelle fast wörtlich übereinstimmt (Aufgabe 1, S. 23) ist Strophe 5: »Wer zum Frieden sich bekannt«. Eine weitere Aufgabe für die Kinder könnte sein, sich aus den 9 Abschnitten der Seligpreisungen einen

1 Rembrandt, Das Gleichnis von den Arbeitern im Weinberg, Lavierte Federzeichnung, um 1650.
2 Der Tiberiusdenar S. 21, z. Zt. Jesu in Palästina gängiges Zahlungsmittel, entsprach einem Tageslohn, reichte aus, eine Arbeiterfamilie einen Tag lang zu ernähren.
3 Otto Dix, Die Bergpredigt, Lithographie, 1960.

Lieblings-Abschnitt auszusuchen, ihn aufzuschreiben, nach Möglichkeit zu erläutern (die 5. Seligpreisung ermöglicht z. B. die Erinnerung an die Geschichte vom barmherzigen Samariter Bd. 1, S. 52/53) und zu lernen.
Zusammenfassen läßt sich der Abschnitt mit einem weiteren Lied, das – jetzt unter dem Leitwort ›selig‹ – bei einfacher, einprägsamer Melodie ganz kindgemäße gegenwartsnahe Formulierungen verwendet.[1]

Text: F. K. Barth u. P. Horst
Melodie: P. Janssens

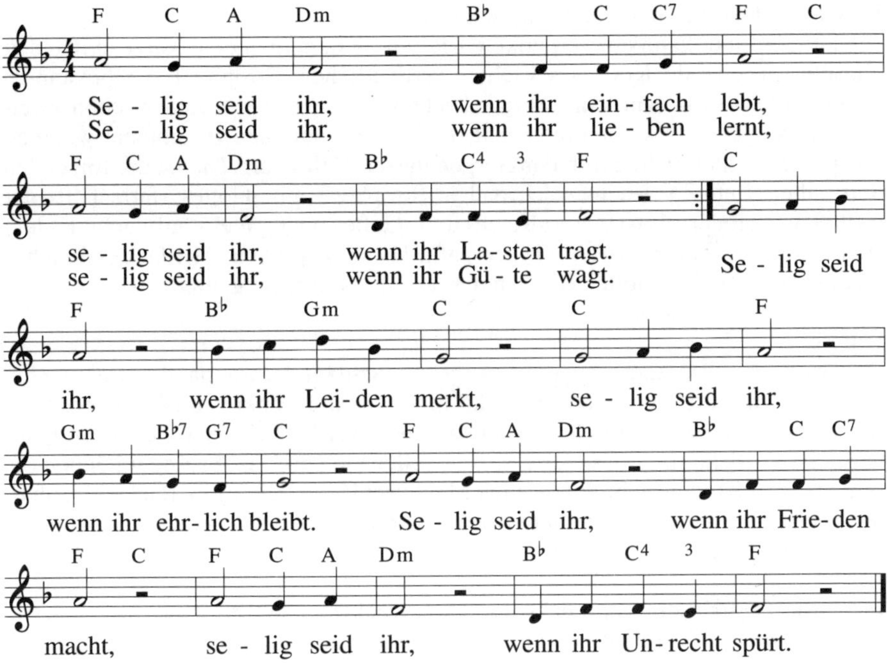

Beginnen ließe sich die Erarbeitung der Doppelseite mit einem Impuls: »Was meint ihr, welche Menschen sind glücklich, welche dürfen sich freuen?« Antworten der Kinder u. U.: »Die viel Geld haben, die gesund sind, die ein Auto haben, die in Urlaub fahren« . . . usf: Dann die Konfrontation: »Bei Jesus sind die Menschen viel wert, die auf den ersten Blick gar nicht so großartig dastehen. Daran erkennt man Gottes neue Welt. Sie ist anders als die Welt, wie wir Menschen sie sehen.«
Abschließen läßt sich die Doppelseite mit dem Aufschreiben der Seligpreisungen auf Transparente. Jedes Kind bekommt ein Teelicht und stellt es hinter die Seligpreisung, die ihm an wichtigsten ist. In einer kleinen stillen Andacht liest

1 Aus: ›Uns allen blüht der Tod‹. © Peter Janssens Musik Verlag, Telgte.

dann jedes Kind noch einmal seine Seligpreisung. Abschließend erklingt das Lied ›Selig seid ihr‹.
U. u. greift man auch schon voraus auf »Wen alte Menschen selig preisen« (in diesem Werkbuch, S. 205).

Seiten 24/25
Das Bild S. 24 – der Lichtträger wird selbst zum Licht – kann Hilfe zum Verstehen des Wortes ›Ihr seid wie ein Licht für die ganze Welt‹ sein. Das synonyme ›Ihr seid wie das Salz‹[1] läßt sich durch Salz, das man in einem Glas Wasser auflöst, rasch sinnenfällig machen.
Auch beim Licht kann ein verdunkelter Raum, in dem man eine Kerze entzündet, die alles erhellende Kraft des Lichtes verdeutlichen. Strophe 1 des bekannten Halleluja-Liedes – man kann es in manchen dritten Klassen sicher schon zweistimmig singen – faßt dann die Licht- und die Salzaussage zusammen, während Strophe 2 »Gehet nicht auf in den Sorgen dieser Welt« zum Thema der folgenden Seite überleitet. Zu beachten ist, daß in Strophe 2 mit ›Gottes Herrschaft‹ der dritte Parallelbegriff zu ›Gottes Reich‹ und ›Gottes neuer Welt‹ auftaucht. Es legt sich nahe, die drei Begriffe von der Tafel her einzuprägen: Mit Gottes Reich – Gottes neuer Welt – Gottes Herrschaft ist immer dasselbe gemeint.

Seite 25
Die Antithese Jesu zum ›Auge um Auge‹ – »Schlägt dich jemand auf die rechte Backe, dann halte ihm auch die linke hin« – sollte konkret im Partnerversuch (auch im Versuch Kind/Lehrerin) ausprobiert werden. Überraschende Situationen – so die Erfahrung des Verfassers – stellen sich ein. In der Regel können die schlagenden Kinder nicht ein zweites Mal zuschlagen. Die linke Backe hinzuhalten (sich auszuliefern) fällt außerordentlich schwer. Aber: Elementarer läßt sich der Wille zum Frieden nicht bekunden.

In ihrem Kurztext ›Jürgen guckt‹ hat Gina Ruck-Pauquèt die Überraschung, die beim plötzlichen Verzicht auf das ›Auge um Auge‹ entsteht, gut eingefangen:

Jürgen guckt

»Du bist schuld«, sagt Jürgen.
»Nein, du!« schreit Kurt.
»Du!« brüllt Jürgen.
Kurt geht auf Jürgen zu.
Jürgen stupst Kurt.
Kurt schlägt Jürgen gegen den Arm.
Jürgen haut zurück.
Kurt boxt Jürgen in den Magen.
Jürgen tritt Kurt vors Schienbein.
Kurt knallt Jürgen die Faust an die Schulter.
Jürgen trifft Kurt an der Lippe.
Kurt trommelt mit beiden Fäusten gegen Jürgens Brust.
Jürgen stößt Kurt das Knie in den Bauch.
Kurt schmettert Jürgen die Rechte auf die Nase.

1 Zu den Logien vom Licht und vom Salz im einzelnen vgl. *H. Halbfas,* ›Lehrerhandbuch 3‹, a. a. O., S. 275–279.

Jürgen verpaßt Kurt eine auf's Ohr.
Kurt landet einen Schwinger auf Jürgens Schlüsselbein.
Jürgen versetzt Kurt einen Tiefschlag.
Kurt gibt einen Geraden zurück.
Jürgen schmettert ihm die Linke an den Hals.
Kurt hebt die Hand. Schlägt nicht zu.
Jürgen guckt.

Gina Ruck-Pauquèt[1]

Gespräch:
Plötzlich schlägt Kurt nicht mehr zurück. Warum? Hat er genug? Mag er nicht mehr? Jedenfalls: Jürgen ist verdutzt. Er kann nicht mehr weiterschlagen. Der Teufelskreis ist durchbrochen.

Der Abschnitt vom Sorgen läßt sich durch einen Tafelimpuls – »Menschen haben Sorgen« – einleiten. Die Kinder erzählen, wann, wie und wo sie (ihre Eltern, Großeltern, andere Angehörige, Freudinnen/Freunde, Bekannte) sich Sorgen machen und wie sie mit ihren Sorgen umgehen. Dann hören sie Jesu überraschende Worte vom Sorgen, erfahren, daß damit nicht jeglicher Verzicht auf Arbeit, Fürsorge, sich im guten Sinne sorgen, gemeint ist (meine Eltern sorgen für mich, sorgen sich um mich), vielmehr ist eine Richtung gewiesen. Das schwingende, von Kindern gern gesungene Lied zeigt sie an: »Die Vögel unterm Himmel, die Spatzen und die Raben, die sagen uns, wir sollen nicht *zuviel* Sorgen haben.« Also sich keine grauen Haare wachsen lassen, nicht in der Sorge versinken, sondern guten Mutes den Tag und seine Mühe in Gottes Hand geben, trotz mancher Schwierigkeiten fröhlich bleiben und vor allem sich freuen an Gottes schöner Welt (Strophe 2).
In diesem Zusammenhang bietet sich mit Aufgabe 4, S. 25 ein Gespräch über den sinnvollen Umgang mit Geld an: Man muß nicht zuviel davon haben wollen. Gut ist es, sparsam damit zu sein (sparen zu lernen) und, obwohl man seinen Wert kennt, nicht immer daran zu denken. Ein Notgroschen ist wichtig. Aber manche Leute bringen sich um alles Schöne im Leben, weil sie sich zuviel sorgen ums Geldverdienen. Sie werden geldversessen, geizig, böse. Sie werden sozusagen geldkrank. Das Geld wird ihr Gott, dem sie anhängen. Von Gottes neuer Welt wissen sie nichts.
Zur Vertiefung hier das Angebot einer erzählenden Meditation:

Einmal reich sein . . .

»Wenn ich viel Geld hätte . . .«
Oh, davon träumen viele.
Einmal reich sein, sich alles kaufen, was man möchte, das wäre etwas, das wäre das Leben.
Ist es so? Macht Reichsein glücklich?
Die Menschen haben immer wieder nachgedacht darüber.
Kann Reichsein nicht gefährlich sein?
Geld, noch mehr Geld, immer neues Geld, Geld, Geld, Geld, ganz verrückt nach Geld, das Geld lieben, mehr ha-

1 Aus: ›Neues Vorlesebuch Religion 1‹, a. a. O., S. 159. © Autorin.

ben wollen, immer mehr. Gierig werden nach Geld, Gier, es zu haben: Hab-Gier, ist das nicht gefährlich?
Jesus hat gesagt: »Hütet euch davor. Hütet euch vor der Habgier!«
Und Jesus hat eine Geschichte davon erzählt:
Da ist ein reicher Gutsbesitzer.
Der hat eine großartige Ernte gehabt, Korn und Wein die Hülle und Fülle. »Was soll ich nur tun?« überlegt er: »Das ist ja so viel, so überaus viel, ich weiß wirklich nicht, wie ich das alles unterbringen soll.«
»Ah, ich hab's«, spricht er: »Ich reiße meine Scheunen ab und baue neue, größere. Dann kann ich alles unterbringen, all meine Vorräte. Ja, das ist gut«, spricht er zu sich selbst: »Dann bin ich versorgt, gut versorgt auf viele Jahre, auf immer.
Dann kann mir nichts mehr passieren. Dann kann ich mir Ruhe gönnen, essen und trinken nach Herzenslust und das Leben voll genießen.«
Denkt er – dieser Gutsbesitzer. Er rechnet so gut. Aber er rechnet nicht mit Gott. Gott fährt herein über ihn: »Du, du Dummkopf! Noch heute nacht bist du tot.
Weg ist dein Leben. Alles dahin.
Und dann, wer bekommt es dann, all deinen Besitz, all deinen Reichtum?«
»Ja«, spricht Jesus: »So wie diesem Gutsbesitzer, so wird es allen gehen, die nur an sich denken, die nur für sich Reichtümer suchen, die nur für sich selbst reich sind, aber nicht reich in Gott.«

Lukas 12,15–21

Wir hören es:
»Hütet euch vor der Liebe zum Geld. Denn sie ist nicht von Gott.«
Und trotzdem: Immer wieder träumen wir es: Ganz viel Geld haben. Lose kaufen. Im Lotto gewinnen. Den Haupttreffer: Millionen über Millionen . . .
Aber was würdest du damit machen, mit soviel Geld?
Hast du schon einmal überlegt?
Alles für dich behalten?
Mit Argusaugen darüber wachen, daß nichts wegkommt?
So wie der reiche Gutsbesitzer?
Der, der Gott vergessen hat über all seinem Reichtum?
Oder abgeben davon, austeilen, vielen helfen, vielen, die in Not sind?
Was würdest du machen?
Ein Leben im Reichtum ist nicht alles. Morgen kommt der Tod. Dann ist's vorbei.
Im Geld schwimmen, Autos, ein Ferienhaus, Schwimmbad, Flugreisen in alle Welt, das teuerste Essen, die schönsten Kleider und Sachen, eine Villa, eine Segeljacht . . . alles vorbei.
Ist es nicht doch besser, nach anderem zu fragen, nach dem, was wirklich wichtig ist im Leben? Dafür zu sorgen, daß jeder hat, was er braucht. Daß nicht die Reichen immer reicher werden und die Armen immer ärmer?
Viel haben, viel besitzen, alles gut bewachen, das ist nicht das wirkliche Leben. »Wer nur an das Haben denkt, an das Behaltenwollen, der ist ein Narr«, spricht Gott.

Ein bißchen Geld, Gott,
oder auch ein bißchen mehr:
Soviel kann ich anfangen damit.
Es ist nützlich und schön.
Es kann helfen.

Aber zuviel davon, das schadet nur.
Dann denke ich mehr
an das Geld und an mich
als an dich.

Gott, laß mich niemals
zuviel Geld haben.

Seiten 26/27
Dem Gleichnisteil (S. 15–21) – *von* Jesus erzählte Geschichten – schließen sich jetzt zwei *über* Jesus erzählte Geschichten an, beide in der Fassung nach Matthäus. Der Hauptmann von Kafarnaum (S. 26) ist vermutlich ein Fremdstämmiger, wird er doch durch die Aussage »solch einen Glauben habe ich bei euch nicht gefunden« deutlich vom Volk Israel abgehoben. Die Geschichte erhält somit einen ökumenischen Akzent. Wichtig ist sie aber auch durch die Aussage über die Wirkkraft des Wortes und die darin sich ausdrückende Glaubensstärke: »Sprich nur ein Wort – und es wird geschehen.« In Beispielen entfaltet, wird hier etwas deutlich über das Verhältnis von Sprache und Wirklichkeit.
Das frühmittelalterliche Bild (Codex des Erzbischofs Egbert von Trier, 10. Jh.) zeigt Jesus als den Christus (vgl. die entsprechenden Darstellungen in Bd. 1, S. 85 und Bd. 2, S. 48), der mit herrscherlicher Gebärde den Hauptmann vor den Jüngern (Petrus voran) auszeichnet.
Der reiche Jüngling – das Bild S. 27 ist ein Ausschnitt aus dem Rembrandtschen Hundertguldenblatt (Bd. 2, S. 62 f.) – ist die wohl anspruchsvollste Geschichte von Gottes neuer Welt. Den gesamten irdischen Besitz hinzugeben, das ist eine überaus hohe Anforderung. Jesus verlangt viel. Dies darf man den Kindern sicher so sagen. Das Nachdenklichwerden des jungen Mannes ins Bild zu setzen, ist Rembrandt in überzeugender Weise gelungen. Vor dem Absolutheitsanspruch Jesu versagt der junge Reiche. Das gibt ihm sehr menschliche Züge.

Arbeitsmöglichkeiten:
1. Bildbeschreibung S. 26: In Jesus die schon bekannte Christusfigur wiedererkennen. Deren besondere Haltung würdigen. Der Kopf ist zu Petrus und den Jüngern (denen vom Volk Israel) zurückgewandt, die rechte Hand aber weist voraus auf den Hauptmann (lateinische Inschrift: centurio = Hundertschaftsführer), der seine Hand Jesus vertrauensvoll entgegenstreckt. Wie seine Gefolgsleute ist der Hauptmann unbewaffnet. Alle tragen Stiefel und einen Umhang, der oben durch eine Fibel zusammengehalten wird. Die vier Jünger und Jesus (der Christus) sind barfuß; sie tragen lange Unterkleider mit lose darübergeworfenen Tuniken – so ähnlich hat es in der Zeit Jesu ausgesehen. Petrus, durch den weißen Haarkranz vor den anderen Jüngern ausgezeichnet, hält eine Schriftrolle in der Hand, Christus umfaßt ein Buch (einen Codex) – in beiden Fällen ist eine besondere Verfügung über die Schriften (die Bibel der Juden) gemeint.
2. Die Kinder hören (lesen) den Text, sprechen darüber, vergleichen mit dem Bild, erkennen, daß Jesus eigentlich ohne Sonnenscheibe mit Kreuz dargestellt sein müßte, da die Geschichte vorösterlich ist (Erläuterung zur frühmittelalterlichen Glaubenshaltung: Für die frommen Mönchsmaler jener Zeit war Jesus immer der Christus!).
3. Die Kinder widmen dem Hauptmann besondere Aufmerksamkeit: Was glaubt der Mann? Er glaubt an die Kraft Gottes. Er hat verstanden, daß er nicht alles selbst schaffen kann. Obwohl er ein wichtiger Mann ist, erkennt er »Nicht ich bin der Größte. Da ist jemand, der ganz anders ist, jemand, auf den ich mich verlassen, dem ich unbedingt trauen kann.«

4. Die Kinder beachten den ökumenischen Aspekt: Gerade dem Nichtjuden, dem Fremden, dem Ausländer wird die neue Welt Gottes zugesprochen. Warum? Weil er einen so starken Glauben hat: »Sag nur ein Wort, und mein Sklave wird gesund« (Matthäus 8,8).
5. S. 27: Die Kinder erkennen in dem reichgekleideten, langhaarigen jungen Mann, der den Kopf nachdenklich in die linke Hand stützt, die Figur aus dem Hundertguldenblatt Bd. 2, S. 62 wieder. Sie erinnern u. U. den zugehörigen Text, hören (lesen) den Sachverhalt noch einmal ausführlich in der hier gebotenen Erzählfassung (statt ›immer bei Gott sein‹ heißt es jetzt ›in Gottes neuer Welt sein‹; neu ist auch die Wendung ›reich in Gott‹[1]). Vom Bild her vermuten sie, daß der junge Mann sehr nachdenklich geworden ist, sich dann aber doch nicht entschließen konnte, der Aufforderung Jesu nachzukommen. Sein Herz hing zu sehr am Reichtum, am Geld (vgl. S. 25 letzte Aufgabe). Der Radikalität des Wortes Jesu begegnen sie u. U. mit dem Vorschlag, der junge Reiche hätte wenigstens *etwas* von seinem Besitz abgeben können.
6. Die Aufgabe ›Was kannst du gut abgeben, was nicht?‹ ist ein indirekter Appell an die eigene Bereitschaft der Kinder, von Liebgewordenem etwas herzugeben. Wovon kann ich mich trennen, wenn die Klasse für Kinder in Notgebieten ein Paket packt?

7. Zum Aspekt ›Reich sein in Gott‹ nachfolgende Meditation:

Das ist wichtig im Leben:
Reich sein in Gott.
Nicht irdische Reichtümer.
Nicht ein übervolles Konto.
Nicht ein Leben in Glanz und Gloria,
in Saus und Braus.

Reich sein in Gott, das heißt:
daß Mutter meine Hand hält,
daß Vater mein Freund ist,
daß ich mich mit meinen Geschwistern
vertrage.
Daß Großvater mich manchmal
streichelt.
Daß Großmutter mich in die
Arme nimmt.
Daß immer jemand da ist für mich.
Daß Menschen mich ihre Wärme
spüren lassen.
Daß Menschen mir zeigen,
wie sehr sie mich mögen.
Reich sein in Gott,
das heißt,
daß ich lachen kann,
auch wenn mir einmal
nicht zum Lachen zumute ist.
Daß ich schenken kann
mit Fröhlichkeit und von Herzen.
Daß ich mich freuen kann
über eine gute Note,
über ein Lob,
über ein liebes Tier,
über das Wunder einer Blume.
Reich sein in Gott,
das heißt,
daß ich Zeit habe für andere,
daß ich ihnen etwas Gutes zeigen kann,
daß ich ihnen helfe auf ihrem Weg.

---

1 Die Seligpreisungen S. 22/23 zeigen, was das heißt, reich zu sein bei (in) Gott. »Reich bei Gott« kann auch als einleitender Tafelimpuls zu der Erarbeitung der Geschichte dienen.

Reich sein in Gott,
das heißt,
daß ich erkenne, wenn einer mich braucht.
Gott, du machst mich reich.
Wunderbar hast du mich erschaffen.
Du kennst mich durch und durch.
Du siehst in mein Herz.
Du behütest mich in Gefahr.
Immer bist du um mich
vom Morgen bis zum Abend,
vom Anfang meines Lebens
bis zu seinem Ende.
Du trocknest meine Tränen, Gott,
wenn ich weine.
Das macht mich dankbar.
Das macht mich reich.
Du tröstest mich,
wie einen seine Mutter tröstet.
Danke, Gott.
Das macht mich reich.
Von allen Seiten umgibst du mich.
Ich bin in der Mitte.
Und du bist über mir
und unter mir
und vor mir
und hinter mir
und neben mir
und in mir.
Das macht mich reich.
Du streckst deine Hand aus nach mir, Gott.
Deine Hand hält mich,
mich und die ganze Welt.
Du hältst deine Hand über mir, Gott.
Wie die Sonne leuchtest du mir, Gott.
Warm wird es und hell.
Ja, deine Liebe ist wie die Sonne.
Sie ist immer und überall da.
Du kennst mich, Gott.
Du führst mich einen guten Weg.
Du hast mich lieb.
Ich bin so glücklich.
Ich bin reich. Reich in dir.
Danke.

Psalm 139,1–14; 23–24

8. Denkbar ist auch die Frage: »Träumst du auch manchmal davon, Millionär oder Millionärin zu sein? Was würdest du mit deinem Geld anfangen?«

9. Die Gefährdung des Kindes durch Geld (Diebstahl) schildert anschaulich Irmela Brenders Geschichte ›Ich, mein Feind‹[1]:

Ich, mein Feind

Ich bin ganz in Ordnung. Meine Mutter weiß, daß sie mich allein zu Hause lassen kann. Gerade ist sie weggegangen, zum Einkaufen. Sie weiß, daß ich jetzt hier an meinem Tisch sitzen bleibe und meine Hausaufgaben mache.
3 x 4 = 12
4 x 3 = 12
2 x 5 + 2 = 12
Ich steh' lieber mal auf. Es ist nicht gut, die ganze Zeit so still zu sitzen. Nein, ich tu ja nichts. Ich will nur mal aufstehen und ans Fenster gehen. Zwölf – eine ganz tolle Zahl ist das. Man könnte ein Heft vollschreiben über die Zwölf. Ich geh' jetzt mal durch die Wohnung. Einfach so. Da ist ja nichts dabei. Viele Leute

1 Aus: ›Streitbuch für Kinder‹, Beltz Verlag, Weinheim und Basel, Programm Beltz und Gelberg, Weinheim. © Autorin.

können besser denken, wenn sie gehen.
Aber ich denke dabei an nichts als an zwölf. 2 x 6 = 12. Ich gehe durch die Wohnung. Ich will nur mal sehen, ob sie etwas gemerkt hat. Wenn der Geldbeutel noch in der Küchentischschublade liegt, dann hat sie nichts gemerkt. Aber ich nehme nichts. Nein, ich habe mich wirklich geändert, ich nehme nichts. Heute nicht – überhaupt nicht mehr.
Der Geldbeutel liegt in der Schublade.

Ich mach' ihn doch auf. Nur um zu sehen, ob sie etwas gemerkt hat. Ob noch Geld drin ist. Aber ich nehme nichts.
Ich mach' ihn nur auf. Es ist viel Geld drin. Lauter Kleingeld. Auf einen Blick sieht man gar nicht, wieviel. Jetzt weiß ich, daß sie nichts gemerkt hat. Jetzt kann ich sofort die Schublade zumachen und in mein Zimmer gehen und aufschreiben – was eigentlich? Sie hat nichts gemerkt. Und bei diesem vielen Kleingeld wird sie wieder nicht merken, wenn etwas fehlt. Drei Fünfziger sind da. Einen kann ich ohne weiteres nehmen.
Aber ich nehme nichts. Ich mach' das nicht mehr. Ich hab' hinterher soviel Angst, daß sie doch etwas merkt. Sie kann gar nichts merken. Ob zwei Fünfziger oder drei – vermutlich macht ihr das gar nichts aus. Es ist doch Geld genug da. Aber es gehört mir nicht.
Natürlich gehört es mir auch. Es gehört uns allen.

Ich darf es nicht nehmen.
Wer kann entscheiden, was ich darf, wenn's keiner sieht?
Das ist schwierig. Ich will nicht.
Aber ich will. Ich will den Fünfziger.
Nein.
Doch.
Nein.
Doch.
Ich kann nicht ewig hier herumstehen.
Ich geh'
jetzt und mache meine Hausaufgaben fertig.
Ich nehm' nur noch rasch den Fünfziger. So.
Ich bin ein Dieb. Und jetzt hab' ich wieder Angst.
Ach, Unsinn. Wegen einem Fünfziger!
Ich wollte es nicht.
Na gut. Da war eben irgendwas in mir.
In mir? Wer bin ich?

Irmela Brender

Seiten 28–31
Die vier Seiten zum Thema ›Beten – Gebet‹ beginnen im Anschluß an Matthäus 6,5 ff. mit kurzen Anweisungen Jesu zum Beten. Dann folgt das Vaterunser, das Ur- und Grundgebet aller Christen, das die Kinder in der Fassung der Lutherbibel erlernen sollten. Auslegungshilfe zur Anrede ›Vater‹ ist das Lied S. 28. Es verbindet in Strophe 1 diese Anrede mit der Jahresthematik ›Haus‹ und ›Tür‹ (die Tür zu Gottes Haus, zu Gottes neuer Welt). Strophe 2 spricht die ›Hand‹ Gottes an (vgl. Bd. 2, S. 22/23). Strophe 3 verbindet die Anrede ›Vater‹ mit der Brotbitte. Strophe 4 läßt bei ›Vater‹ an die Gotteskindschaft denken. Ein in Text und Melodie ausdrucksvolles Lied, dessen auch als zweistimmiger Kanon zu singender Refrain in seiner abwärts laufenden Melodielinie auf den Himmel Gottes mitten unter uns verweist. Singt man Kanon und Strophenteile zusammen, erhält man einen wohlklingenden dreistimmigen Satz.

Anrede und Brotbitte werden auch auf S. 29 von den nicaraguanischen Bauern des Ernesto Cardenal in ganz schlichter Weise ausgelegt (aus dem ›Evangelium der Bauern von Solentiname‹). Das ›naive‹ Bild, von Mila Grosch aus Solentiname gemalt, zeigt, wie Jesus mit seinen Jüngern im Mahl das Brot teilt und damit gewissermaßen die Brotbitte erfüllt.
In einem großen Raum, gebildet von Pfahlwänden unter Grasdach – zwei Fenster lassen andere Inseln des Sees von Nicaragua erkennen –, sitzt Jesus mit den zwölf Jüngern an einem reichgedeckten Tisch. Direkt vor jedem der Mahlteilnehmer ein Teller mit einem kleinen Brotlaib: »Unser täglich Brot gib uns heute.« Wer mit Jesus zu Tisch sitzt, sitzt mit Gott zu Tisch (vgl. S. 18/19). Er hat die Fülle. Aber er ist gleichzeitig an die verwiesen, die hungern (Aussage von Natalia).
Text und Bild der Seite entspringen dem gleichen urchristlichen Geist. Sie sind wieder Beleg für die Weite christlicher Ökumene.
Die übrigen Bitten des Vaterunser können sich den Kindern erschließen, wenn sie die klassische Fassung des Vaterunsers – ein entsprechendes Tafelbild ist zu arrangieren – mit der nachfolgend gebotenen interpretierenden Fassung vergleichen:

Unser Vater im Himmel – mitten unter uns.
Bringe uns Menschen dazu, dich zu ehren.
Laß deine neue Welt zu uns kommen.
Laß deinen Willen überall geschehen.
Gib uns, was wir heute zum Leben brauchen.
Vergib uns, wenn wir Schlimmes getan haben,
so wie wir jedem verzeihen, der uns Unrecht tut.
Laß uns nicht auf den falschen Weg geraten,
sondern schütze uns vor dem Bösen.

Mit Gott sprechen wie mit einem Freund, voller Vertrauen und Zuversicht, hingegeben in die Gotteskindschaft, das heißt beten (Aussagen von Olivia und Rebeca S. 29). S. 30/31 folgen nun ausformulierte Gebete, die den Tag und die Anliegen des Kindes ebenso betreffen, wie die Lebenssituation (Notsituation) von Menschen in den Weiten der Oikoumene. Die beiden Fotos belegen das. Hier der mit gefalteten Händen ganz nach innen versunkene Junge, dort die Füße eines afrikanischen Kindes auf Schuhen, die nur ausgeschnittene Pappstücke sind, bildhafte Erläuterung für die Zeile: »Laß uns für die bitten, die keine Schuhe haben.«

S. 30 finden sich zwei Morgengebete und ein Abendgebet, die den Tageslauf der Kinder (morgens in der Schule, abends zuhause) begleiten können. Zu dem afrikanischen Gebet »Herr, ich werfe meine Freude wie Vögel an den Himmel« sei hier die ausdrucksvolle Melodie (mit abgewandeltem Text) mitgeteilt:[1]

1 Dagmar Kamenzky Musikverlag, Hamburg.

Text: F. Pawelzik
Melodie: F. Baltruweit

Das Abendgebet aus Kenia spricht – und dies ist nach der ausführlichen Behandlung des Vaterunsers wichtig – wieder den Mutteraspekt im Gottesbild (vgl. Bd. 1, S. 75, auch Bd. 2, Bild S. 60) an. Zum Singen am Abend empfiehlt sich auch das nachfolgende strenge, so ganz elementare Abendlied aus dem Odenwald.[1]

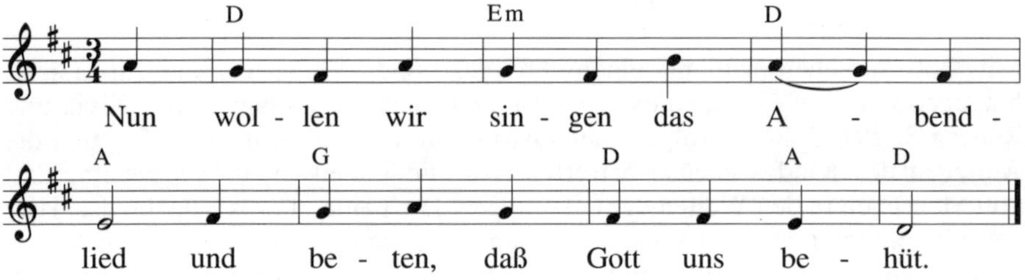

2. Es weinen viel Augen wohl jegliche Nacht,
   bis morgens die Sonne erwacht.
3. Es wandern viel Sterne am Himmelsrund,
   wer sagt ihnen Fahrweg und Stund?
4. Daß Gott uns behüt, bis die Nacht vergeht,
   kommt, singet das Abendgebet!

1 Die Schule kann für das Abendgebet der Kinder – gerade was die so zahlreichen Familien betrifft, die keine Gebetspraxis kennen – vorbereiten. »Alle Kinder sind in der Abendstunde ansprechbar. Viele suchen den Kontakt zu den Eltern, mögen nicht allein sein, betteln um

Das Foto S. 31 lädt zur meditativen Betrachtung ein. Vorschlag für eine Stilleübung ›Meine Füße – meine Schuhe‹:

Meine Füße,
ich halte sie ganz still ...
Ich bewege nur die Zehen ...
Ich spüre, wie sie auf dem Boden ruhen,
meine Füße ...
Ich spüre die Schuhe ...
Sie umkleiden meine Füße.

Es ist gut, daß ich Schuhe habe.
Sie schützen meine Füße.
Mit den Schuhen kann ich über spitze Steine laufen.
Mit den Schuhen kann ich durch Pfützen laufen.
Mit den Schuhen kann ich durch den Schnee laufen.
Immer sind meine Füße geschützt.

Ich habe verschiedene Schuhe,
Sandalen für den Sommer,
feste Schnürstiefel für den Winter,
Hausschuhe für den Abend,
besonders schöne Schuhe für ein Fest.

Verschiedene Menschen, verschiedene Schuhe:
Indianer tragen Mokassins.
Inuit (Eskimos) tragen Pelzstiefel.
Sportler tragen Turnschuhe.

Ich pflege meine Schuhe.
Ich reinige sie.
Ich creme sie ein.
Ich bürste sie blank.

Manchmal müssen die Schuhe zum Schuster.
Die Sohlen sind abgelaufen.
Oder die Hacken.
Oder das Leder hat einen Riß.

Manchmal sind die Schuhe zu alt geworden.
Reparieren lohnt nicht mehr.
Manchmal sind sie zu klein geworden.
Dann bekomme ich neue Schuhe.
Oh, das ist wunderbar.
Alles fein und glatt.
Und sie riechen so gut.

Manchmal geht es auch ohne Schuhe.
Barfuß laufen im Sommer,
das mag ich gern.
In den Ferien. Am Strand.
Oder über eine Wiese.
Da spüre ich die kleinen Steine.
Da spüre ich das taufrische Gras.

Aber barfuß im Winter?
In Eis und Schnee?
Das könnte ich nicht aushalten.
Barfuß über spitze Steine?
Wie sie sich schmerzhaft in die Haut bohren?
Das könnte ich nicht aushalten.
Barfuß durch Brennesseln?
Wie sie stechen und brennen.
Das könnte ich nicht aushalten.
Barfuß im glühend heißen Wüstensand?
Das könnte ich nicht aushalten.

Manche Kinder müssen das aushalten.
Z. B. in Afrika.
Nie in ihrem Leben hatten sie Schuhe.
Sie sind arm.
Die Haut unter ihren Füßen
ist ganz hart geworden und trocken
von all dem Harten,
über das sie gelaufen sind.

---

einen offenen Türspalt mit etwas Lichteinfall. Die Minuten vor dem Einschlafen sind leicht Einbruchstellen der Angst und sollten darum in besonders behutsamer Weise dem Kind Geborgenheit vermitteln« (*H. Halbfas,* ›Religionsunterricht in der Grundschule. Lehrerhandbuch 2‹, Patmos Verlag, Düsseldorf 1984, S. 389).

Von dem heißen Sand.
Wie Leder ist ihre Haut geworden.

Aber sie wünschen sich Schuhe.
Einmal etwas an den Füßen,
das schützt.
Ganz alte geflickte Schuhe
können das sein;
oder Schuhe, aus einem Autoreifen
geschnitten,[1]
ganz gleich,
Schuhe, nur Schuhe,
das wäre schön . . .

Das schwarze Kind auf unserem Bild
hat sich ein paar Pappstücke
zurechtgeschnitten.
Es hat Bindfäden hindurchgezogen.
Jetzt habe ich richtige Schuhe,
denkt es,
Schuhe wie die Erwachsenen.

Aber wie lange werden diese Schuhe
halten?
Morgen schon sind sie zerrissen.
Spätestens übermorgen.
Und dann muß das Kind wieder barfuß
laufen
über die harte, heiße Erde.
Dann ist der Traum vorbei,
der Traum von den eigenen Schuhen.

Gott, laß mich nicht zuviel
für mich bitten,
solange ich noch Schuhe
an den Füßen habe.
Laß mich für die bitten,
die keine Schuhe haben.

Menschen von den anderen Enden der Erde wissen oft viel von Gottes neuer Welt – als hoffendes Bekenntnis aus der Not heraus: »Ich glaube an Gott, auch wenn ich für meine Kinder kein Frühstück habe«, so die Frau aus Chile in dem bewegenden Gebet S. 31 unten. »Unser täglich Brot gib uns heute«, das ist die angesichts des Zustandes der Welt wohl wichtigste Bitte des Vaterunsers.

Als Anregung für das alltägliche Beten von und mit Kindern – das Religionsbuch Oikoumene setzt eine Gebetserziehung als Einübung in christliche Lebens- und Glaubensformen ganz selbstverständlich voraus – seien noch folgende kurze Gebete mitgeteilt[2]:

Du gibst mir Speise,
du gibst mir Trank.
Ich will dir sagen
von Herzen Dank.

*

Herr, du gabst uns Hände.
Wir brauchen sie.
Gib uns Mut.
Gib uns Phantasie.

*

Lieber Gott, ich schlaf gleich ein.
Laß mich ganz behütet sein.
Nimm mich fest in deine Hut.
Lieber Gott, das tut mir gut.

*

Guter Gott,
gib uns eine leise Stimme
und eine sanfte Hand.
Gib uns ein Lächeln
und ein fröhliches Wort.

*

1 Vgl. ›Werkbuch 1/2‹, S. 148.
2 Weitere Gebete für alle Lebenssituationen von Kindern in: ›Soweit der Himmel ist. Kindergebete für Tag und Jahr‹, hrsg. von *Dietrich Steinwede,* Patmos Verlag, Düsseldorf 1989.

Gott,
manche aus meiner Klasse sind oft gemein zu mir.
Aber zwei finde ich besonders nett.
Schön ist es, daß andere auch mich mögen.

*

Gott,
morgen schreiben wir eine Mathematikarbeit.
Ich bin so aufgeregt.
Hoffentlich sind die Aufgaben nicht so schwer.
Ich möchte so gerne alles richtig machen.
Gott,
danke, daß du mich nicht danach beurteilst, ob ich gut in der Schule bin.

*

Herr,
laß mich gesund bleiben.
Laß mich glücklich sein und froh im Herzen.
Beschütze alle Menschen auf der ganzen Erde.
Und die Tiere
und die Pflanzen,
alles, was Leben in sich hat.

*

Gott,
du weißt, wie es bei uns zu Hause ist.
Manchmal ist es gar nicht gut.
Manchmal möchte ich die Tür
hinter mir zuschlagen
und ganz für mich allein sein.
Schenke doch Frieden
für mein Zuhause,
Frieden für meine Familie.

*

Herr, lieber Gott,
sei vor mir
und zeige mit den Weg.
Sei neben mir
und halte mich an der Hand.
Sei hinter mir
und schütze mich vor Gefahren.
Sei unter mir
und fange mich auf, wenn ich falle.
Trage mich,
lieber Gott.
Sei in mir.
Tröste mich.
Sei über mir.
Segne mich.
Amen.

*

Herr, öffne meine Hände,
damit sie das Gute tun.

Solche Beispiele können auch Anregung zu frei formulierten eigenen Gebeten der Kinder sein.[1]

Weiterführendes Material

1. Zum Vaterunser S. 28/29 wird hier eine Andacht angeboten, die Informationen über den jährlichen Weltgebetstag der Frauen mit einer kindgemäßen Auslegung der Vaterunserzeilen verbindet. Wegen seiner Länge setzt der Text (er wird unterbrochen durch das Vaterunserlied) eine größere Hörbereitschaft voraus:

1 Zu religionspädagogischen Fragestellungen im Hinblick auf ›Beten – Gebet‹ vgl. *H. Halbfas,* ›Lehrerhandbuch 2‹, a. a. O., S. 373–379; 382–383; 389–390; 392.

Jedes Jahr an einem Freitag im März kommen die christlichen Frauen in aller Welt zu einem Welt-Gebetstag der Frauen zusammen. Schon seit über hundert Jahren. Sie wollen einander die Hand reichen zu einer Friedenskette von Neuseeland bis Grönland, von der Spitze Südamerikas bis Sibirien. Überall halten sie Andachten und Gottesdienste. Und in jedem Jahr wird der Gebetsgottesdienst von einer Frauengruppe aus einem besonderen Land vorbereitet. Im Jahr 1996 ist es eine Gruppe aus dem Südostteil von Asien, aus Korea. Das Thema in diesem Jahr lautet: ›Wie ein Samenkorn, das zum Baum wird‹. So hat Jesus gesagt, so ist es mit der neuen Welt Gottes: »Aus einem winzigen Korn wächst ein großer Baum, in dessen Zweigen die Vögel des Himmels wohnen.«
Sie wollen eins sein, die evangelische Frau aus dem einen Haus und die katholische Frau aus dem Haus nebenan. Sie beten für die Einheit aller, so wie Jesus gebetet hat: »Alle mögen eins sein untereinander, so wie du, Gott, eins bist mit mir. Alle mögen in der Liebe sein.«

So war es einstmals, als Paulus nach Europa kam, in die Stadt Philippi. Es war am Sabbattag. Er ging aus der Stadt hinaus, durchs Tor und dann am Fluß Gangites entlang. Er kam mit seinen Freunden. Und dort am Fluß fand er eine jüdische Gebetsstätte. Frauen waren dort versammelt, gottesfürchtige jüdische Frauen. Sie hielten ihren Gebetsgottesdienst. Und Paulus setzte sich zu ihnen ans Flußufer. Und als sie ihre Gebete beendet hatten, redete Paulus mit ihnen und erzählte ihnen von Jesus, dem Christus.
Eine von ihnen aber, Lydia, eine Purpurhändlerin, die hörte ganz besonders aufmerksam zu. Und es geschah, daß Gott ihr Herz öffnete und sie ganz erfüllt war von Jesus, dem Christus. Und sie sagte zu Paulus: »Taufe mich.« Und Paulus stieg mit ihr hinab in den Fluß, tauchte sie unter und sprach: »Du glaubst. Darum sollst du getauft werden. Ich taufe dich in Namen des Vaters, des Sohnes und des heiligen Geistes.«
Da war sie glücklich, die erste Christin in Europa. Und sie betete und dankte Gott.

Und sie hatte Frieden in ihrem Herzen.

Lydia war die erste. Und ihr gleich beten und flehen alle Frauen am Weltgebetstag. Und sie danken und loben Gott.
Sie bitten für den Frieden, daß alle ein ruhiges Leben führen können.
Und alle beten das eine Gebet.
Das Vaterunser.
In den vielen Sprachen der Welt.
Jesus hat dies Gebet gelehrt.
In der Bergpredigt.
»Betet nicht groß vor den anderen«, sagte Jesus zu den Menschen auf dem Berg:
»Betet in der Stille. Jeder für sich.
Oder zusammen. Betet so:

Vater unser im Himmel,
geheiligt werde dein Name,
Dein Reich komme.
Dein Wille geschehe
wie im Himmel, so auf Erden.
Unser tägliches Brot gib uns heute.
Und vergib uns unsere Schuld,
wie auch wir vergeben unsern Schuldigern.
Und führe uns nicht in Versuchung,
sondern erlöse uns von dem Bösen.
Denn dein ist das Reich und die Kraft
und die Herrlichkeit in Ewigkeit.
Amen.«

Wie ein Haus mit einer offenen Tür, so ist unser Vater, so ist mein Vater. Seine Hand führt mich. Und wenn ich mein tägliches Brot esse, dann denke ich an ihn.

Lied: ›Wenn ich Vater sage‹ (S. 28)

Vater unser im Himmel
Ich denke an meinen eigenen Vater. Ich wünsche mir einen guten Vater. Ich möchte Freude an ihm haben.
Gott ist wie ein guter Vater.
An ihm kann ich Freude haben.
Ganz liebevoll kann ich zu ihm reden, als wäre er mein Freund oder auch meine Freundin.
Er ist nicht nur *mein* Vater.
Er ist der Vater aller Menschen.
Wir alle sind seine Kinder.
Darum sind wir auch alle Geschwister. Mein Vater ist vor Gott wie mein Bruder. Meine Mutter ist vor Gott wie meine Schwester.
Der Himmel Gottes aber kann hier sein, mitten unter uns. Und er kann auch fern sein, geheimnisvoll, so, daß kein Auge ihn sieht.

Geheiligt werde dein Name
Wir sollen Gottes Namen nicht gedankenlos im Munde führen. Wir sollen seinen Namen nicht mißbrauchen: ›Mein Gott . . .‹, ›Ach du lieber Gott!‹, ›Gottogott‹.
Gottes Name »Ich bin, der ich bin« ist ein heiliger Name. »Ich bin heilig«, hat Gott zum Volk Israel gesagt. »Sein Name soll auch bei uns heilig werden«, hat Martin Luther gesagt: »Gott heiligen, das heißt: Gott loben, preisen und ehren.«

Dein Reich komme
Das Gottesreich, das ist die neue Welt Gottes, auf die wir alle hoffen. Sie ist mit Jesus gekommen. Sie ist da. Und sie wird kommen – ein neuer Himmel, eine neue Erde.
Durch Gott kommt diese neue Welt.
Und durch uns. Durch unser Tun.
Wenn wir an den Nächsten denken, an den nahen und an den fernen.
Wenn wir helfen.

Die Erde hat viele Männer
und keiner dem anderen gleich.
Doch daß sie brüderlich leben,
betet: Es komme dein Reich.

Die Erde hat viele Frauen
und keine der anderen gleich.
Doch daß sie schwesterlich leben,
betet: Es komme dein Reich.
Nach Rudolf Otto Wiemer

Dein Wille geschehe
Jesus hat dafür gesorgt, daß Gottes Wille auf der Erde geschieht.
Wir sehen das. Wir können dabei helfen. Gottes Wille geschieht, wenn Liebe unter den Menschen ist. Wenn sie Frieden üben. Wenn sie einander halten und tragen.

Was mein Gott will, das gescheh
allzeit. Sein Will', der ist der beste.

Unser tägliches Brot gib uns heute
Wir haben unser täglich Brot auf dem Tisch. Und doch bitten wir Gott immer wieder darum. Wir denken dabei an die Armen, die kein Brot zu essen haben. Auch sie sollen sagen können: »Danke, Gott, für dieses Brot!« Das wünschen wir uns.
Brot in meiner Hand. Ich brech ein Stückchen ab und reiche es dann dir, auch du sollst werden satt. Wenn viele ihr Brot brechen und teilen davon aus, dann bricht auf dieser Erde ein Stückchen Himmel aus.

Brot, Brot, Brot, kann stillen Hungersnot. Brot, Brot, Brot kann retten vor dem Tod.

Vater, wir leben von deinen Gaben.
Segne das Haus und segne das Brot.
Gib uns die Kraft, von dem, was wir haben, denen zu geben in Hunger und Not.

Und vergib uns unsere Schuld,
wie auch wir vergeben unsern Schuldigern
Schuld entsteht vor Gott. Schuld soll mit der Bitte um Vergebung zu Gott zurückgebracht werden.

Wenn ich in Angst bin,
mein Gott, verlaß mich nicht.
Vergib mir meine Schuld.

Wem vergeben ist, der kann auch selbst vergeben.
Ein Spiel:
Kerzen aufstellen.
Jedes Kind nennt eine Schuld.
Immer wird eine Kerze ausgeblasen.
Plötzlich ist es dunkel.
Aber nein, da steht die große Kerze, die Osterkerze, die Vergebungskerze.
Jedes Kind kann sich neues Licht holen, Licht der Vergebung. Mit allen Kerzen, die wieder brennen, geht es im Kreis durch den Raum.

Und führe uns nicht in Versuchung
Mogeln ist eine Versuchung. Eine Fundsache behalten. Notlüge. Etwas verheimlichen. Leicht komme ich in Versuchung.
Gegen die Versuchung spricht das Gewissen: Tue es nicht!
Wir sind schwach, Gott, immer wieder. Hilf uns, daß wir nicht in Versuchung kommen.

Sondern erlöse uns von dem Bösen
Kain war böse. Er erschlug seinen Bruder Abel. Das Böse ist stark. Oft hat es Macht über mich. Eine Katze zu Tode quälen, das ist böse. Einem türkischen Kind etwas Gemeines nachrufen. Einen Freund verraten. Das ist böse.
Wer Böses empfängt, gibt Böses weiter. Das ist teuflisch. Das Böse ist vom Teufel. Das Böse in mir, das Böse in anderen, Gott, schütze mich vor beidem.
Nur wo Gott verzeiht, gibt es Erlösung vom Bösen.

Denn dein ist das Reich und die Kraft
und die Herrlichkeit in Ewigkeit.
Amen.

Das ist ein Lobpreis, dieser Schluß des Vaterunsers:
»Gelobt seist du, Herr, Gott Israels,
von Ewigkeit zu Ewigkeit.
Dir Herr, gehören Größe und Kraft
und Ehre und Hoheit und Pracht.
Du bist der Herr über alles.
Darum danken wir dir.
Darum rühmen wir deinen herrlichen Namen.«

Ein Gebet, das um die Welt geht durch alle Völker, Nationen und Rassen. Über Länder und Meere. Das größte und schönste Gebet der Christenheit. Mein Gebet. Dein Gebet. Das Gebet der Frauen am Weltgebetstag. Ich bete es im Religionsunterricht. Ich bete es für mich allein. Jesus hat es mich gelehrt.

2. Reizvoll ist auch die Gestaltung eines Vaterunser-Plakates:
   Die Sätze des Vaterunsers sind (jeweils mit viel Umfeld) aufgeschrieben. Dazu schreiben die Kinder – nach Hören der Andacht – kurze eigene Sätze.

Darüber hinaus malen sie kleine jeweils passende Bilder und kleben sie auf. Dasselbe geschieht mit Zeitschriftenausschnitten (Fotos, Textzeilen!). Dies Vaterunser-Plakat hängt an der Wand, kann im Laufe der Zeit immer weiter ergänzt werden.

3. Ein gesungenes und getanztes Vaterunser (immer und überall zu wiederholen, einfach zu erlernen) bietet der Schulgottesdienst ›Muschel – Stille – Gebet‹ in: ›Schulgottesdienste für die Primarstufe‹, Bd. 1, S. 113–114, an.[1]
4. Eröffnen ließe sich die ganze Einheit mit der nachfolgenden kleinen Geschichte, in der das Beten aus Freude und Dank über die Schönheiten und Gaben der Natur zu einem natürlichen nicht-rituellen Reden mit Gott wird.

Jakob betet

Vor dem Schlafengehen läuft Jakob noch einmal durch den Garten.
Er schaut den Apfelbaum an.
»Den hast du schön gemacht, wirklich wahr«, sagt Jakob.
Er riecht an den Rosen.
»Die hast du auch schön gemacht.«
Er kostet ein paar Erdbeeren.
»Mhm! Die hast du am schönsten gemacht. Danke«, sagt Jakob.
Dann geht er ins Haus.
Die Großmutter bringt ihn ins Bett.
»Und jetzt beten wir«, sagt die Großmutter.
»Ich habe schon gebetet«, sagt Jakob.

Lene Mayer-Skumanz[2]

5. Zu einem nicht heruntergeplapperten (aufgesagten), sondern anteilnehmenden Beten des Vaterunsers hat Lene Mayer-Skumanz eine leicht dahergehende Geschichte geschrieben, die an unterschiedlichen Stellen der Einheit einsetzbar ist. Ein Miteinander-Vaterunser, das können auch die Kinder der Klasse üben.

Was man alles miteinander tun kann

Der Religionslehrer fragt die Kinder: »Was kann man alles miteinander tun?«
»Spielen«, sagt Susi.
»Probieren wir's?« fragt der Lehrer.
Sie spielen »Blinde Kuh«. Der Lehrer darf auch einmal die »Blinde Kuh« sein.
»Das war lustig«, sagt Kathi.
»Wir können sehr gut miteinander spielen«, sagt der Lehrer. »Was könnte man noch miteinander tun?«
»Essen«, sagt Max.
»Probieren wir's?« fragt der Lehrer.
Er nimmt einen großen Apfel aus seiner Tasche. Er teilt den Apfel in viele kleine Spalten. Jedes Kind bekommt einen Apfelspalte zu essen.
»Mhm, das war gut«, sagt Rudi.
»Was können wir noch miteinander tun?« fragt der Lehrer.
»Streiten«, sagt Katharina.
»Probieren wir's?« fragt der Lehrer.
»Echt?« fragt Max.

---

1 Zu beziehen über den Presseverband der Ev. Kirche im Rheinland, Postfach 104153, 40032 Düsseldorf.
2 Aus: ›Das Kindernest‹, Verlag Kerle, Wien.

»Nach den Spielregeln«, sagt der Lehrer. »Jeder soll sagen dürfen, was er meint, und jeder muß angehört werden. Nachher versöhnen wir uns.«
Sie streiten, miteinander und mit dem Lehrer, und jeder sagt jedem, was ihn schon lange geärgert hat. Nachher versöhnen sie sich.
»Das war fein, einmal in Ruhe miteinander streiten dürfen«, sagt Susi.
»Ohne daß sofort einer schreit: Werdet ihr nicht auf der Stelle gute Kinder sein?!«
»Streiten ist fein, wenn nachher keiner eine beleidigte Leberwurst ist«, brummt Rudi. »Bei uns zu Hause sind sie nach dem Streiten immer beleidigt.«
»Streiten kann man lernen«, sagt der Lehrer. »Wenn man sich dabei an die Spielregeln hält, kann man sehr gut miteinander streiten. – Und was könnten wir noch miteinander tun?«
»Beten«, sagt Rudi.
»Ja, aber das ist blöd«, sagt Susi. »Wenn in der Kirche am Sonntag alle miteinander beten, versteh ich nie ein Wort. Es klingt wie uau-uau-uau. Und immer ist einer dabei, der langsamer betet als alle anderen. Der sagt Amen, wenn alle anderen schon still sind. Dann muß ich lachen, und die Leute schauen mich an.«
»Das kenn ich«, sagt Jakob. »Mich schauen sie auch immer an.«
»Wenn man ein Gebet gut kann, muß es kein Durcheinander geben«, sagt Kathi. »Wir könnten vielleicht das Vaterunser miteinander probieren, das kennt jeder.«
»Aber wirklich beten, nicht aufsagen«, ruft Jakob. »Wenn wir in der Klasse beten, klingt es immer wie aufgesagt.«
»Hm«, sagt der Lehrer. »Wie könnten wir es anders machen?«
»Ich weiß was«, sagt Katharina. »Wir beten *für* jemanden. Für irgendeinen Menschen, der heute keine Lust zum Beten hat. Dem schenken wir ein Miteinander-Vaterunser.«
»Von mir aus«, sagt Susi.
Sie beten. Nachher fragt der Lehrer. »Hat das wieder aufgesagt geklungen, Jakob?«
»Nein, das war *wirklich*«, sagt Jakob. »So wirklich wie vorher das Spielen, das Streiten und der Apfel.«.

Lene Mayer-Skumanz[1]

Teil 4: Erntedank (Seiten 32–35)

Absichten

Die Kinder sollen:

- angesichts des großen Hungers in der Welt ihre eigene Situation (immer genug zu essen) reflektieren – S. 32
- für die guten Gaben Gottes danken – S. 33
- die Erde (das Erdreich) als Ursprung allen Wachsens und Gedeihens wahrnehmen – S. 34
- Freundschaft mit allem Geschaffenen pflegen – S. 35

1 Aus: *Lene Mayer-Skumanz,* ›Jakob und Katharina. Geschichten zum Lesen, Spielen, Weiterdenken‹, Verlag Kerle, Wien. Teil 1 dieser Geschichte findet sich bereits im ›Werkbuch 1/2‹, S. 130 f.

Seite 32

Im Foto (aus einem Bäckerladen zur Erntedankzeit) fällt der gebackene Boden mit Ähren, Trauben und dem Wort Erntedank in Kreuzform ins Auge: Auch der Dank für das, was wir zum täglichen Leben brauchen, steht unter dem Zeichen des Kreuzes Christi. Wir als die Erlösten dürfen uns an den Gaben der Schöpfung freuen. Das ist damit zum Ausdruck gebracht.
Das Rodari-Gedicht, eine Utopie, die das Welthungerproblem[1] auf eine etwas leichtere Ebene hebt, dürfte die Kinder anregen, gemeinsam das riesengroße Brot (eine Leiter kann daran stehen, auf der die kleinen Menschen hinaufklettern) auf ein Plakat zu malen. Ein leicht zu bewältigender Lerntext ist das Gedicht ohnehin. Die Kinder sagen es gern auf. Zusammen mit Gebet und Lied von S. 33 kann es Element einer kleinen Erntedankfeier werden.[2]

Seite 33

Trotz seiner altertümlichen Sprachwendungen ist das Claudius-Lied »Wir pflügen und wir streuen den Samen auf das Land« mit dem vielgesungenen Refrain »Alle gute Gabe kommt her von Gott dem Herrn« immer noch unübertroffen. Der Dank, zu dem der Refrain auffordert, kommt in den bekenntnishaften Formulierungen der Strophen indirekt zum Ausdruck. Die weiteren Strophen:

2. Er sendet Tau und Regen
und Sonn- und Mondenschein
und wickelt seinen Segen
gar zart und künstlich ein
und bringt ihn dann behende
in unser Feld und Brot;
es geht durch unsere Hände,
kommt aber her von Gott.
Alle gute Gabe . . .

3. Was nah ist und was ferne,
von Gott kommt alles her,
der Strohhalm und die Sterne,
das Sandkorn und das Meer.
Von ihm sind Büsch und Blätter
und Korn und Obst, von ihm
das schöne Frühlingswetter
und Schnee und Ungestüm.
Alle gute Gabe . . .

4. Er läßt die Sonn aufgehen,
er stellt des Mondes Lauf,
er läßt die Winde wehen
und tut die Wolken auf.
Er schenkt uns soviel Freude,
er macht uns frisch und rot.

1 »Auch in der Schule geht es nicht um die Frage, ob unsere Kinder heute noch das Naturjahr zwischen Saat und Ernte erleben und von hierher eine Beziehung zur Landwirtschaft haben, sondern um ein Bedenken der gemeinsamen Welt, in der die einen versorgt sind oder gar im Überfluß zum Überschuß gelangen, während die anderen hungern und auch Hungers sterben« (*H. Halbfas,* ›Lehrerhandbuch 1‹, a. a. O., S. 65).

2 Ein detailliert ausgeführter Schulgottesdienst ›Unser tägliches Brot gib uns heute‹ findet sich in *Dietrich Steinwede,* ›Meinen Bogen setz ich in die Wolken‹. Schulgottesdienste für die Grundschule, Patmos Verlag, Düsseldorf ^{3}1992, S. 92–100. Hier werden die biblischen Texte Lukas 12,16–21 (Vom reichen Kornbauer) und Matthäus 25,35–36 (›Was ihr für die Armen tut, tut ihr für mich‹) mit einer Symbolhandlung ›Brot für das hungernde Kind‹ verbunden.

Er gibt den Kühen Weide
und unsern Kindern Brot.
Alle gute Gabe . . .

Lernfreudige Kinder werden sich gern eine Lieblingsstrophe aussuchen.

Seite 34
In das aufbereitete (gelockerte) Erdreich hinein wird gesät und gepflanzt. Darin keimt, daraus sprießt und wächst alles, Gras, Blumen, Getreide, Kartoffeln, Rüben, Büsche, Bäume. Vom Mutterboden spricht man und meint damit den mütterlichen, gebärenden Charakter des Erdreiches. Aus der feuchten Erde formte Gott den Menschen und blies ihm Lebensatem ein, so daß er atmete, lebte (Genesis 2,7). Darauf spielt der Refrain des Liedes S. 34 »Eine Handvoll Erde, schau sie dir an. Gott sprach einst: Es werde. Denke daran« an. Hier liegt es wirklich nahe, die Aufgabe S. 34 konkret auszuführen, Erdreich (Muttererde) zu betrachten, durch die Hand gleiten zu lassen, zu fühlen, zu riechen. Strophe 2 spricht dann dem Kinde zu: »Mit dieser Erde darfst du leben, und diese Erde zu bewahren, hat Gott dir geboten« (vgl. Genesis 2,15).
Strophe 1 hingegen läßt in poetischen Wendungen Assoziationen – Spiel, Wind, Sand, Träume, Träumeland, Haus, Tod – wach werden, die rational nicht ganz faßbar, dennoch mit der flüssigen, gleitenden Melodie ein wunderschönes Lied entstehen lassen. Stimmung, Gefühl, Sichhineingeben, Bilder aufsteigen lassen – all dies spielt hier eine Rolle, weniger denkendes Durchdringen bis auf den letzten Punkt.[1]

Seite 35
Die ganz dem Text entsprechend illustrierte indianische Schöpfungsmeditation – die bewahrende Verehrung alles Geschaffenen bei den nordamerikanischen Indianern ist bekannt[2] – will still betrachtet, in Ruhe laut vorgelesen, durch weitere Assoziationen ergänzt werden. Die jeweils fünf identischen Zeilen zu Beginn und am Schluß rahmen den Mittelteil, so wie ein Bild, in dessen Inhalt man sich betrachtend vertieft, oft einen schönen Rahmen hat. Unser Rahmen hat Bekenntnischarakter, der Bildinhalt besteht aus vielen wie ein Mosaik wirkenden kleinen Bildelementen, die beliebig erweitert werden können. Das Ganze – ein Schöpfungshymnus – ist charakterisiert durch die durchgehende Aussage der Freund-

---

1 Entfaltet ist das Motiv ›Mutter Erde – Muttererde‹ in dem gleichnamigen Schulgottesdienst aus ›Meinen Bogen setz ich in die Wolken‹, a. a. O., S. 58–69, in dessen Mitte ein Spiel von Erde, Erd-Gaben und Mensch (Spielerinnen/Spieler: die Erde, die Ähre, die Sonnenblume, der Apfel, die Kartoffel, der Mensch) steht. Sowohl der Refrain »Eine Handvoll Erde« als auch der Refrain »Alle gute Gabe«, dazu der Kanon »Solange die Erde steht, soll nicht aufhören Saat und Ernte, Frost und Hitze, Sommer und Winter, Tag und Nacht« und ein Erntetanz geben diesem Gottesdienst seine musikalische Struktur.

2 Der Historiker, Dichter und Maler N. Scott Momaday ist Kiowa-Indianer. Er wuchs in einem Reservat in Südwest-Oklahoma auf. Für seinen Erstlingsroman ›House made of Dawn‹ erhielt er den Pulitzer-Preis. Er gilt als Wegbereiter der Literatur nordamerikanischer Indianer.

schaft: Ich bin befreundet mit der Erde, mit allem Geschaffenen. Ich bin befreundet mit Gott.

Abfolge einer Erntedankfeier mit Material aus den Seiten 32–35:
Das Plakat ›riesengroßes Brot‹ ist ausgehängt:

1. Lied: ›Wir pflügen und wir streuen‹.
2. Gebet: ›Danke, Gott‹.
3. Gedicht: ›Wenn ich ein Bäcker wäre‹ (Kind).
4. Einige interpretierende und würdigende Sätze zum Plakat (Lehrerin).
5. Lied: ›Mit der Erde kannst du spielen‹.
6. Auf einem Tisch in der Mitte einen Eimer Gartenerde ausschütten. Die Erde ausbreiten. In Gruppen herantreten und die Erde ›erfahren‹. Dazu singen ›Eine Handvoll Erde‹ (die Kinder greifen wirklich zu und betrachten lobsingend das Stück lebendiger Erde in ihrer Hand).
7. Meditativer Text: ›Freundschaft mit der Erde‹ (Lehrerin).
8. Gebet: ›Danke Gott‹ (Wiederholung).
9. Lied: ›Wir pflügen und wir streuen‹ (Wiederholung).

Zusatzmaterial (auch für eine alternative bzw. erweiterte Erntedankfeier)

1. Erntetanz[1]

Phase 1

Die Kinder der Tanzgruppe (eine gerade Zahl ist notwendig) stellen sich auf. Sie haben zu zweit abgezählt. Im Rhythmus der Musik (Singen und Klatschen der übrigen Kinder) beginnen die Kinder mit der Nr. 2 jeweils von innen her die Kinder mit der Nr. 1, die stehenbleiben, zu umschreiten. Erst innen, dann außen!

Text und Melodie: Dietrich Steinwede

Dies, bis sie an ihrem Ausgangsort wieder angelangt sind. Nun umgekehrt: Die Kinder der Nr. 1 beginnen die Kinder mit der Nr. 2 zu umschreiten . . .

Phase 2

Sind auch diese Kinder an ihren Ausgangsort zurückgekehrt, wenden sie sich (gegen die Tanzrichtung!) den Kindern der Nr. 2 zu. Man reicht sich einander die rechte Hand und umschreitet nun (immer im Rhythmus von Musik, Singen und

1 Aus: ›Meinen Bogen setz ich in die Wolken‹, a. a. O., S. 68 f.

Klatschen) einander – rechte Hand/linke Hand – rechte Hand/linke Hand usw. bis zum Ausgangspunkt . . .
Das Ganze kann beliebig oft wiederholt werden.
Schön ist es, wenn alle übrigen Kinder zu einem großen zweiten Kreis eingeladen werden, in dem sie (in Gegenrichtung zum Tanzkreis) klatschend und singend einfach nur gehen.
Zu einem gegebenen Zeitpunkt werden alle zum Innehalten aufgefordert.

2. Gebet der Irokesen
Wir danken unserer Mutter, der Erde, die uns ernährt. Wir danken den Flüssen und Bächen, die uns ihr Wasser geben. Wir danken den Kräutern, die uns ihre heilenden Kräfte schenken. Wir danken dem Mais und seinen Geschwistern, der Bohne und dem Kürbis, die uns am Leben erhalten. Wir danken den Büschen und Bäumen, die uns ihre Früchte spenden. Wir danken dem Wind, der die Luft bewegt und Krankheiten vertreibt. Wir danken dem Mond und den Sternen, die uns mit ihrem Licht leuchten, wenn die Sonne untergegangen ist. Wir danken der Sonne, die freundlich auf die Erde herabschaut.
Vor allem aber danken wir Gott, der alle Güte in sich vereint und alles zum Wohl seiner Kinder lenkt.[1]

Im Zusammenhang mit der Indianerthematik und in Erweiterung der Einheit ›Beten‹ (S. 30/31) können die Kinder durch den nachfolgenden Text etwas über die Art, wie Indianer – Mensch und Natur umfassend – beteten, erfahren:

Wenn Lololomai, der Häuptling, betet, geht er an den Rand des Felsens und wendet sein Gesicht der aufgehenden Sonne zu. Dann betet er für uns, sein Volk. Er bittet um Regen und Mais und Melonen, er bittet, daß unsere Felder fruchtbar seien.
Aber nicht nur darum bittet er. Er betet, daß wir gesund bleiben und lange leben, daß wir glücklich sind und froh im Herzen. Und nicht nur für uns Hopi betet er; er betet für jeden Menschen auf der ganzen Erde – für jeden. Und nicht nur für die Menschen: Lololomai betet auch für die Tiere. Und nicht nur für die Tiere: Lololomai betet auch für die Pflanzen. Er betet für alles, was Leben in sich hat. So betet Lololomai, unser Häuptling.

Ein Hopi-Indianer[2]

1 Aus: *Käthe Recheis* und *Georg Bydlinski,* ›Weißt du, daß die Bäume reden‹. Weisheit der Indianer, Verlag Kerle, Wien.

2 Aus: Ebd., S. 63. Dort auch die Zusatzinformation: »Die Hopi sind ein Indianerstamm im Südwesten der Vereinigten Staaten, sie leben in einem Wüstengebiet, das sie mit unendlicher Mühe kultivieren. Die weißen Amerikaner beuten ihr Land aus, so daß es immer kärger und ärmer wird (Abbau von Kohle im Tagebau, Entzug des Grundwassers für die benachbarten Gebiete). Um die Jahrhundertwende, als Lololomai auf diese Weise betete, betrachtete man den Indianer mit Verachtung und nannte ihn den ›sterbenden roten Mann‹, der als Wilder kein Recht zum Leben habe. – Der Name Lololomai bedeutet ›Sehr gut‹, denn der Häuptling hatte jahrzehntelang sein Volk väterlich und wachsam geführt.«

3. Meditation zum Schöpfungspsalm 104:

Segne uns mit der Ernte der Felder[1]

Ich bekomme ein Lob dafür, daß ich eine 2 geschrieben habe, dafür, daß ich ein schönes Bild gemalt habe, dafür, daß ich geholfen habe, für eine gute Leistung im Sport oder wenn ich sonst etwas gut gemacht habe.
Über ein Lob freue ich mich.
Gelobt werden, das ist einfach schön.
Da geht es einem hinterher viel besser.

Zum Erntedankfest bekommt Gott ein Lob, ein großes Lob, ein Riesenlob.
Von wem?
Von uns Menschen.
Von dir und von mir.
Warum?
Weil alles so wunderbar gewachsen ist, so viele Früchte, soviel Korn für Brot, so herrliche Blumen, so viele dicke Kartoffeln.
Ja, dafür loben wir Gott.
Sei bedankt, Gott.
Ganz herzlich.
Wie reich hast du uns gesegnet
in dieser Herbstzeit,
in dieser Erntezeit,
in dieser Ernte-Dank-Zeit.

Loben, das ist nicht nur Sprechen, das kann auch Singen sein.
Das kann ein Lied sein, ein Erntelob-lied, ein Erntedanklied, ein Ernte-Segenslied.
In der Bibel stehen solche Lob-, Dank-, Segenslieder.
Es sind die Psalmen.
Psalm 104 ist ein Ernte-Lobpsalm.

Da ist vom Wasser die Rede:
Du, Gott, bist es, der das Wasser in den Tälern quellen läßt, daß es zwischen den Bergen dahinfließen kann, daß alle Tiere des Feldes trinken und das Wild seinen Durst löscht.
Du, Gott, schickst vom Himmel den Regen.

Da ist von den Früchten die Rede:
Du machst das Land voll von Früchten, die du wachsen läßt.
Wir kennen den Apfel, diese wunderschöne Frucht, eine der schönsten Früchte, grün, gelb, rot.
So viele Farben sind an ihm.
Wir riechen den Apfel; sein Duft ist wie der Herbst.
Wir wissen, daß er schmeckt, der Apfel; er gibt Kraft ins Leben und Sättigung.

Da ist vom Gras die Rede:
Und du, Gott, läßt das Gras wachsen für das Vieh ...
O ja, das Gras, das so würzig riecht von dem ersten Schnitt an im Juni bis jetzt in den Herbst hinein.
Die Wiesen mit all ihren Kräutern, die Weiden für Pferde und Kühe.
Wir riechen das Gras, das zum Heu geworden ist.
Wir denken an die Sonne, an den Sommer.

Da ist vom Korn die Rede:
Du, Gott läßt das Korn wachsen für den Menschen.
Wir können Körner zwischen unseren Fingern fühlen.
Wir können die Würze des Getreides riechen.
Wir sehen vor unserem inneren Auge die goldenen Weizenfelder, wie sie sich wiegen im Wind.

1 Vgl. Segenslied S. 125, Strophe 2.

Wir fühlen und wissen, daß diese kleinen Körner uns ganz sättigen können.

Da ist vom Brot die Rede:
Du, Gott, bringst Brot aus der Erde hervor.
Unser tägliches Brot, das wir essen, ist so alltäglich und doch so wichtig für alle, das Brot mit seiner Rinde und dem Duft von Mehl.
Wir schmecken es, frisch und knusprig zugleich, das Allertäglichste.

Da ist vom Wein die Rede:
Du, Gott, gibst den Wein.
Er kann des Menschen Herz erfreuen, der köstliche Wein, den die Sonne hat reifen lassen, der Wein, den die Winzer geerntet und gekeltert haben, in seiner Farbe tiefrot oder weißlich hell, köstlich in seinem Duft und im Geschmack.

Da ist vom Öl die Rede:
Du, Gott, gibst das kostbare Olivenöl.
Unser Essen bereiten wir mit Öl.
Aber es gibt auch das Öl zur Pflege der Haut.
Es riecht so gut.
Gott will, daß wir uns pflegen und ölen.
Gott will, daß unser Gesicht
schön wird.

Von vielem anderen ist die Rede in unserem Psalm.
Vom Zelt des Himmels.
Von den Flügeln des Windes.
Von den Grenzen der Wolken.
Von den Libanonzedern und den Steinböcken, von den jungen Löwen und von gefährlichen Ungeheuern.
Von Sonne und Mond und vom weiten unermeßlichen Meer.
Für alles wird Gott gelobt:
»Ich will dich preisen. Ich will dir danken.
Herr, mein Gott, wie bist du so groß.«

Und wofür können wir loben?
Wie wäre es, Kinder, wenn wir den Psalm 104 weiterschreiben?

Etwa so:
Ich lobe dich, Gott, für das alte Fahrrad, das ich bekommen habe. Es läuft noch wunderbar.
Oder:
Ich lobe dich, Gott, für den elektrischen Strom, der aus der Steckdose kommt und der uns soviel hilft. Menschen haben ihn erfunden. Du gabst ihnen die Idee.
Oder:
Ich lobe dich, Gott, für die Flugzeuge, daß wir uns so schnell fortbewegen können von Kontinent zu Kontinent.
Oder:
Ich lobe dich, Gott, für das Fernsehen. Vieles kann ich daraus lernen. Viel Spaß kann ich haben damit. Aber manchmal wird's auch zuviel.
Oder . . .
Oder . . .

All das Gute, Kinder, für das wir Gott loben, kann auch zum Schlechten werden.
Ihr wißt es.
Die Autos können die Luft verpesten.
Die Fabriken können Granaten herstellen.
Ein Stück Brot kann weggeworfen werden.
Aber das wollen wir ja nicht.
Wir wollen, daß die Dinge zum Guten gebraucht werden, daß sie zum Segen werden.
Und dann können wir Gott loben dafür und ihm danken.
Ach, was werden wir Menschen noch alles entdecken, noch alles erfinden, wofür wir Gott loben können.

Nach Psalm 104

Zusatzmaterial für die Eröffnung einer ökumenischen Perspektive
Die Geschichte ›Vom Hunger‹ zeigt, daß anderswo in der Welt nicht Brot, sondern Reis und Maniok Grundnahrungsmittel sind. Aber genauso wie bei uns werden auch anderswo die Geschenke Gottes mißachtet. Erst durch die Begegnung mit dem Hunger lernen die Menschen, Reis und Maniok[1] zu achten.

Vom Hunger

Einst sprach Gott zum Reis: »Reis, geh in die Dörfer der Menschen, auf daß jedermann zu essen habe.«
Der Reis fragte: »Was sollen die Menschen mit mir machen, wenn ich eintreffe?«
»Wenn sie eine gute Suppe haben, so sollen sie dich, Reis, hineintun.
Wenn sie keine Suppe haben, sollen sie dich trotzdem essen. In großen Pflanzungen sollen sie dich pflanzen und Achtung vor dir haben.«
Dann sprach Gott zum Maniok: »Geh auch du in die Dörfer der Menschen, damit meine Kinder zu essen haben!«
Der Maniok fragte: »Wie sollen mir die Menschen begegnen?«
»Wenn dich jemand im Busch trifft und sehr hungrig ist, mag er dich roh essen. Wenn sie dich aber kochen oder im Mörser stampfen, müssen sie eine gute Suppe aus dir machen!«
Reis und Maniok wanderten in die Menschendörfer.
Aber die Menschen in ihrer Dummheit behandelten die guten Boten nicht anständig. Sie aßen sich satt, warfen den Rest fort und hoben keine Vorräte auf. Sie plagten sich nicht gern in großen Pflanzungen, und wenn sie geerntet hatten, trugen sie den kostbaren Reis und die wertvollen Maniokknollen zum nächsten Markt, um billigen Tand einzutauschen.
Da riefen die beiden Brüder Reis und Maniok zu Gott: »Deine Kinder haben keine Achtung vor uns. Wer wird sie Achtung lehren?«
»Ich will euch einen anderen Boten zu Hilfe schicken«, antwortete Gott. »Er wird dafür sorgen, daß euch keiner etwas zuleide tut. Sein Name ist Hunger.«
Der Hunger kam. Seine Haut war ganz trocken und so durchsichtig, daß man alle Knochen darunter sah. Er blies, und sein Atem wehte in die Dörfer der Menschen, daß alle hungrig wurden. Die Kinder weinten, die Frauen trugen ihre schönsten Tücher zum nächsten Markt, um Nahrung einzutauschen, und die Männer, die vorher einen ehrenwerten Namen in der Gemeinschaft gehabt hatten, wußten keinen anderen Ausweg, als stehlen zu gehen. Ihre dunkle Haut wurde grau, ihr Herz böse. Die Eltern aßen den Kindern das wenige weg, und die Kinder rissen den noch Kleineren den letzten Bissen aus der Hand. So strafte der Hunger die Menschen und ging in den Dörfern herum, daß alle ihn sahen, und Erwachsene und Kinder wurden ebenso dünn und dürr wie er.
Da lernten die Menschen Achtung vor Reis und Maniok. Sie legten große Felder an, um genügend Vorrat zu haben. Sie baten Gott, seinen schrecklichen Boten wieder zurückzurufen. Doch er ist bis heute auf der Erde geblieben.

Lene Mayer-Skumanz[2]

1 Zum Maniok vgl. Bd. 1, S. 24 (Zeichnung).
2 Aus: ›Erzählbuch zum Glauben. Das Vaterunser‹, hrsg. von E. Conrad u. a., Verlage Kaufmann/Benziger, Lahr/Zürich, Einsiedeln, Köln ^{3}1985, S. 358 f. © Autorin.

Teil 5: Evangelisch – Katholisch (Seiten 36–41)

Absichten
Die Kinder sollen:
- die Schmerzlichkeit der Trennung erfahren – S. 36
- Unterschiede kennenlernen – S. 37
- um Gemeinsamkeit bitten – S. 38
- Verbindendes bedenken – S. 39
- das reformatorische Grundgeschehen kennenlernen – S. 40/41

Seite 36
Das, was katholische und evangelische Christen gemeinsam glauben, das, was sie in Christus verbindet, ist stärker als das, was sie trennt. Es gilt, den anderen zu verstehen. Es gilt, gemeinsam tiefer in den Glauben hineinzuwachsen.
Das Foto S. 36 zeigt dunkelhäutige christliche Mädchen aus einem Drittweltland, die, so besagt es der Text, durch ihre Zugehörigkeit zu verschiedenen Konfessionen schmerzlich voneinander getrennt sind. Als Freundinnen sind sie unzertrennlich. Aber sie gehen in verschiedene Kirchen. Warum? Weil ihre Vorfahren hier evangelisch, dort katholisch missioniert worden sind. Diese Situation können die Kinder auf ihre eigene übertragen (Aufgabe S. 36). U. U. kommen dabei auch konfessionsverschiedene Ehen von Eltern und die daraus sich ergebenden Probleme zur Sprache. Tendenz: Das nicht immer Einfache, manchmal Unbegreifliche (Kinder werden im ersten Schuljahr im Religionsunterricht auseinandergerissen) solcher Situationen benennen: »Es ist doch derselbe Gott.« – »Jesus wollte das bestimmt nicht« (vgl. Bd. 1, S. 80).

Seite 37
Unterschiede in beiden Richtungen werden an den neun Fotos und den drei Aufgaben herausgearbeitet. Zu den Fotos hier Erläuterungen für die Unterrichtenden:
1. Es gibt die Messe (von lateinisch missa = Sendung) oder Eucharistiefeier (Danksagung), in der das Brot, wie katholische Christen glauben, in den Leib Christi gewandelt wird, der Wein in das Blut Christi. Den Wein trinkt gewöhnlich nur der Priester. Das Brot (die Hostie) bekommen alle in der Kommunion. Kommunion ist ein lateinisches Wort und bedeutet Gemeinschaft durch den Empfang des Brotes. Der Priester trägt kostbare Gewänder. Er ist unverheiratet.
2. Es gibt das ewige Licht, eine oft kunstvoll verzierte Öllampe. Dieses Licht zeigt die Gegenwart Christi im Tabernakel an.
3. Im Beichtstuhl hört der Priester durch eine Trennwand mit einer kleinen Öffnung die persönliche Beichte. Die Menschen sagen, was sie als Schuld belastet. Sie empfangen Vergebung durch Gott. Manchmal sitzen der Priester und der Beichtende sich direkt gegenüber und sprechen über dessen Fragen und Schwierigkeiten.
4. Die katholischen Christen verehren Maria als die Mutter Gottes. Neben Maria verehren sie noch viele andere Menschen, die die Kirche in all den Jahrhun-

derten seit den Anfängen heiliggesprochen hat, weil sie in ganz besonderer Weise für Gott gelebt haben. Manchmal gibt es von den Heiligen noch Überreste: Reliquien. Martin ist für die katholischen Christen ein Heiliger (Sankt Martin = heiliger Martin), ebenso Nikolaus, ebenso Franziskus.

5. Beim Fest Fronleichnam tragen katholische Christen den ›Himmel‹ durch die Straßen der Gemeinde. Darunter im Zeichen des Brotes: Jesus Christus.
6. Der Papst ist der oberste Hirte in der katholischen Kirche. Er zeigt die Richtung für die Lehre der Kirche und den Glauben.
7. Es gibt ein kleines kostbares Schränkchen, den Tabernakel, in dem die übriggebliebenen Hostien (Leib Christi!) aus der Kommunion aufbewahrt werden. Vor dem Tabernakel knien katholische Christen nieder, wenn sie die Kirche betreten oder verlassen.
8. Beim Betreten und Verlassen der Kirche nehmen die katholischen Christen mit den Fingern Wasser aus dem Weihwasserbecken und bekreuzigen sich damit. Das Weihwasser erinnert an die Taufe und an die Zugehörigkeit zu Jesus Christus.
9. Am weißen Sonntag nach Ostern gehen katholische Kinder, meist im Alter von 8–9 Jahren, zu ihrer ersten heiligen Kommunion. Darauf sind sie vorbereitet worden.

Seite 38
Die aufgespaltene Christusfigur betont noch einmal die Spaltung – die von der Botschaft Christi her eigentlich undenkbar ist. Im Hause Gottes, in seiner neuen Welt, zu der Jesus, der Christus, die Tür öffnet (selbst die Tür ist), kann nur die eine Gemeinde leben. Die Ökumene der Konfessionen ist angesagt.
»Wir verstehen nicht, warum es verschiedene Kirchen gibt; wir glauben nicht, Gott, daß dir das besonders gefällt«, heißt es in dem der zerborstenen Figur zugeordneten Gebet. Die Bitte um Gemeinsamkeit[1] ist eine Herzensbitte aller evangelischen und katholischen Christen, die die heute unsinnig gewordene Trennung nicht mehr ertragen können. Kinder müssen die bestehende Spannung nachvollziehen, aber sie können von Herzen mitbeten: »Hilf den Christen in aller Welt, daß sie sich einig werden.«

Schaue die Zertrennung an,
der sonst niemand wehren kann;
sammle, großer Menschenhirt,
alles, was sich hat verirrt.
Erbarm dich, Herr.[2]

Seite 39
Der Text dieser Seite zählt (auf S. 38 beginnend) die vielen Gemeinsamkeiten auf, die in dem gemeinsamen Glaubensbekenntnis münden (der einzige bestehen-

1 »Ist denn Christus geteilt?« fragt Paulus. Und er fordert die Christen in Korinth auf: »Seid einig!« (1. Korinther 1,10.13). »Ist denn Christus zertrennt?« So hat auch Augustinus im 4. Jahrhundert in der Auseinandersetzung mit der Gegenkirche der Donatisten gefragt. »Nein«, war seine Antwort: »Christi Kirche ist eine.«
2 Evangelisches Gesangbuch 262, Strophe 3.

de Unterschied »die heilige christliche Kirche« – »die heilige katholische Kirche« wird hierbei berücksichtigt). Wieder legt es sich nahe, mit den Elementen des Abschnittes[1] einen ökumenischen Schul- oder Klassengottesdienst zum Thema Evangelisch – Katholisch zu feiern, wobei die Lieder aus dem gemeinsamen Liedgut von Gotteslob und Evangelischem Gesangsbuch bzw. aus diesem Buch auszuwählen wären. Das Glaubensbekenntnis könnte dabei auch in der folgenden kindgemäßen Fassung gesprochen werden:

Ich glaube an den einen Gott,
der die Welt geschaffen hat,
der mir seine Welt anvertraut hat,
der mich liebhat (wie Vater und Mutter),
der immer für mich da ist,
auch wenn ich ihn nicht immer spüre.

Ich glaube an den einen Gott,
zu dem Jesus mir die Tür geöffnet hat,
Jesus, der mir zeigt, wie Liebe die Menschen verändert.
Er mußte leiden.
Er mußte sterben,
weil er Feinde hatte.
Aber er lebt.
Er wirkt weiter.
In mir.

Ich glaube an den einen Gott,
der mich in Bewegung setzt,
der mich mit anderen Menschen verbindet.
Er gibt mir seine Kraft.
Er gibt mir Mut,
wenn ich verzweifelt bin.
Er gibt mir Hoffnung zum Leben.

Zusätzliche Arbeitsmöglichkeiten:

1. Vertreter beider Konfessionen in die Klasse einladen. Ihnen den Text S. 38/39 vorlegen und sie um ihre Meinung dazu bitten. Gespräche.
2. Wenn Kinder anderer christlicher Konfessionen in der Klasse sind, diese dazu auffordern, aus ihren Glaubensgemeinschaften zu erzählen. Gespräche.
3. Aussiedler erzählen lassen. Rußlanddeutsche Kinder können z. B. berichten, daß sich die Gemeinden zu den Gottesdiensten (wie in frühchristlicher Zeit) in den Häusern trafen. Oder daß in der Brüdergemeine Kinder von ihrer eigenen Großmutter getauft wurden.

1 Auch mit der Klage über das noch immer Trennende (S. 39)!

Seiten 40/41

In Bild und Text von S. 40/41 lernen die Kinder das reformatorische Grundgeschehen kennen. Trotz des Bedauerns über die Trennung gilt es, Verständnis für die historische Situation zu wecken. Luther, der eine neue Kirche keinesfalls von vornherein wollte, hat damals Notwendiges getan, um den christlichen Glauben (die christliche Kirche) vor gravierenden Fehlentwicklungen zu bewahren.

Die Angst vieler damaliger Menschen vor dem Jüngsten Gericht mit der Scheidung in Verdammte und Erlöste, in solche, die dem Höllenrachen anheimfallen, und solche, die in die neue Welt Gottes (Sonnensymbol) eingehen (Matthäus 26,11 ff.), stellt das obere Bild S. 40[1] drastisch dar (Kinder sind hier immer sehr betroffen). Thematisch konzentriert sind die beiden Seiten auf die Ablaßfrage; das Bild S. 40 unten[2] ist ein Erzählbild zu dieser Frage.

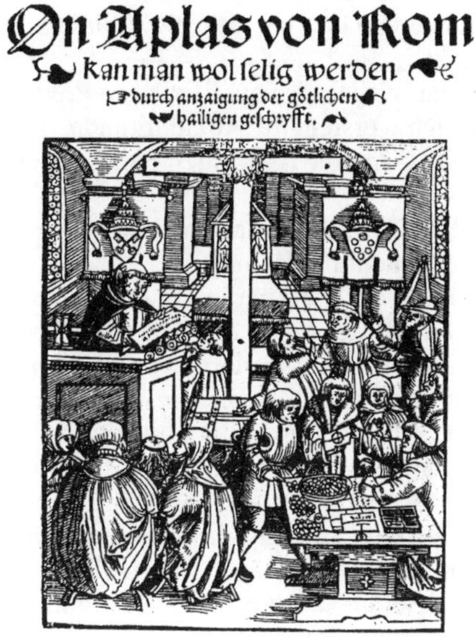

»Bei dieser Darstellung handelt es sich um eine frühreformatorische Flugschrift gegen den Ablaßhandel, der Martin Luther 1517 zur Abfassung seiner 95 Thesen veranlaßte.

Historischer Hintergrund:

Albrecht von Brandenburg, Erzbischof von Magdeburg und Administrator des Bistums Halberstadt, ließ sich 1514 zum Bischof von Mainz wählen. Dafür mußte er dem Papst 20.000 Gulden an Palliengeldern bezahlen. Da eine Akkumulation von Ämtern aber gegen das geltende Kirchenrecht war, mußte er dem Papst für die Erlaubnis, den zweiten Bischofsstuhl zu besitzen, nochmals 10.000 Gulden bezahlen. Da er mittellos war, schoß ihm das Bankhaus Fugger in Augsburg den Betrag vor. Zur Schuldentilgung bot ihm der Medicipapst Leo X. eine besondere Ablaßkampagne an: Er hatte, um den Bau der Peterskirche zu fördern, 1515 einen Ablaß ausgeschrieben. Der Papst überließ Albrecht den Vertrieb des Ablasses in Deutschland für 8 Jahre. Die eingegangenen Summen sollten jährlich zwischen dem Papst und dem Erzbischof geteilt werden, bis dieser seine Schulden abbezahlt hätte. Den Ablaßkommissaren gab Albrecht eine Instruktion mit, die ›vollkommene Sündenvergebung‹ verhieß. Einer der rührigsten Ablaßkommissare war Johann Tetzel aus Pirna in Sachsen, der von einem Agenten des Bankhauses Fugger begleitet wurde.

Beim vorliegenden Bild handelt es sich um einen Titelholzschnitt (ca. 12 x 10 cm) für eine frühreformatorische Flugschrift (Augsburg: Melchior Ramminger 1520) gegen den Ablaßhandel.

1 Jüngstes Gericht: Ewiges Leben – ewige Verdammnis. Holzschnitt der Lutherzeit.
2 Ablaßpredigt in einer Kirche. Holzschnitt 1520.

Der Holzschnitt stellt zunächst einmal – wahrscheinlich ziemlich authentisch – das Ablaßwesen dar.
In der Mitte der Kirche steht das T-förmige Ablaßkreuz, das während der Ablaßkampagne aufgerichtet wurde und normalerweise neben der Dornenkrone auch noch mit den Leidenswerkzeugen geschmückt war. Das Kreuz und die Zeichen seines Leidens verweisen auf die Verdienste Christi, aufgrund derer ein Ablaß gewährt werden kann. Auf der linken Seite findet die Ablaßverkündigung statt. Die Höhe des zu gewinnenden Ablasses war Pergament-Urkunden zu entnehmen. Sie gaben Auskunft über die dazu erforderlichen Bedingungen und enthielten Erstellungsdatum, Adressat und Absender. Hier im Bild verweisen auch das Papstwappen links und das Mediciwappen rechts auf den Absender, den Medicipapst Leo X. Vor Ort wurde der Ablaßbrief während einiger Tage eingeführt. Sorgfältig ausgewählte Prediger lasen den Brief vor und erklärten ihn. Meist gab es dazu eine feierliche Prozession mit Glockengeläut, bei der die Ablaßbulle gezeigt wurde.
Im Bild erläutert der Ablaßkommissar, den man wegen der qualifizierten Predigt häufig von weither kommen ließ, die fünffach versiegelte Ablaßurkunde. Der Ablaßkommissar trägt den Dominikanerhabit. Gemeint ist wohl Johann Tetzel, der 1517 den Romablaß propagierte.
Unterhalb der Kanzel sitzen die Frauen auf Hockern, da damals noch keine feste Bestuhlung üblich war, auf der anderen Seite stehen die Männer.
Die rechte Bildhälfte zeigt den zeitlich erst nach der Verkündigung erfolgenden Ablaßkauf. Drei Männer und eine Frau stehen am Zahltisch mit den Ablaßbriefen. Der Subkommissar stellt gegen Bezahlung die Beichtbriefe aus, mit denen die Gläubigen ihren Beichtvater aufsuchen konnten. Mit diesem Beichtbrief wurde dem Gläubigen einmal nach gültiger Beichte ein vollkommener Ablaß erteilt und ein zweites Mal in der Todesstunde. Für einen partiellen Ablaß war keine bestimmte Summe vorgeschrieben. Für einen vollkommenen Ablaß richtete sie sich nach dem Einkommen und der sozialen Stellung des Ablaßempfängers. Es konnte auch persönliche Arbeit gefordert werden. Die Armen sollten die Geldspende durch Gebete ersetzen. Nach offizieller katholischer Lehre ging es beim Ablaß nicht um den Nachlaß von Sünden ohne Reue und Beichte, sondern um den Nachlaß der Sündenstrafen. Der Sünder lädt Schuld und Strafe auf sich. Die Schuld wird durch die Absolution nach reuigem Bekenntnis erlassen, die Sündenstrafen müssen entweder in diesem Leben durch gute Werke und Gebet oder nach dem Tod im Fegefeuer abgebüßt werden. Aber es ist möglich, für sich oder einen Verstorbenen einen von der Kirche angebotenen Ablaß zu erwerben. Dieser Unterschied zwischen Sündenschuld und Sündenstrafe wurde in Ablaßpredigten häufiger vernachlässigt und ist wohl auch von Tetzel vernachlässigt worden, so daß der Eindruck – wohl nicht ganz ungewollt – entstand, mit dem Erwerb eines Ablasses würden alle begangenen oder sogar künftige Sünden nachgelassen. So begann die Instruktion Erzbischof Albrechts zu dem hier dargestellten Ablaßhandel mit der mißverständlichen Formulierung: ›Um die Gnade der vollkommenen Sündenvergebung zu erlangen (damit konnte nach damaligem Sprachgebrauch nur die Sündenstrafe gemeint sein), soll jeder, der gebeichtet hat oder zum mindesten die Absicht hat, zu gehöriger Zeit zu beichten, in jeder der

Kathedralkirchen zu Rom je 5 Paternoster und 5 Ave Maria beten.‹ Wer daran gehindert ist, so fährt die Instruktion fort, dem kann gegen einen entsprechenden Betrag die Romreise erlassen werden.
Auf dem Bild steht unterhalb des Kreuzes die verschlossene Ablaßkasse für die Spenden bereit.
Die Beiträge wurden vom Spender selbst in eine mehrfach verschlossene Kiste gelegt; die Schlüssel dazu hatten verschiedene Personen. Erst in Anwesenheit aller Schlüsselinhaber und eines öffentlichen Notars, der ein Protokoll verfaßte, durfte die Kiste geöffnet werden, womit Unterschlagungen erschwert werden sollten. Nach Abzug aller Kosten wurde das Geld dem eigentlichen Bestimmungszweck zugeführt. Am Ende der Ablaßzeit wurde der Ablaß feierlich ausgeläutet, um eigenmächtigen Ablaßpredigten zu wehren. Das Ablaßwesen war wohlorganisiert und geordnet, trotzdem bot es für Mißbrauch und Betrügereien fruchtbaren Boden. Dieser Mißbrauch wurde auch vielerorts kritisiert und Abhilfe gefordert. In diesem Sinne waren Teile der Ablaßthesen Luthers nichts Neues, sondern entsprachen allgemeiner Meinung . . .
Die Titelseite des Flugblattes geht über die allgemeine Kritik an Mißbräuchen hinaus. Die neue reformatorische Kritik ist in der Szene rechts vom Kreuz zu erkennen. Ein reichgekleideter Mann will eben eine Münze in den Kassenschlitz stecken, als er von hinten durch zwei Männer angesprochen wird. Beim Bauern handelt es sich um Karsthans, den Gemeinen Mann, der auf Befreiung von kirchlicher Unterdrückung hofft und mit dem Dreschflegel zur Revolte bereit wäre. Im Mönch daneben kann man Martin Luther im Mönchsgewand der Augustinereremiten vermuten. Er tritt als Gegenspieler zu Tetzel auf und versucht den Ablaßzahler davon zu überzeugen, daß sein Tun nutzlos sei. Mit argumentierend ausgebreiteten Armen stellt er gleichsam eine Verbindung zwischen Edelmann und Bauernstand her. Diese Interpretation ergibt sich von der Aufschrift des Deckblattes der Flugschrift: ›On Aplas von Rom kan man wol selig werden, durch anzaigung der goetlichen hailigen geschryfft‹. Damit ist das eigentlich Neue der Kritik angesprochen: Der Ablaß ist zur ewigen Seligkeit nicht nötig, d. h. in der weiteren Diskussion: der Sünder kann vor Gott nicht durch Geld oder gute Werke gerecht werden. Der Mensch kann für sein Heil nichts Entscheidendes tun.«[1]
Der Text S. 40 entfaltet die Ablaßpraxis. Es wird von Luthers Sündennot erzählt, S. 41 dann von der befreienden Entdeckung der Gnade Gottes und dem daraus resultierenden Ablaßstreit als Ausgangspunkt für die Trennung als reformatorischem Urgeschehen. Das Bild S. 41[2] ergänzt dies: Gottes Gnade ist über Christus vermittelt: »In dem gekreuzigten Christus ist die wahre Theologie und Erkenntnis Gottes« (M. Luther).

1 *Angelika Thol-Hauke,* ›Eine zeitgemäße Entscheidung . . .‹, in: Luther-Gedenken 1996. Aufbrüche und Anstösse der Reformation, in: Informationen. Evangelischer Religionsunterricht in Berlin 1, 1996, S. 12–18, hier: 16 f.
2 Predella des Flügelaltars in der Stadtkirche von Wittenberg, 1547 von Lukas Cranach d. Ä. gemalt.

Arbeitsfolge:
1. Unbefangenes Betrachten des Bildes S. 40 oben. Die Kinder stellen Fragen, erhalten Antwort.
2. Information über Jüngstes Gericht, Fegefeuer und Ablaßpredigt/Ablaßhandel (Text S. 40).
3. Auslegung des Bildes S. 40 unten. Die Kinder erkennen vieles von dem, was sie gehört haben, wieder (Tetzel als Ablaßprediger, Verkauf von Ablaßzetteln am Zahltisch, Geldkasten):
   Sie erfahren etwas über die Erlaubnisurkunde zum Ablaßhandel, die der Mönch in der Hand halt, über das aufgerichtete Papstkreuz und die an den Säulen aufgehängten Fahnen (links die Papstfahne mit der Tiara und den Schlüsseln Petri, rechts die Medicifahne mit der Tiara und dem Familienwappen der Florentiner Medici-Familie).
4. Information über Luthers Sündenangst, seine Erkenntnis von der freien Gnade Gottes, seinen Kampf gegen das Ablaßunwesen und die neu entstehende evangelische Kirche (Text S. 41).
5. Gespräch: Nicht der Papst gilt, sondern Christus, sein Leben und sein Sterben allein (die Bibel gilt, die Gnade, der Glaube): Auslegung des Cranach-Bildes aus der Wittenberger Stadtkirche. Luther auf der Kanzel rechts zeigt auf den Gekreuzigten. Die Gemeinde – Männer, Frauen, Kinder, ganze Familien (selbst ein Baby) – lauscht andächtig. Luther sagt, daß Jesus für uns gestorben ist und uns damit freigemacht hat für die Gnade Gottes. Das ist das Allerwichtigste.
6. Vergleich der Bilder S. 40 Mitte und S. 41 unten:
   Tetzel stellt den Geldkasten in den Mittelpunkt, Luther stellt Christus in den Mittelpunkt. Christus hat den Menschen die vergebende Liebe Gottes zugesichert (vgl. das Rembrandt-Bild vom gütigen Vater Bd. 1, S. 75), Christus ist für diese Liebe gestorben (vgl. ›Werkbuch 1/2‹, S. 223). *Kurzformel:* Hier das Geld – dort der gekreuzigte Christus.

Teil 6: Im Haus der Ewigkeit (Seiten 42–47)

Absichten
Die Kinder sollen:
- die friedliche Stimmung um ein Grabkreuz wahrnehmen; ihre Gespräche über den Tod aus dem 2. Schuljahr erinnern – S. 42
- mit der Janosch-Geschichte ›Der Tod und der Gänsehirt‹ ein Sterben in friedvollem Sichanheimgeben kennenlernen – S. 43
- die Frage nach Trauer, Begräbnis und dem Danach stellen – S. 44/45
- die von Jesus gestiftete Auferstehungshoffnung bedenken – S. 46/47

Seiten 42–47[1]
Anthropologisch gilt: »Der Tod ist keineswegs ein Ereignis, das am Ende des Lebens gleichsam angestückt wird, sondern vielmehr Teil unseres natürlichen Lebensablaufes. Bei jedem Abschied, jeder Änderung, jedem neuen Lebensjahr und anläßlich jedes Jubiläums und Gedenkens werden wir daran erinnert, daß unsere Lebensstrecke begrenzt und die uns zugemessene Zeit nicht unumkehrbar ist. Selbst der Schlaf ist ein Versinken in eine uns unbekannt bleibende Welt, freilich von der Erwartung begleitet, daß wir am nächsten Morgen erfrischt wieder zu neuem Leben erwachen. Die Chinesen lehren ihre Kinder, daß der Schlaf der kleine Bruder des Todes sei« (Tobias Brocher). Christlich-theologisch gilt: »Ich bin gewiß, daß weder Tod noch Leben, weder Gegenwärtiges noch Zukünftiges mich von Gottes Liebe in Jesus Christus trennen kann« (Römer 3,38). Dieses Leitwort für die Erwägungen zum Thema ›Tod‹ im 2. Schuljahr (vgl. ›Werkbuch 1/2‹, S. 162) gilt auch für die Wiederaufnahme und Erweiterung des Themas im 3. Schuljahr. »Wenn wir leben, leben wir für den Herrn. Wenn wir sterben, sterben wir für den Herrn. Wir gehören dem Herrn im Leben und im Tod« (Römer 14,5)[2]. Dieses Wort kann helfen, Kindern den Zusammenhang zwischen dem unausweichlichen Ende eines jeden Lebens und Gott als dem alles durchdringenden Prinzip, als der Instanz, der Herrschaft über Tod *und* Leben zugetraut wird, herzustellen.
Der Mensch, der schon ein Leben mit Gott führte, sieht sich im Tod von Gott nicht verlassen. Was danach kommt, bleibt dem Menschen aber verborgen. Es gibt eine Hoffnung der Christen über den Tod hinaus, daß das Leben in der neuen Welt Gottes, hier schon begonnen, durch den Tod nicht unterbrochen wird, vielmehr nur eine andere Gestalt gewinnt. In der Hoffnung darauf, können wir getrost sterben. Diese Hoffnung drückt sich in Bildern aus, wie dem vom Weizenkorn, das vergehen muß, um neues Leben hervorbringen zu können (Johannes 12,24).
Doch wie das Leben im ›Haus der Ewigkeit‹ aussieht, das konkret zu wissen, ist uns vorenthalten. Hier kann nur der Glaube als vorgreifendes Vertrauen helfen. Auch das Kreuz Christi, das Christen über ihre Gräber setzen, ist ein solches Symbol der Hoffnung: »Wenn es keine Auferstehung gäbe, dann wäre auch Christus nicht auferstanden. Aber Christus ist vom Tod erweckt worden, und das gibt uns die Gewähr dafür, daß auch die übrigen Toten auferstehen werden« (1. Korinther 15,13.20).

Seiten 42/43
Das Grabkreuz unter den Bäumen vermittelt eine friedvolle Stimmung, auch Stimmung vom Herbst, vom Sterben in der Natur. Gleichzeitig hat das Foto etwas Grenzenloses, das an Weite, Tiefe, Ewigkeit erinnert. Durch den Nebel hat es auch etwas behutsam Verhüllendes. Das Kreuz-Zeichen ist zur Erinnerung an den Tod Jesu gesetzt, aber auch zur Erinnerung an die Überwindung des Todes.

1 Zum Thema grundsätzlich *H. Halbfas,* ›Religionsunterricht in der Grundschule. Lehrerhandbuch 4‹, Patmos Verlag, Düsseldorf 1986, S. 467–468.
2 Laotse sagt: »Wer auch im Tode nicht untergeht, der lebt« (aus dem Buch Tao-te-king, Spruch 33).

Wenn die Kinder die Erzählung von dem personifizierten Tod, der kommt, um die Menschen auf die andere Seite des Flusses mitzunehmen, wahrgenommen haben, wenn sie den Gänsehirten kennengelernt haben, von dem es heißt: »als der Tod ihm die Hand auf die Schulter legte, stand er auf, ging mit über den Fluß, als wäre nichts, und die andere Seite hinter dem Fluß war ihm nicht fremd«, dann können sie erkennen, daß es neben dem schweren Sterben, das sie in der Familie vielleicht schon erlebt haben (dem sie im Fernsehen fast täglich begegnen), das ihnen u. U. Angst gemacht hat[1], ein leichtes gottergebenes, ja gotterfülltes Sterben geben kann. Im Gänsehirten zeigt das Janosch-Märchen einen Menschen, der anders als andere gelassen zu sterben vermag, weil er mit dem Tod schon immer auf gutem Fuß, auf du und du gestanden hat. Er hat ein einfaches Leben geführt, anders auch als der reiche Jüngling (vgl. S. 27) kein Besitzstreben entwickelt. Solch ein Sterben steht unter dem Kreuz als Zeichen des Lebens. Für das Hinübergehen wählt das Märchen das Symbol ›Fluß‹ (man sieht sich an den antiken Styx mit dem Fährmann Charon erinnert); es läßt sich, wie die Aufgabe 3, S. 43 zeigt, auch das Symbol ›Brücke‹ oder ›Tür‹ wählen. Wichtig ist die Symbolik ›Haus‹ mit aller Geborgenheit, die ein freundliches Zuhause schenkt. Haus der Ewigkeit, das ist die neue Welt Gottes in jener anderen Dimension nach dem Tode, die nur zu erahnen, nur in Bildern der Hoffnung zu beschreiben ist.

Seite 44
Der Tod legt die Hand auf die Schulter. So hingegeben an den Augenblick des Hinübergehens wie der Gänsehirt ist auch die alte Frau (Käthe Kollwitz selbst)[2], die von der Hand des Todes (Symbol) angerührt wird. Mit geschlossenen Augen ist ihr Gesicht ganz dem Neuen, Unbekannten zugewandt. Bei eingewinkeltem Arm scheint ihre linke Hand sich gerade zu öffnen, während ihre rechte Hand in der Beuge des linken Arms sich tastend der Hand des Todes nähert. Dies ist Bereitsein, Hingabe. Dies weckt die Frage nach dem Danach: ›Wo sind die Toten?‹
Die erste Antwort lautet: »In Grab und Dunkel gelegt, wo sich kein Leben mehr regt« (Lied, Strophe 2). Dies ist konkret erfahrbar. Totsein heißt nicht mehr atmen, nicht mehr denken, sich nicht mehr bewegen, nicht mehr fühlen können. Man wird eingesargt, weggetragen, um in die Erde gelegt zu werden. Angehörige, liebe Mitmenschen trauern (tragen Trauerkleidung). Das Grab wird geschmückt, ein Grabstein errichtet. Der/die Gestorbene liegt jetzt dort unten: Erde zu Erde, Asche zu Asche, Staub zu Staub.

Diesen Toten schütze Gott.
Wir vertrauen ihn der Erde,
daß er hier von aller Not
ruh' und wieder Erde werde.

1 »Die gefühlsmäßigen Begleiterscheinungen beim Wahrnehmen vom Tod sind sicher stark abhängig davon, was Eltern und andere Erwachsene vorleben. Je stärker das Thema tabuisiert ist, desto beängstigender sind die Gefühle der Kinder« (Rosel Ramming). Eine Hilfe ist, wenn die Kinder die Angst vor dem Tod mit jemandem teilen können.

2 Käthe Kollwitz, Ruf des Todes, Blatt 8 zur Folge ›Tod‹, 1934/35.

Seite 45
Verlorenheit, gänzliches Alleingelassensein spricht aus den Gesichtern der beiden afrikanischen Kinder, die im Foto an dem steinbekränzten Grab eines lieben Angehörigen (Vater? Mutter?) stehen. Die Szene rührt an. Die Verlorenheit der beiden geht zu Herzen. Die Kinder trauern.
Überall in der Welt läßt der Tod Menschen zurück, die voller Schmerz klagen und weinen (vgl. S. 46 die Angehörigen des jungen Mannes aus Nain). Aber der Ort, da die Toten liegen, ist ein Ort des Friedens. Der Fried-Hof ist der Hof zum Haus der Ewigkeit. Auf dem Friedhof kann man die Toten besuchen, man kann ihrer gedenken, man kann mit ihnen sprechen. Man kann Blumen auf ihr Grab pflanzen. Was ein Mensch dachte, was er getan hat, das kann nach seinem Tod lebendig bleiben. Dazu läßt sich das Gedicht ›Warum?‹ von Gina Ruck-Pauquèt heranziehen[1].

Warum
ist denn der gestorben?
Und wohin?
Und ist er morgen auch noch tot?
Auf seinem Grab, da blüht es rot.
Doch da ist nur sein Körper drin.
Seine Furcht und sein Glück,
seine Traumgestalten,
und was in seinen Worten enthalten,
ist nicht mit Erde zugedeckt.
Wo hält sich das alles versteckt?
Was er gehofft hat und geliebt,
ob's das noch gibt?
Ob es einer weiß?
Und versteht,
wohin alles geht?

Entscheidend aber ist, daß sich über den Gräbern das Zeichen der Hoffnung, das Zeichen des Sieges, das Kreuz erhebt:

Wo sind die Toten?
Weil Jesus vom Tod auferstand,
sind sie in Gottes Hand.
Dort sind die Toten.

Das ist die zweite Antwort, die Antwort des Glaubens. Christlich sterben heißt, sich vertrauensvoll in die Hand Gottes geben. Zeilen aus Bd. 2 können da in Erinnerung kommen: »Du hältst deine Hand über mir« (Psalm 139,5). – »Die eine Hand mich hält, mich und die ganze Welt« (Bd. 2, S. 22, Bild S. 23). »Ich

1 Aus: ›Vorlesebuch Religion 2‹, hrsg. von Dietrich Steinwede/Sabine Ruprecht, Verlage Kaufmann/Vandenhoeck & Ruprecht/Patmos/TVZ, Lahr/Göttingen/Düsseldorf/Zürich ^{10}1993, S. 250 f. © Autorin.

gebe mich in deine Hand. Auf dich vertraue ich. Du bist mein Gott« (Bd. 2, S. 27). Dazu auch: »Es ist nur einer ewig und an allen Enden und wir in seinen Händen« (Matthias Claudius).
Die Hand als Symbol: Hier die Hand des Todes, dort Gottes Hand. Als ob der Mensch aus der Hand des Todes hinübergleitet in Gottes Hand. Als ob die Hand des Todes und Gottes Hand identisch sind (vertiefte Interpretation des Bildes von Käthe Kollwitz S. 44).

Arbeitsmaterial:
Zu Aufgabe 1, S. 45, kann das Gedicht ›Toter Vogel‹ herangezogen werden:

Ein Vogel, tot, aus dem Nest gefallen.
Weit offen der Schnabel, gekrümmt die Krallen.
Noch färbte sich nicht sein junges Gefieder,
noch sang er keins seiner Flötenlieder.
Nie wird er sich hoch in die Wolken heben,
nie wird er den Sommer, den Herbst erleben.
Nie wird er selber ein Vogelnest haben.
Komm, toter Vogel, laß dich begraben.
Stumm hocken wir. Und keins mag mehr lachen.
Ach, könnten wir dich lebendig machen.

Rudolf Otto Wiemer[1]

Ebenso die Geschichte ›Sie ist doch meine Freundin‹ (tiefgehende Erfahrung mit einem plötzlichen Tod):

Sie ist doch meine Freundin

Als Susanne an diesem Tag zur Schule ging, entdeckte sie auf der anderen Straßenseite Ruth, ihre beste Freundin. »Hallo, Ruth!« rief Susanne hinüber und winkte.
Ruth schaute herüber und winkte auch. Dann rannte sie auf Susanne zu, quer über die Fahrbahn. Den großen Lastwagen, der von links kam, sah sie nicht. Ihr blieb nicht einmal mehr Zeit zu schreien.
Susanne hörte die Reifen quietschen, sah den Laster halten, sah die Passanten zusammenlaufen. Sie stand wie erstarrt. Wo war Ruth? Als sie sich endlich wieder bewegen konnte und um den Lastwagen herumtaumelte, sah sie Ruth mit ausgebreiteten Armen auf dem Bürgersteig liegen, eine zusammengerollte Männerjacke unter dem Kopf. Sie hatte die Augen geschlossen. Ihr Gesicht war sehr bleich. Sie bewegte sich nicht. Ihr rechtes Bein lag merkwürdig verrenkt da, als gehöre es gar nicht zu ihr. Unter dem Laster schimmerte eine große Blutlache, und Blutspuren führten von dort bis dahin, wo sie jetzt lag, hingebettet von einem Passanten. Eine Frau schrie nach einem Notarzt.

1 Aus: ›Neues Vorlesebuch Religion 1‹, a. a. O., S. 344. © Autor.

Susanne kauerte sich neben Ruth nieder und ergriff ihre Hand. Sie war warm. Susanne hielt Ruths Hand so, wie man eine Hand hält, wenn man sich begrüßt oder verabschiedet.
»Geh fort, Kleine, das ist kein Anblick für Kinder«, sagte ein Mann zu ihr. Und eine Frau wollte sie hochziehen und wegführen. Aber Susanne ließ Ruths Hand nicht los.
»Sie ist doch meine Freundin«, sagte sie leise.
»Laßt sie«, schluchzte eine junge Frau. »Es ist doch ihre Freundin.«
So blieb Susanne neben Ruth und hielt ihre Hand, bis sie langsam auskühlte. Als der Notarzt kam, machten ihm die Leute Platz. Er beugte sich über Ruth, fühlte ihren Puls, zog ihre Lider hoch, warf einen Blick auf ihre starren Pupillen. Dann schüttelte er den Kopf, gab ein paar Anweisungen, und zu Susanne sagte er: »Du kannst sie loslassen. Sie spürt deine Hand nicht mehr.«
Aber Susanne ließ nicht los. Sie hielt Ruths Hand, bis zwei Männer mit einem kleinen Sarg kamen und Ruth behutsam hineinlegten.

Gudrun Pausewang[1]

Tödliches Erschrecken bei einem plötzlichen Unfalltod und nachdenkliche Betrachtung des Kreuzes an der Unfallstelle Wochen später sind Inhalt der Geschichte ›Etwas Unwiderrufliches‹, die ebenfalls zur Erweiterung des kindlichen Erfahrungsfeldes beizutragen vermag.

Etwas Unwiderrufliches

An einem Wintertag, wie man ihn sich schöner und strahlender nicht denken kann, flog Nicky Thürauf beim Schlittenfahren aus der Kurve, stürzte und schlug mit dem Hinterkopf hart auf einen Stein. Es war der einzige Stein weit und breit, ein vergessener alter Grenzstein, der ohne Sinn und Nutzen in der Wiese stand.
Jan und Mareike, die zusammen die Schlittenbahn hochkamen, sahen Nikky im Schnee liegen. Ein wenig sonderbar lag er da neben seinem umgekippten Schlitten und rührte sich nicht.
»He, Nicky!« riefen sie ihm zu. »Steh doch auf!«
Als Nicky keine Antwort gab, stellten sie ihren Schlitten an den Rand und stapften zu ihm hin, um ihm wieder auf die Beine zu helfen.
Nicky hatte die Augen weit aufgerissen und sah ganz erstaunt aus. Neben ihm im Schnee lag ein roter Anstecker mit der Aufschrift STOP. Den hatte er beim Sturz verloren. Mareike bückte sich und hob ihn auf.
Jan berührte Nickys Schulter und sagte ängstlich:
»Du, was ist denn? Sag doch was!«
Er rüttelte ihn ein bißchen, aber plötzlich fuhr er hoch und rief mit einer Stimme, die sich vor Schreck überschlug:
»Er blutet ja! Schaut doch! Er blutet!«
Unter Nickys Kopf sickerte Blut hervor und färbte den Schnee rot. Entsetzt

1 Aus ›Menschenzeit – Gotteszeit‹, hrsg. von E. Domay/R. Schupp, Verlag E. Kaufmann, Lahr 1992, S. 186–187. © Autorin.

starrten die Kinder auf den roten Fleck, der sich unaufhaltsam ausbreitete. Und sie erschraken bis in die Tiefe ihrer Herzen.
Alles, was danach kam, das Laufen und Schreien, der Krankenwagen, der mit Blaulicht angerast kam, die aufgeregten Stimmen: Wer? Wer ist das? Wer hat es gesehen? Wer sagt es den Eltern? Wer? Wer? – all das erlebten sie wie hinter einem Nebel. Aber niemals vergaßen sie dieses tödliche Erschrecken und den furchtbar klaren Augenblick, in dem sie begriffen, daß etwas Unwiderrufliches geschehen war.
Viele Wochen später, als der Schnee geschmolzen war und die Menschen sich längst mit anderen Aufregungen beschäftigten, wanderte an einem Sonntagnachmittag eine Familie vom Wald herab dem Dorf zu. Da kamen sie an einem Kreuz vorbei, das ein wenig abseits vom Weg in der Wiese stand.
»Was ist das?« fragte das Mädchen. »Das war doch sonst nicht hier.« Sie blieben stehen. Das Kreuz war klein, kaum höher als das Sommergras, schmucklos aus zwei Holzlatten zusammengenagelt. Wo die beiden Latten sich kreuzten, waren unbeholfen ein Name und ein paar Zahlen ins Holz geritzt; darunter – mitten durchs große O genagelt – ein roter Anstecker aus Blech mit der Aufschrift STOP. Eine Kette aus frischen Margeriten und Butterblumen wand sich um die Mitte des Kreuzes und rahmte die Schrift ein. »Was bedeutet das ?« fragten die Kinder und betrachteten das Kreuz neugierig.
»Es bedeutet, daß hier jemand gestorben ist«, erwiderte die Mutter.
»Hier?« Die Kinder schauten ungläubig über das Gras und die Blumen hin, die sich sanft im Sommerwind bewegten.
»Sterben kann man überall«, sagte der Vater.
Die Kinder gingen ganz nah an das Kreuz heran, und der Junge buchstabierte:
»N-i-ck-y Thü-rau-f.«
»Sch!« machte das Mädchen. Sie entzifferte die Zahlen und rechnete angestrengt vor sich hin.
»Nächste Woche hätte er Geburtstag«, erklärte sie. »Am Donnerstag.« Und nach einer Pause: »Dann wäre er acht.«
»Acht?« rief der Junge betroffen. Genauso alt war er selber gerade geworden.
Eine Weile standen sie alle zusammen schweigend vor dem Kreuz, und jeder hing seinen Gedanken nach.
»Kommt«, sagte die Mutter endlich. »Laßt uns weitergehen!«
Der Junge nickte und konnte sich nicht losreißen.
»Und der Anstecker?« fragte er. »Warum ist der Anstecker da?«
Aber die anderen waren schon weitergegangen.
Der Junge wandte sich um und stolperte über den Stein. Fast wäre er gefallen. Er konnte sich gerade noch abfangen.
»Hoppla«, sagte er. Er schaute den Stein an und runzelte verwundert die Stirn. Dann rannte er mit großen Sprüngen hinter den anderen her.

Renate Schupp[1]

1 Aus: ›Vorlesebuch Symbole‹, a. a. O., S. 262–263.

Der rote Anstecker mit der Aufschrift STOP aus dieser Geschichte hat ebenso Verweischarakter wie der Nachname des verunglückten Jungen ›Thür-auf‹.

Alterssterben als Einschlafen, als Sterben in mitmenschlicher Nähe (ohne Apparate), als Sterben in Gotteszuversicht, Gott selbst, die Zeit, was Hindus und Muslime glauben, und daß jeder gegenüber dem Tod und dem Danach selbst herausfinden muß, was für ihn das Richtige ist – all das ist Gegenstand der folgenden meditativen Geschichte (Dialog zwischen der sterbenden Tante und dem Kind), deren Hören und Erörtern gut an die Aufgabe S. 47 anschließt.

Gespräch mit der sehr alten Tante Emmy

»Hast du manchmal Angst vor dem Sterben, Tante Emmy?«
»Ich habe Angst, alleine zu sterben und etwas Angst, zu sehr zu leiden. Ich möchte gerne, daß jemand mir die Hand hält, wie du jetzt, bis ich auf die andere Seite gekommen bin. Man soll mich hier sterben lassen, ich bin schon so alt. Ich möchte nicht weggebracht werden, ich möchte nicht ins Krankenhaus, damit mein Leben verlängert wird. Verstehst du das? Ich bin am Ende eines langen, schweren und schönen Lebens. Wenn ich sterben muß, will ich es ohne Apparate tun. Ich bin alt und habe gelebt. Man soll mich einschlafen lassen, hoffentlich ohne Kampf. Helft mir, bleibt bei mir und habt mich lieb. Ich will spüren, daß ihr bei mir seid.«
»Gehst du danach zu Gott?«
»Ich glaube ja«.
»Sofort oder etwas später?«
»Ich weiß es nicht. Sicher braucht es Zeit, um von hier fortzugehen. Aber ich glaube an ein Leben nach diesem Leben. Ich werde bei Gott aufgehoben sein. Ich gehe nicht verloren.«
»Glauben das alle Menschen?«
»Nein«.
»Und was glauben die dann?«
»Es gibt viele Arten zu glauben. In Indien glaubt man, daß die Seele immer wieder in einem neuen Menschen auf die Erde kommt, um ein besserer Mensch zu werden.«
»Und wenn er nicht besser wird?«
»Dann muß er es wieder versuchen, immer wieder versuchen. –
Die Muslime glauben auch an ein Leben nach dem Tod bei Gott. Viele Menschen wissen nicht, an was sie glauben sollen, für sie ist das Leben mit dem Tod zu Ende. Sie meinen, daß sie vielleicht noch in der Erinnerung der Menschen leben, die sie kannten, danach aber gibt es nichts.«
»Ist das falsch?«
»Das finden sie für sich richtig, wie das, was ich glaube, für mich richtig ist.« »Und für mich?«
»Du wirst finden, was für dich das Richtige ist.«
»Hast du dir das ausgedacht?«
»Nein, Jesus Christus, der Sohn Gottes, hat es damals den Menschen gesagt. Gott hat niemand gesehen; Jesus aber haben die Menschen gesehen, angerührt, umarmt, sie haben mit ihm gegessen und gefeiert.«
»Wie merkst du, daß es Gott gibt?«
»An Dingen, die in meinem Leben geschehen sind und immer noch geschehen, am ›Aufscheinen Gottes‹.«
»Wo siehst du das, Tante Emmy?«

»Schau dich um: die Sonne, die Nacht, die Blumen, der Regen, die Tiere, Kinder, Menschen überhaupt, Berge, Meer, Wasser, Wind, Bäume, Winter, Sommer, Mond und Schnee. Daß du mit mir sprichst, daß ich manchmal getröstet werde, daß Hilfe kommt, wenn ich es gar nicht erwartete, das Wachsen, das Sterben . . .«
»Aber Tante Emmy, es geht doch immer alles kaputt, die Blumen, der Mensch, die Tiere, die Bäume und das Leben überall.«
»Aber die Sonne geht jeden Tag wieder auf.«
»Aber der Regen kann doch alles kaputt machen . . .«
»Oder ganz neu. Denk, wie schön es nach einem erschreckenden Gewitter ist. Wie die Dächer glänzen, wie die Bäume leuchten, wie die Straßen ohne Staub sind. Fändest du es gut, wenn die Blumen immer weiterblühten und nicht verwelkten? Du würdest nie mehr einen neuen Strauß pflücken. Aber wenn er verwelkt, denkst du an einen neuen Strauß, der ganz anders aussehen wird. Die Welt ist immer in Bewegung. Gott sei Dank. Es geht alles weiter, von der Geburt an. Ich war einmal so jung wie du, dann erwachsen, dann älter, alt, und jetzt bin ich uralt. Jedes Ding, jedes Lebewesen hat seine Zeit.«

Antoinette Becker[1]

Die Kinder können nachhaltig über all diese Geschichten miteinander sprechen, sich dabei die Vielperspektivität des Themas verdeutlichen. Sie können erörtern, daß viele Menschen sich scheuen, mit Bekannten zu sprechen, bei denen jemand gestorben ist. Dabei sind solche Gespräche ganz wichtig. Sie können trösten.

Im Anschluß an die Aufgabe 4, S. 45 können die Kinder über jüdische und muslimische Bestattungsformen sprechen. Die Muslime z. B. werden mit dem Gesicht in Richtung Mekka – also auf der Seite liegend – begraben. Die Juden werden in einem einfachen Sarg, gekleidet in einen einfachen weißen Leinenkittel, beigesetzt. Der Mensch ist vergänglich. Gott allein ist ewig. Gesprochen wird bei einer jüdischen Bestattung das Totengebet, das Kaddisch-Gebet. Dem Toten gehört die Erde, in die er gebettet wurde, für immer – bis zum Ende der Tage. Darum gibt es so viele uralte jüdische Friedhöfe.

Ein Einstieg zu dem Gesamtthema könnte der Impuls sein: »Denkst du manchmal an den Tod?« Die Kinder antworten, erzählen, fragen aber auch zuhause (bei Eltern, Großeltern usf.) nach und berichten dann davon in der Schule. Danach bietet sich eine stille Betrachtung des Fotos S. 42 – herbstlich, besinnlich, beruhigend, atmosphärisch dicht – an.

Seite 46
Durch eine neutestamentliche Erzählung wird die Hoffnung auf die sich ausstrekkende Hand plastisch gemacht. Hier ist es, als ob die Hand Gottes und die Hand Jesu identisch sind: Als Jesus seine Hand ausstreckt, da richtet der junge Mann sich auf. Vielleicht werden auch wir uns an der Hand Gottes ganz neu aufrichten, um etwas ganz anderes, ganz Neues zu schauen, das Haus der Ewigkeit.

1 Aus: *Antoinette Becker/E. Niggemeyer,* ›Ich will etwas vom Tod wissen‹. © Ravensburger Buchverlag 1979.

Der blockartige Holzschnitt von Azariah Mbatha eröffnet gleichzeitig wieder den ökumenischen Blick: Ein Schwarzafrikaner ist der Schöpfer des kleinen Kunstwerkes. Wir sehen Weinende und Staunende an der abgesetzten Bahre dessen, der sich gerade aufrichtet. Das deutliche Symbol ist die weiße Hand des schwarzen Christus. Sie besagt, daß Berührung des Toten keine Verunreinigung bringt, wie Juden zur Zeit Jesu es glaubten, vielmehr ist Weiß für Azariah Mbatha die Farbe der Reinheit, des Friedens und der erlösenden Kraft.
›Weine nicht!‹ Unter dieser Überschrift wird im Folgenden eine variierende Meditation zur Geschichte vom jungen Mann in Nain angeboten:

»Weine nicht!«

Das hat Jesus zu der Mutter gesagt,
zu der Mutter des jungen Mannes
aus der Stadt Nain,
zu der Mutter, die in Tränen aufgelöst ist,
die eine Witwe ist;
und es ist ihr einziger Sohn.
Und er ist tot.
Still liegt er da, ganz still.
Und er muß in die Erde,
ihr Sohn, ihr lieber Sohn.
Er wird in Nacht und Dunkel gelegt.
Er wird verwesen:
Erde zu Erde,
Asche zu Asche, Staub zu Staub.

»Weine nicht!«
Wie soll sie denn das verstehen, die Mutter?
Es ist wie mit unseren Toten:
Sie liegen im Sarg.
Sie liegen in der Erde.
Der Sarg zerfällt.
Der Mensch wird wieder zu Erde:
Asche zu Asche, Staub zu Staub.

Warum sagt Jesus zu der Mutter:
»Weine nicht!«?

Sie muß doch weinen.
Es ist doch ihr Sohn, ihr lieber Sohn.
Kann sie denn aufhören?

Jesus gibt der Mutter ein Zeichen:
Er kann leben, dein Sohn.
Bei Gott.
Er kann leben,
auch wenn er tot ist.
Er ist in Gottes Hand,
in der Hand des Vaters.

Du bist in Gottes Hand,
in der Hand des Vaters.

Wie das alles sein wird,
das wissen wir nicht.
Aber es ist eine Hoffnung,
eine tiefe, starke Hoffnung:
Bei Gott ist nichts unmöglich . . .
Und darum: Weine nicht!

Wo sind die Toten?:
Sie sind in Gottes Hand.
Warum?:
Weil Jesus den Tod überwand.

Das gilt.
Das gilt für alle, die um einen Toten trauern und weinen.
Das gilt für alle,
die an ihren eigenen Tod denken:
Weine nicht:
Alle Toten sind in Gottes Hand.[1]

1 Ein meditativer Schulgottesdienst zum Thema ›Weine nicht‹ (Atemübung, Symbolhandlung, Liedzeilen, Erzählung, Erörterung, meditative Musik) findet sich in ›Meinen Bogen setz ich in die Wolken‹, a. a. O., S. 89–91.

Abfolge:
1. Das Bild betrachten und im Gespräch erschließen.
2. Abschnittweise die biblische Geschichte und die weiteren Texe lesen.
3. Gespräch darüber.
4. Gebet S. 47.

Seite 47
Hier wird zunächst der (von vielen Kindern vorgebrachten) Vorstellung, daß die Seele sich nach dem Tode vom Leibe löse und dann zu Gott gehe (dies von der Antike – Platon – her auch mittelalterliches Denken) gewehrt: Die ›Seele‹ ist dem Leben verbunden, und das Leben endet unausweichlich.[1]
Das nachfolgende Gebet gibt mögliche Gedanken und Empfindungen der Kinder wieder (Angst vor dem Tod; ›ich möchte nicht nichts sein‹), nimmt aber auch die Symbole der Hoffnung auf (Hand Gottes, Gott als das ewige Zuhause). Es bezieht sich somit auf die gesamte Einheit.
Das gilt auch für den Verheißungstext aus der Offenbarung des Johannes, der das Unwiderrufliche des Todes ganz in die Vision eines bedeutungslos gewordenen Schmerzes hinein aufhebt. Die Kinder können den Text ebenso auf das Weinen der Mutter in Nain wie auf das Verlassensein der Kinder am Grabe (Foto S. 45) wie auf eigene Erfahrungen mit Tod, Angst und Trauer beziehen.
Im Anschluß an S. 13 läßt sich das Thema abschließend auch noch einmal mit dem Symbol ›Tür‹ verbinden:

Durch welche Tür geht man oft?
Durch welche nur einmal?
Durch welche Tür muß man allein gehen?

Die Totentür kann zur Himmelstür werden (Tür zum Paradies). Als Tür zur anderen Welt ist es die Tür zum Ort, wo nichts verloren ist. Es ist die Tür, die Jesus öffnet, hineinzugehen in Gottes neue Welt – im Diesseits und im Jenseits.[2]

Lieber Vater und Gott,
wenn der Tod kommt,
gehen wir Menschen wie durch eine Tür.
Sie führt vom Leben in den Tod.
Und wieder vom Tod zum Leben.

1 Gegenüber dem Text S. 47 oben läßt sich auch sagen: »Ob wir nach unserem Tode weiter ›Ich‹ sagen können, das bleibt offen.« Das Gebet bringt diese Version zur Geltung: »Ich will bei dir sein.« Es gibt die Endgültigkeit des Todes und die Endgültigkeit des Lebens bei Gott. Der Tod (die Todesstunde) ist dir gewiß, ein Tod auf ewig ist ganz und gar ungewiß.

2 Wer den Aspekt Traum-, Vergangenheits-, Jenseitstüren (»Türen öffnen sich, wo vorher keine waren«) entfalten will, sei auf das farbige jüdische Märchen ›Menasehs Traum‹ von Isaac Bashevis Singer verwiesen. Fundort: ›Der Vogel Glück‹, ein Arbeits- und Vorlesebuch Märchen, hrsg. von *Dietrich Steinwede,* Gütersloh 1979, S. 135–141.

Lieber Vater und Gott,
du öffnest mir deine Tür . . .

Bei dir sein
auch nach dem Tod,
das ist gut.

Lieber Gott,
du sorgst für uns,
wenn wir leben.
Du sorgst für uns auch,
wenn wir sterben.

Teil 7: Advent – Weihnachten (Seiten 48–55)

Absichten
Die Kinder sollen:
- an der Wölfel-Geschichte ›Isaak und Claudius‹ die unterschiedliche Messiaserwartung der Zeit Jesu (Kriegsherr hier, Friedensbringer dort) kennenlernen – S. 48/49
- die Adventszeit unter dem Symbol der sich öffnenden Tür bedenken – S. 50/51
- Weihnachten unter dem Aspekt, daß Gott auch im Dunkel dieser Welt wohnen will, sehen – S. 52/53
- Das Wesen und die Wirklichkeit der Engel nicht nur unter der Weihnachtsperspektive erörtern – S. 54–55

Seiten 48/49
Politischer, sozialer und religiöser Hintergrund der Zeit kurz vor dem Auftreten Jesu spiegelt sich in der Erzählung ›Isaak und Claudius‹. Vorlesen muß man diese Geschichte, die die Kinder fesselt, ist es doch Ursula Wölfel in einmaliger Weide gelungen, eine spannende Freundschaftsgeschichte (die Freundschaft zwischen dem römischen und dem jüdischen Jungen zerbricht an den Verhältnissen) mit der Sozialsituation in Israel, mit der Naherwartung des Messias und dem Kampf jüdischer Zeloten gegen die römische Fremdherrschaft zu verbinden. »Bald muß er kommen, der Messias, bald«, das verweist ebenso auf das nahe bevorstehende Auftreten Jesu wie auf die Geburt des von Gott gesandten Retters.
Teil 1 der Geschichte kann nach dem Hören im Buch nachgelesen werden. Das Bild illustriert dazu in der marschierenden Abteilung römische Macht. Wir sehen das Fliehen von Frauen und Kindern, den Korbflechter Samuel links, die Werkstatt des Sandalenmachers Nahum Bildmitte rechts und den aufsässigen Töpfer Simon mit dem rückwärts gewendeten finsteren Blick zu den Römern hinter seiner Töpferscheibe am rechten Bildrand.

Die Fortsetzung des Erzähltextes – Darbietung und Erörterung des Ganzen wird mehrere Stunden beanspruchen – nachfolgend:

»Wird er alle Römer töten?«
»Er wird ein großer Heerführer sein und unsere Männer sammeln. Dann vertreiben wir die Römer, dann wird unser Land wieder stark und groß und reich.«
Isaak fand ein kleines Stück Ton und begann, einen Esel daraus zu kneten. Er sagte: »Samuel hat mir erzählt, daß dann die Felder dreimal im Jahr Frucht tragen werden und daß wir zehnmal soviel wie jetzt von den Obstbäumen ernten und daß die Löwen und Wölfe dann keine Schafe mehr reißen.«
Simon lachte. »Samuel ist ein Träumer! Einen großen Kriegslärm wird es geben und Heulen und Schreien bei den Römern! Und die Wölfe und die Löwen, das werden wir sein, wenn der Messias uns in den Kampf führt!«
Die Sonne war nun untergegangen. Isaak fror in seinem feuchten Kittel. Er verabschiedete sich von Simon und ging nach Hause.
Er ging langsam, denn er mußte an Claudius denken. »Ich habe keinen Freund«, hatte Claudius gesagt, und Isaak hatte ihm nicht darauf geantwortet. Aber Claudius hatte Isaak aus dem Wasser geholt, als er dachte, er müßte ertrinken. Und Claudius war freundlich, und er wollte Isaak zeigen, wie man schwimmt.

Am nächsten Abend ging Isaak zu dem kleinen Hügel im Schilfwald und traf Claudius dort. Sie wurden Freunde, und niemand wußte davon. Isaak lernte von Claudius schwimmen, und Claudius lernte von Isaak die Spiele der jüdischen Kinder. Aber viele kannte er schon. In Rom und in Galiläa spielten die Kinder die gleichen Spiele. Manchmal streiften die beiden auch durch die Stadt. Niemand konnte Claudius ansehen, daß er ein Römer war. Er trug einen Kittel und Sandalen wie Isaak, und er konnte die Sprache der Juden gut sprechen. Aber niemals nahm Isaak ihn mit in die Gasse, in der er wohnte.

Als es Herbst wurde, gab es eine große Unruhe in der Stadt. Die Leute erzählten, daß die Männer in den Bergen wieder einmal eine Gruppe von römischen Soldaten überfallen hätten. Aber die jüdischen Männer waren besiegt worden. Viele von ihnen waren tot oder gefangen, nur zwei oder drei hatten fliehen können. Die Frauen weinten, wenn sie am Brunnen darüber sprachen. Viele hatten Freunde und Verwandte bei den Männern in den Bergen. Isaak sollte für seine Mutter einen neuen Ölkrug bei Simon holen.
Der alte Mann saß an der Töpferscheibe wie alle Tage.
»Weißt du etwas von Amos?« fragte Isaak ihn.
»Nein. Nichts weiß ich«, antwortete Simon und arbeitete weiter.
»Machst du dir keine Sorgen?«
»Doch. Aber nun geh, ich habe zu tun. Im Schuppen stehen die Krüge. Du kannst dir einen aussuchen.«
Als Isaak mit dem Krug zurückkam, fragte er: »Warum liegt deine Schlafmatte im Stall bei dem Maultier? Und dein Haus ist ringsum mit Balken verriegelt.«
Der Alte blickte ihn von der Seite an.
»Vielleicht habe ich eine Schlange in meinem Haus!« sagte er.
»Eine Schlange? Und warum vertreibst du sie nicht?«

»Sie soll alle Mäuse und Ratten fressen«, antwortete Simon. »Ist das nicht ganz vernünftig?«
Isaak lachte. »Darf ich sie einmal sehen?« fragte er.
»Nein!« sagte Simon, »Mach daß du fortkommst. Laß mich in Ruhe!«
Erschrocken lief Isaak nach Hause. Noch nie war Simon so unfreundlich zu ihm gewesen. Vielleicht machten das Alter und sein Kummer ihn wunderlich. Und noch nie hatte Isaak gehört, daß die Leute eine Schlange in ihr Haus sperrten, um Mäuse und Ratten loszuwerden.
Als er seinem Vater davon erzählte, sagte der: »Warum nicht? Das ist Simons Sache. Aber geh nicht zu nah an sein Haus, das verbiete ich dir!« Und er sah ihn so streng an, daß Isaak nichts mehr sagte.

Am Abend trafen Isaak und Claudius sich wieder auf dem kleinen Hügel im Schilf. Sie sprachen kein Wort von dem Kampf in den Bergen. Claudius erzählte Isaak von den prächtigen Häusern in Rom: Von den bunt gemusterten Steinfußböden, von den Heizungsanlagen und Bädern und von den Wasserleitungen, die weither aus dem Gebirge kamen. Er erzählte auch von den großen Theaterspielen und von den Männern, die in der Arena gegen Löwen und Panther kämpften. Isaak staunte. Nun wollte er auch etwas zu berichten haben, und er erzählte Claudius von der Schlange in Simons Haus. Claudius lachte und fand das großartig. Er wollte die Schlange sehen.
»Los!« sagte er. »Wir schleichen uns von hinten an das Haus heran. Der alte Mann schläft bestimmt schon bei seinem Maultier, es ist zu dämmrig zum Arbeiten.«
Isaak war stolz, weil er seinem Freund etwas so Besonderes zeigen konnte, und er führte ihn auf einem Umweg zu Simons Haus.
Sie schlichen durch das Gärtchen. Im Hof saß ein Huhn schlafend auf der Töpferscheibe. Hinter der offenen Stalltür sahen sie das Maultier im Stroh liegen.
»Simon ist nicht da, das ist gut«, flüsterte Isaak.
»Aber im Haus ist Licht, vielleicht tötet er gerade die Schlange!« sagte Claudius.
Sie schoben eine leere Tonkiste unter das Fenster an der Gartenseite. Durch einen Spalt im Holz des Ladens konnten sie ins Haus spähen.
Drei Männer waren dort. Isaak erschrak. Auf Simons Bett lag – Amos! Er sah krank aus. Sein Kopf war verbunden, und Simon legte gerade ein feuchtes Tuch über sein linkes Bein. Samuel, der Korbflechter, saß auf einem Schemel und hielt die Öllampe. Darum also hatte Simon das Haus verriegelt und die Geschichte von der Schlange erzählt, weil er seinen Sohn hier versteckt hielt! Isaak wollte Claudius von der Kiste ziehen. Aber der wehrte sich und starrte weiter durch den Spalt.
Nun sprach Amos drinnen. Er sagte: »Das alles ist sinnlos. Wir müssen warten. Ich werde zu den Männern in den Bergen zurückgehen und ihnen sagen, daß wir mit diesen Überfällen aufhören wollen.«
»Soll der Messias keine Männer bei uns finden, mit denen er gegen die Römer kämpfen kann?« fragte Simon. »Wenn du gesund bist, gehe ich mit dir zurück. Ich bin alt, aber ich kann doch noch Felsblöcke von oben auf die Straße wälzen, wenn die Römer vorbeikommen.«

»Der Messias!« sagte Amos und stützte sich auf. »Ich habe über all das nachgedacht, als ich da oben lag, bis die Hirten mich fanden. Die Propheten haben gesagt, daß der Messias zu allen Völkern kommen wird, also doch auch zu den Römern und Griechen und Ägyptern und zu allen Menschen, nicht nur zu uns Juden! Und es heißt, daß er allen Völkern den Frieden bringen wird. Wie kann er dann ein Heerführer sein?«
»Frieden, solange die Römer im Land sind?« rief Simon. »Nein!«
Amos sagte: »Im Friedensreich des Messias werden die Römer unsere Brüder sein.«
»Du hast Fieber, Amos«, sagte Simon.

Draußen packte Claudius Isaaks Arm und zog ihn von der Kiste. »Hast du das gehört?« fragte er. »Es ist Amos, der Kerl, der in den Bergen die Bande angeführt hat! Unsere Soldaten suchen ihn. Schon mehr als zwanzig Römer soll er getötet haben!«
»Aber du hast doch gehört, was er gesagt hat. Er will nicht mehr gegen euch kämpfen«, sagte Isaak.
Claudius schwieg. Er brach einen Zweig vom Olivenbaum, steckte ihn in den Mund und kaute nachdenklich auf dem Holz. Isaak sah ihm ins Gesicht, aber er konnte seine Augen nicht erkennen. Es war nun fast ganz dunkel.
»Du darfst ihn nicht verraten, Claudius!« sagte er. »Du bist doch mein Freund.«

»Der Alte!« murmelte Claudius. »Hast du auch gehört, was der Alte gesagt hat? Ich muß jetzt gehen.«
Isaak hielt ihn fest. »Willst du deinem Vater sagen, was du gesehen und gehört hast?«
Claudius wandte den Kopf weg. »Laß mich los!« sagte er.
Isaak schüttelte ihn. »Du darfst nicht! Das darfst du nicht tun!«
»Ich tue, was ich will«, antwortete Claudius und spuckte den Olivenzweig aus.
Da schlug Isaak ihm ins Gesicht, und Claudius packte Isaak und warf ihn zur Erde. Sie wälzten sich in Simons Kräuterbeet, sie kämpften wild und ohne ein Wort. Claudius war der Stärkere. Er schüttelte Isaak ab und sprang über die Mauer.
Isaak hörte ihn die Gasse hinunterrennen. Er lag mit dem Gesicht auf der Erde und rührte sich nicht.
Dann sprang er auf und hämmerte mit den Fäusten an den Fensterladen. Drinnen wurde es dunkel.
Isaak rüttelte am Laden. Er rief: »Simon, schnell! Mach auf! Ich muß dir etwas sagen!«
Samuel kam an die Tür. »Laß das Lärmen!« sagte er zornig. Er wollte Isaak schlagen, aber der wich ihm aus.
»Simon und Amos müssen fliehen«, flüsterte er. »Ein Römer hat euch belauscht!«
»Amos?« fragte Samuel. »Was weißt du von Amos, Junge?«
Nun war auch Simon an der Tür. Er packte Isaak am Kittel und fragte: »Welcher Römer hat uns belauscht? Nun sprich!«
Isaak sagte: »Ich kenne ihn. Aber ich sage euch seinen Namen nicht!«
Endlich glaubten sie ihm. Samuel holte das Maultier aus dem Stall, sie hoben Amos in den Sattel, und Simon ging mit ihm fort, die Gasse hinauf, zum Gebirge.
Eine Stunde später kamen römische Soldaten und brachen mit Eisenstangen die Tür zu Simons Hütte auf. Sie fanden niemanden.

Von diesem Tag an trafen Isaak und Claudius sich nicht mehr in ihrem Versteck. Manchmal sahen sie sich noch auf der Straße. Aber dann wandten sie beide die Köpfe weg, als kennten sie sich nicht.
Claudius wußte, daß Isaak die jüdischen Männer gewarnt hatte. Aber er verriet seinem Vater nichts davon. Und Isaak sagte keinem Menschen, daß Claudius, der Sohn des Hauptmanns, die Soldaten zu Simons Haus geschickt hatte.
Aber sie waren nun Feinde.
Isaak haßte Claudius, und er war traurig darüber. Er dachte oft an das, was Amos gesagt hatte: Daß keine Feindschaft mehr unter den Menschen sein sollte, wenn der Messias käme. Wann würde er endlich kommen?
Isaak wartete.

Ursula Wölfel[1]

Arbeitsfolge:
1. Die Geschichte hören. Immer wieder Zwischengespräche.
2. In Bd. 1 S. 46/47 die Stadt Kafarnaum betrachten (Folie).
   Sich Isaaks Lehmhütte am Stadtrand aussuchen, die Gasse mit Simons Töpferwerkstatt rechts oben identifizieren, sich den Steg und den kleinen Hügel im Schilfwald am Ufer des Sees vorstellen, das römische Landhaus des Claudius außerhalb des Bildes vermuten.
3. Einzelszenen der Geschichte malen oder nachspielen.
4. Vergleichend die Illustration S. 48 betrachten.
5. Abschließende Gespräche führen. Aspekte:
   - Der Weg der beginnenden und zerbrechenden Freundschaft zwischen Isaak und Claudius.
   - Die hartnäckig festgehaltene Messiaserwartung des alten Töpfers Simon (Hätte Simon Jesus als den Messias anerkannt?: S. 49, Aufgabe 2).
   - Die sich wandelnde Messiasvision des Zeloten Amos: »Im Friedensreich des Messias werden die Römer unsere Brüder sein.«
   - Das bevorstehende Auftreten/die bevorstehende Geburt – die Geschichte läßt beide Perspektiven zu – des Messias Jesus (Messias = Christus).

Seiten 50/51
Der große weihnachtliche Torbogen (die hohe Tür) S. 50[2] bringt in seinem Tympanon fünf für die Kinder nicht ganz leicht zu entziffernde Weihnachtsdarstellungen: unten von links: Ankündigung an Maria / Maria und Elisabet / Ankündigung an die Hirten / Geburt; oben: Die Anbetung der Weisen.
Die Kinder erzählen diese Geschichten (der Besuch Marias bei Elisabet, Lukas 2,39–45, muß ihnen u. U. neu dargeboten werden), singen Psalm 24,7 nach der folgenden Melodie[3]:

1 Aus: ›Sei uns willkommen, schöner Stern‹, hrsg. von Gertrud Mielitz, Verlag E. Kaufmann, Lahr [6]1981, S. 7–14.
2 Südliches Westportal der Kirche Ste. Madeleine in Vezelay, Frankreich.
3 Melodie: Hermann Stern. Aus: L. Gengnagel, ›Mein kirchlicher Lehrauftrag im 1. Schuljahr‹, [3]1959, S. 192. © Calwer Verlag, Stuttgart.

und verknüpfen dann diesen psalmodierenden Ton mit dem Jubel von »Macht hoch die Tür«, dieses meistgesungenen Adventsliedes, das auffordert, dem Herrn der Herrlichkeit, dem König aller Königreiche die Tür (das Tor) des Herzens zu öffnen. Eine Tür-Seite also, der die Zeile »und sieh: die Tür steht offen« aus dem Wölfel-Gedicht S. 51 korrespondiert.[1]
Dieses Gedicht, das den inneren Weg nach Betlehem umschreibt, ist leicht zu lernen, kann mit »Machet die Tore weit«, mit »Macht hoch die Tür«, mit »O Heiland, reiß die Himmel auf« (S. 51) und anderen schon bekannten Weihnachtsliedern zum Element einer adventlichen Schulfeier werden (Aufgabe S. 51).
Der Text des Liedes ›O Heiland, reiß die Himmel auf‹ geht auf Jesaja 45,8 und Jesaja 11,1–2 (»Ein Sproß wächst aus dem Baumstumpf Isai, ein neuer Trieb schießt heraus aus den Wurzeln«) zurück und ist somit in Strophe 2 dem bekannten ›Es ist ein Ros entsprungen‹ verwandt.[2] Die Bildwelt beider Strophen – hier der Heiland, der vom Himmel Tor und Tür abreißt, dort der Heiland, der als Blume aus der Erde hervorspringt[3] – ist für Kinder nicht ganz leicht nachzuvollziehen, die schwungvolle, lautmalende Melodie kann indes viel für gefühlsmäßiges Anempfinden, für unbewußtes Sicheinnehmenlassen leisten. Nicht jedes Lied muß intellektuell ganz durchdrungen werden. ›O Heiland, reiß die Himmel auf‹, eins unserer schönsten Adventslieder, kann auch ganz und gar im Hören und probierenden Nachsingen erfahren werden.

Seiten 52/53
Diese Seiten führen stark kontrastierend zum Vorhergehenden brutal in das Leid dieser Welt.
Während bei uns die Herzen am 24. Dezember, dem Weihnachtsabend, wie auch immer er sich füllen mag, entgegenschlagen, vegetieren aus ihren Dörfern vertriebene Familien auf einem Schuttplatz der indischen Großstadt Kalkutta in Betonröhren. Elfriede Becker erzählt dies in elementaren stakkatoartigen Sätzen

1 Türen im Adventskalender können dazu ins Gespräch gebracht werden, ebenso die Strophe »Uns wird erzählt von Jesus Christ, daß er die Tür zum Vater ist« aus dem Weihnachtslied von Kurt Rommel (vgl. S. 13 und ›Werkbuch 1/2‹, S. 106), ebenso die Zeile aus Strophe 5 von ›Macht hoch die Tür‹: »Komm, o mein Heiland Jesus Christ, meins Herzens Tür dir offen ist.«
2 Wer diesen Aspekt vertiefen will, sei auf den Schulgottesdienst »Es ist ein Ros entsprungen«, aus: ›Meinen Bogen setz ich in die Wolken‹, a. a. O., S. 19–26, verwiesen.
3 Eine Verbindung zwischen dem Sproß aus der Wurzel Jesse und dem Reich-Gottes-Baum S. 16 herzustellen, ist keineswegs abwegig.

höchst eindringlich. Wieder eine Geschichte zum Vorlesen, die durch das Bild mit der einkopierten heiligen Familie[1] wirksam unterstützt wird. Die Kinder hören die Geschichte, schauen gemeinsam das Bild an, äußern sich. Betroffenheit wird erreicht, Offenheit des Herzens für die weltweite Not, ohne daß die eigene Weihnachtsfreude dadurch gedämpft werden sollte. Wenn aus dem gemeinsamen Nachdenken, Nach-Empfinden eine Dritte-Welt-Aktion der Klasse erwüchse, nur gut so.

»Gott will im Dunkel wohnen« ist diese Doppelseite überschrieben, ein Zitat aus dem Adventslied von Jochen Klepper: »Die Nacht ist vorgedrungen«: »Gott will im Dunkel wohnen – und hat es doch erhellt.« Angesichts des rauchverdunkelten Himmels von Kalkutta werfen diese Zeilen die Theodizeefrage auf: »Gott, wo bleibst du im Anblick solcher Not?« (»Wo bleibst du, Trost der ganzen Welt?«, Strophe 3 von ›O Heiland, reiß die Himmel auf‹[2]). Diese Frage ist einerseits dahingehend zu beantworten, daß hier die Grenzen menschlicher Antwortmöglichkeiten erreicht sind. Andererseits ist der Mensch der Gefragte: Hast du etwas getan, um der Schwester, dem Bruder, der Mitbewohnerin, dem Mitbewohner auf unserm Heimatplaneten zu helfen und sei es in einem noch so geringen Maße?

Die Arbeitsaufgabe 2, S. 53 leitet dann über zu dem abschließenden Thema des Weihnachtsteils, dem Thema ›Engel‹.

Seiten 54/55

In der Strophe 2 des Engelliedes von Rolf Krenzer klingt mit dem Hinweis auf den Verkündigungsengel von Betlehem Weihnachten noch einmal auf, im übrigen ist die Doppelseite der generellen Frage nach den Engeln in anthropologischer und in theologischer Hinsicht gewidmet.

Die Kinder lernen:

- Engel gibt es für den, der an sie glaubt (Kurztext S. 55).
- Engel brauchen keine Flügel, auch wenn sie immer wieder so dargestellt werden (Bild[3], Text S. 55).
- Engel können im Alltag erfahren werden (Foto S. 54): Jemand wird mir zum Engel. Ich werde einem anderen zum Engel.
- Engel können als Boten Gottes erfahren werden (in der Bibel – am Tag – im Traum: S. 55).

Das Lied S. 54 macht in schöner Sprachkomposition drei Aussagen:

- Von einem Engel zu reden, kann Ausdruck nachgreifender Erkenntnis sein[4] (z. B. Schutzengel – Strophe 1 und 3).

---

1 Medaillon aus dem Engelsgruß von Veit Stoß in der Lorenzkirche Nürnberg, der auf S. 12, wenn auch klein, zu sehen ist.

2 Diese Strophe ist der Klagepart zu den Strophen 1 und 2, S. 51. Man kann Weihnachten nicht gottvergessen, aber eben auch nicht weltvergessen feiern. Die Theodizeefrage wird dann in Bd. 4, S. 104 ff. ausführlich behandelt.

3 Engel aus einer Beatus-Apokalypse, Spanien, 10. Jh.

4 »Einen Engel erkennt man immer erst, wenn er vorübergegangen ist« (Martin Buber).

- Die Hirten von Betlehem sind durch einen Boten Gottes in Bewegung gebracht worden (Strophe 2); der Engel S. 55 läßt sich in diesem Zusammenhang als weisender Bote Gottes interpretieren.
- Sicheres Wissen um Engel kann es nicht geben (Strophe 3).[1]

Die Überschrift S. 55 ist Titel des bekannten Gedichtes von Rudolf Otto Wiemer[2], das sich vor allem in Strophe 1 und 2 als Lehr- und Lerntext für Kinder des Alters hervorragend eignet. Nachfolgend eine Liedfassung:

Text: Rudolf Otto Wiemer
Melodie: Dietrich Steinwede

2. Sie haben kein Schwert, kein weißes Gewand,
die Engel.
Vielleicht ist da einer, der gibt dir die Hand,
vielleicht wohnt er neben dir, Wand an Wand,
der Engel.
3. Dem Hungernden hat er das Brot gebracht,
der Engel.
Dem Kranken hat er das Bett gemacht,
er hört dich, wenn du nach ihm rufst in der Nacht,
der Engel.
4. Er steht im Weg und er sagt: Nein,
der Engel,
groß wie ein Pfahl und hart wie ein Stein –[3]
es müssen nicht Männer mit Flügeln sein,
die Engel.

1 Reiches Material (Erzähltexte, Sachtexte, Bilder zu allen Aspekten des Themas; Engel im Alten/Neuen Testament, Engel wie du und ich, Schutzengel) in: ›Er sendet seinen Engel vor dir her‹, hrsg. von *Dietrich Steinwede,* Patmos Verlag, Düsseldorf 1994. Schulgottesdienst ›Engel in Tag und Traum‹, in: ›Schulgottesdienste für die Primarstufe‹, Bd. 2, a. a. O., S. 163–177.

2 *Rudolf Otto Wiemer,* ›Es müssen nicht Männer mit Flügeln sein. Geschichten und Gedichte zur Weihnachtszeit‹, © Quell Verlag, Stuttgart 1986.

3 Diese Zeilen beziehen sich auf die alttestamentliche Bileamgeschichte. Nacherzählung für Kinder und Bild von Marc Chagall, in: ›Er sendet seinen Engel vor dir her‹, a. a. O., S. 35–38.

Rudolf Otto Wiemer hat in einem anderen Gedicht klassisch verdeutlicht, was es heißt, Engel im Alltag zu sein:

Der Engel bei Bolt an der Ecke

Der Engel bei Bolt an der Ecke,
der hat heute viel zu tun:
Die Kinder vom Stadtrandviertel,
die rennen auf raschen Schuhn.

Sie laufen hinter dem Ball her,
der Ball, der rollt und rollt.
Doch die Autos sieht nur der Engel,
der steht, wie gesagt, bei Bolt,

bei Bolt, dem Schuhwarenladen,
da steht der Engel und wacht.
Er schwingt seinen Stock und gibt auf
die spielenden Kinder acht.

Man weiß, er heißt Gottlieb Zille
und sieht auch genauso aus,
mit Bart und Zigarre und Brille:
der Rentner vom Hinterhaus.[1]

Auch dieses Gedicht können die Kinder sich leicht aneignen.

Zu der Textzeile ›Am Tag, im Traum . . .‹ S. 55 hier eine Melodie:

Text und Melodie: Dietrich Steinwede

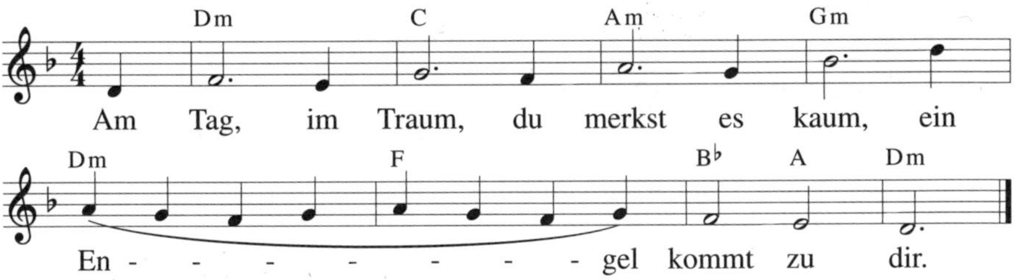

Einen Bericht über ihre Arbeit mit dem Thema in der Grundschule gibt die Lehrerin Sigrid Guhr.[2] Im folgenden ein Ausschnitt:

1 Aus: ›Er sendet seinen Engel vor dir her‹, a. a. O., S. 99, © Autor.
2 Aus: ›ru intern‹ für evangelische Religionslehrerinnen und Religionslehrer in Westfalen 3/95. – Was Grundschulkinder, die eine Unterrichtseinheit ›Engel‹ absolviert haben, abschließend schreiben, sei nachfolgend mitgeteilt:

»Engel reden in die Stille hinein, in Traum, Vision, Gebet, in die Nacht, in die Dunkelheiten menschlichen Lebens. Ihr ›Fürchte dich nicht‹ spricht Menschen Mut zu, Unfaßliches zu ertragen. Sie begegnen uns auf dem Weg unserer Reifung und Vollendung. Sie sind ›Hände‹ Gottes, wie meine Schüler einmal formulierten. Daß auch Gott Menschen zu seinen Boten, ›Händen‹ macht, ihnen einen Auftrag erteilt, davon bin ich überzeugt (Galater 4,14 und 2. Samuel 14,17 stellen eine solche Verbindung her).
Seit einigen Jahren unterrichte ich über die Engel, über Engelgeschichten in der Bibel. Grundschüler sind diesem Thema keineswegs näher, auch wenn der Volksmund ihnen als Kindern einen Schutzengel besonderer Art zuordnet.
Wie also beginnen? Seit Jahren sammle ich Engeldarstellungen. Mit ihnen fange ich meine Unterrichtseinheit an:
Der Klassenraum wird eine Engelausstellung. Die Schülerinnen und Schüler laufen herum, betrachten die Bilder, unterhalten sich dabei, haben die Aufgabe, sich Zeit dabei zu lassen, genau zu schauen, auch auf kleine Dinge (Details) zu achten, sich ein Bild herauszusuchen, das sie besonders anspricht.
Oder: jeder Schüler und jede Schülerin erhält von mir eine Kunstpostkarte, seinen/ihren Engel, den er/sie mit Muße betrachten soll. Wichtiges, Schönes, Unverständliches ist zu entdecken.
Oder: Zu Beginn der Adventszeit sitzen wir im Halbkreis vor einem mit einem blauen Tuch, dem Himmelstuch, bedeckten Tisch. Auf ihm steht eine Abbildung der Verkündigung des Engels an Maria (ein größerer Druck). Neben dem Bild brennt eine Kerze. Beim Betrachten wenden wir unseren Blick besonders auf die Farben, die Formen, die Beigaben, die Gesten und versuchen, ihre symbolische Bedeutung herauszufinden.
Wichtig ist mir die ›direkte‹ Begegnung mit einem Kunstwerk, also kein Dia, keine Folie, und im Gespräch die Erkenntnis, wie verschieden Menschen Engel darstellen und daß das immer wieder mit ihnen selbst etwas zu tun hat.«

Thema der schriftlichen Aufgabe: »Was ich jetzt über Engel denke«.
- Engel mit Flügeln, die über der Erde schwirren, gibt es, glaube ich, nicht.
- Engel sind Boten von Gott. Aber auf einer Wolke schweben sie nicht hin und her.
- . . . Sie schweben ja nicht am Himmel rum!
- Ich denke, daß die Engel keine Flügel haben. Es sind sicher Menschen.
- Ich denke, sie sehen genauso aus wie normale Menschen.
- Ich denke, daß ein Bote ein Engel ist. Wenn man eine freudige Nachricht bekommt.
- Ich kann mir nicht vorstellen, daß bei Maria ein Engel mit Flügeln war. Ich glaube, es war ein Bote Gottes in der Gestalt eines Mannes, oder Maria hörte nur eine Stimme. Aber genau weiß man es nicht.
- Wir, die jetzt leben, haben noch nie einen Engel gesehen. Deshalb können wir auch nicht beweisen, ob unsere Vorfahren Engel gesehen haben. Wir wissen auch nicht, ob die Engel wirklich Flügel gehabt haben. Wir stellen sie uns nur so vor.
- Ich meine, daß man nicht beweisen kann, daß es Engel gibt. Man sagt auch, wenn einer etwas gut gemacht hat: »Du bist ein Engel«. Ein Engel kann vielleicht in jeder Gestalt auftreten.
- Die Maler wollen sich eine Vorstellung von Engeln machen. Darum malen sie die Engel mit zwei Flügeln.

Teil 8: Das Volk Israel im Hause Gottes: Mose und Könige (Seiten 56–73)

Absichten

Die Kinder sollen:
- den Sederabend als Vorabend des Passafestes kennenlernen – S. 56/57
- von der Offenbarung des Gottesnamens am Gottesberg und vom Auszug des Volkes Israel aus Ägypten erfahren – S. 58/59
- von der Schilfmeererfahrung Israels hören – S. 62
- die Weisungen zum Leben kennenlernen – S. 63
- sich an einem Chagall-Bild ihre Gesamtsicht auf Mose verdeutlichen – S. 60/61
- den Sederabend erneut bedenken – S. 64/65
- Israels Landnahme und Sauls Königtum kennenlernen – S. 66–67
- von König David erfahren – S. 68–71
- von König Salomo und dem Tempelbau hören – S. 72–73

Seiten 56–65 (Überblick)

Das Volk Israel im Gottesbund.[1]

Die Nacherzählung der wichtigsten Mosegeschichten ist gerahmt von der Darstellung der Feier des Sederabends (S. 56/57; S. 64/65), des Vorabends zum Passafest, dem Fest der freudigen Erinnerung an die Befreiung aus dem ägyptischen Sklavenhaus.

S. 56/57 wird aus der Passa-Haggadah wörtlich zitiert, das Ganze aber unterbrochen, um S. 58 in die Erzählung der Mose-Geschichten hinüberzugleiten. Eingesetzt wird jetzt mit Mose in Midian. Aus Platzgründen ist auf die Schilfkorbgeschichte verzichtet. Sie sollte den Kindern jedoch nicht vorenthalten werden. Entscheidender Text aber ist die Berufung am Gottesberg, die S. 58 zusammen mit der Auszugsgeschichte nacherzählt wird. S. 59 bietet dann das ausdrucksvolle Chagall-Bild zur 10. Plage: der Würgeengel Gottes schlägt die Erstgeburt der Ägypter, während die Israeliten geschützt in ihrem Haus am Tisch mit dem Passalamm und dem ungesäuerten Brot sitzen.

Das Chagall-Doppelbild S. 60/61 ist Rückschau und Vorschau zugleich. Man wird vielleicht zuerst das Lied ›Als Israel in Ägypten war‹ (S. 62) einsingen, ehe man die Kinder zur erschließenden Betrachtung S. 60/61 einlädt. Sie mögen rasch den brennenden Dornbusch (Doppelkreis und Engel als Zeichen für die Gegenwart Gottes) mit Mose und seinen Schafen davor erkennen (seitlich Aaron bereits im hohepriesterlichen Gewand). Der Durchzug durchs Meer wird ihnen dann von S. 62 her, die Bundesgeschichte mit den 10 Geboten von S. 63 her erzählt. S. 64/65 folgt dann mit der Chagall-Zeichnung eines ostjüdischen Sederabends Teil 2 der Passa-Haggadah.

1 Zum historischen, theologischen und didaktischen Hintergrund der Mose-Geschichten vgl. *H. Halbfas,* ›Lehrerhandbuch 3‹, a. a. O., S. 228–241.

Seiten 56/57
Die Nacht vom 14. auf den 15. Nissan (1. Monat des jüdischen Kalenders) eröffnet das achttägige Passafest, das größte Fest der Juden. Überall, wo gläubige Juden in der Welt sich zusammenfinden, feiern sie den Sederabend als Abend der Erinnerungen nach festem Ritual. Seder, das bedeutet Ordnung. Und das Ritual wird vorgegeben durch die Passa-Haggadah (Haggadah = die Erzählung). Am reichgedeckten Seder-Tisch (das Foto S. 57 zeigt die Familie noch stehend) wird die Passaliturgie vollzogen. Wenn sie durch den Sachtext S. 56 über das Passafest und die Vorbereitungen zum Seder-Abend knapp informiert sind, können die Kinder die Passa-Haggadah in verteilten Rollen (der Vater – der Jüngste am Tisch – alle) vorlesen und sich damit in das festbegründende Zentrum der Passa-Überlieferung (»Einst waren wir Sklaven des Pharao in Ägypten, aber unser Gott führte uns von da heraus mit seiner starken Hand«) einfinden.
Der kursive Teil S. 57, wieder vom Vater zu lesen, gibt dann eine komprimierte Zusammenfassung der Geschichte Israels[1] mit dem Zielpunkt der Gotteszusage an die Väter, Israel zu seinem erwählten, gesegneten Volk zu machen, es also nicht verlorengehen zu lassen.
Auf dem Foto können die Kinder Wein, Mazzen, Kräuter und das Ei identifizieren. Die Hingabe, mit der eine fromme jüdische Familie einschließlich der Kinder diesen Abend begeht, mag ihnen ebenfalls deutlich werden.
Die einzelnen Symbole, die der Sachtext S. 56 nennt, erschließen sich teilweise aus dem Text S. 56 (das ungesäuerte Brot), teilweise aus dem Zusammenhang der erzählten Mosegeschichten S. 58–63, teilweise aus dem 2. Teil der Passaliturgie S. 64/65 (Passalamm, Bitterkraut), teilweise müssen sie zusätzlich erläutert werden. Hier ein Überblick:
Ungesäuertes Brot (Mazzot, Mazzen): Der Brotteig der Väter hatte keine Zeit zu säuern, als Gott sie befreite.
Wein: Er ist dem Propheten Elija geweiht, der erwartet wird, die Ankunft des Messias zu verkünden.
Grüne Petersilie: Das Passafest ist auch ein Frühlingsfest.
Bittere Kräuter, Meerrettich: Die Ägypter haben das Leben der Väter bitter gemacht. Viel harte Arbeit mit Lehm und Ziegeln und auf dem Feld legten sie ihnen auf.
Mus: Süße Mischung aus Äpfeln, Mandeln, Nüssen und Wein. Es erinnert an den Mörtel, den die Väter mischen mußten, um die Fronstädte der Ägypter zu bauen – süß, um bei aller Bitternis darauf hinzuweisen, daß Gott sein Volk nicht vergessen hatte.
Lammknochen: Zeichen für das Lamm, das früher, als der Tempel noch stand, am Passafest geschlachtet wurde.[2]
Aber auch: Gott ging an den Häusern der Väter vorbei, an die sie mit dem Blut der Lämmer ein Zeichen gemacht hatten (Bild S. 59).
Schüssel mit Salzwasser: Einerseits Erinnerung an die Tränen, die das Volk in seiner Not vergossen hatte, andererseits Erinnerung an das Wasser des Schilf-

1 Vgl. dazu das Urbekenntnis Israels in Deuteronomium 26, 5b–9.
2 Dazu ist Bd. 2, S. 52 in Erinnerung zu rufen (Illustration Lammopfer am Brandopferaltar).

meeres, das sich teilte, als der Pharao mit seinen Streitwagen das Volk Israel verfolgte.
Hartgekochtes Ei (die Schale angesengt vom Feuer): Es ist Symbol der Trauer um die Zerstörung des Tempels in Jerusalem, aber auch Symbol des ewigen Lebens.

Seiten 58/59
Zentrales Wort der Gottesberg-Erzählung S. 58 linke Spalte[1] (die Kinder können sie hören oder auch selbst erlesen) ist der Zuspruch Gottes an Mose in der Namensoffenbarung »Ich bin, der ich bin« = »Ich bin der Ich-bin-da« = »Ich bin immer da für euch Menschen« (Exodus 3,14). Die Kinder können sie auch an sich selbst gerichtet hören (»Ich bin immer da für euch Kinder«) und ihr mit dem das »Ich bin da« entfaltenden Lied ›Du bist Vater und Mutter‹ lobpreisend antworten:

Text: Rolf Krenzer
Musik: Ludger Edelkötter

Kanon

2. Du bist gestern und morgen,
nah und verborgen.
Du bist der ICH-BIN-DA.
3. Du bist laut und ganz leise,
Hunger und Speise.
Du bist der ICH-BIN-DA.
4. Du bist Arche und Steuer,
Wasser und Feuer.
Du bist der ICH-BIN-DA.
5. Du bist Sehnsucht und Friede,
Treue und Liebe.
Du bist der ICH-BIN-DA.
6. Du bist Vater und Mutter,
Schwester und Bruder.
Du bist der ICH-BIN-DA.
7. Laßt uns loben und preisen,
ihm Ehr erweisen.
Hal-le-lu-ja.[2]

---

1 »Ein Schlüsseltext für das biblische Gottesverständnis und Gottesbekenntnis!
Die Offenbarung des Jahwe-Namens als des entscheidenden Gottesnamens für Israel zeigt einen Gott von Menschen, den Gott Abrahams, Isaaks, Jakobs, der nicht an einen Ort gebunden, sondern überall da anwesend und mächtig ist, wo Menschen sich finden. Gott wird auf der Ebene von Ich und Du gesehen. Er entrückt so in die Transzendenz des nirgends Begrenzbaren und erweist sich gerade damit als der allenthalben (und nicht bloß an einem Punkt) Nahe, dessen Macht schrankenlos ist. Israel hat eine Wahl getroffen für den personhaften, personbezogenen Gott. Dieser Grundzug ist das tragende Element nicht nur der Religion Israels, sondern auch des neutestamentlichen Glaubens geblieben« (*H. Halbfas,* ›Lehrerhandbuch 2‹, a. a. O., S. 240–241).

2 Aus: IMP 1036 »Weil du mich so magst«, © Impulse Musikverlag Ludger Edelkötter, 48317 Drensteinfurt.

Zuvor aber sollte ihnen aus Kindheit und Jugend des Mose erzählt werden. Dazu hier ein Erzählvorschlag, der auch noch einmal eine Alternativfassung für die Berufung am brennenden Busch bietet:

Geburt und Rettung

Jakob ist in Ägypten gestorben.
Auch Josef und seine Brüder sind tot.

Lange Zeit vergeht.
Ihre Nachkommen werden mehr und mehr.
Israel wird groß in Ägypten.

Lange Zeit vergeht.

Ein neuer Pharao ist da.
Der weiß nichts mehr von Josef.
Der spricht:
»Die werden mir hier zu stark.
Bei uns sind zuviele aus Israel.
Wir müssen uns wehren gegen sie.
Sonst werden sie immer mehr.
Sonst verbünden die sich mit unseren Feinden und machen Krieg.
Und vertreiben uns.«

Und Pharao setzt Leute ein,
Aufseher, Menschenschinder.
Die sollen Israel unterdrücken
mit harter Zwangsarbeit.
Die holen die Männer aus Israel
und lassen sie Lehmziegel machen
und Mauern bauen und Häuser bauen
und ganze Städte für Pharao.
Die zwingen die Männer auf die
Felder und lassen sie schuften
ohne Erbarmen.

Und Pharao gibt einen Befehl:
»Wird ein Sohn geboren
in diesem Volk,
der soll getötet werden.
Der soll in den Nil geworfen werden.
Laßt nur die Töchter am Leben.«

So will Pharao sie ausrotten,
die vom Volk Israel.

Und eine Frau von den Israeliten,
die bekommt ein Kind, einen Sohn.
Sie sieht, daß er schön ist, der Sohn.
Ihr Kind soll leben.
Sie will nicht, daß es getötet wird.

Da versteckt sie ihren Jungen
– drei Monate lang.
Aber dann kann sie ihn nicht mehr
im Haus behalten.
Da nimmt sie einen Korb,
aus Schilf geflochten,
mit einem Deckel.
Sie verstreicht die Ritzen mit
klebrigem Pech.

Sie legt ihren Jungen in den Korb.
Sie schließt den Deckel.
Sie bringt den Korb an den Nil.
Sie legt ihn ins Schilf am Ufer.
Sie denkt: Wenn nur einer es findet,
das Kind,
vielleicht wird es gerettet.

Die Schwester des Jungen steht
von fern.
Sie paßt auf, was geschehen wird.

Da, die Tochter des Pharao.
Sie kommt vom Palast zum Fluß.
Sie kommt mit ihren Dienerinnen.
Pharaos Tochter will baden.

Ihre Mädchen gehen auf und ab.
Da, im Schilf! Ein Korb!

»Holt den Korb!« Die Tochter ruft es.
Sie laufen. Sie holen den Korb.

Sie öffnen den Korb:
Ein Kind. Es weint. Ein Junge.
Er ist schön.
»Der ist von den Israeliten. Ein Junge.
Der müßte eigentlich sterben.«

Pharaos Tochter hat Mitleid mit ihm:
»Nein, er soll nicht sterben.«

Da kommt seine Schwester von ferne heran:
»Ich weiß eine Frau, die gibt ihm zu trinken.«

»Hole die Frau!«

Da kommt die Mutter.
Pharaos Tochter sieht sie an:
»Nimm diesen Jungen.
Gib ihm zu trinken.
Ziehe ihn auf. Ich will dich belohnen.«

Sie weiß nicht, daß es die Mutter ist.

Da freut sich die Frau.
Sie nimmt den Jungen.
Sie gibt ihm zu trinken.
Sie zieht ihn auf.

Und danach bringt sie ihn an den Hof.
Und Pharaos Tochter behält ihn.
Sie nennt ihn Mose.
Das bedeutet:
»Der ist aus dem Wasser gezogen«.

Mose wird groß. Er lebt am Hof.
Er lernt viel von den Ägyptern,
schreiben und lesen und ihre Sprache.
Doch bleibt er ein Israelit.

Und als er groß ist, da sieht er die Qual,
wie sie gepeinigt werden,
die Männer aus seinem Volk Israel.
Mose ist voller Zorn.

Und eines Tages: Mose sieht es.
Da schlägt ein Ägypter zu.
Er schlägt einen Mann aus Israel.
Der bricht zusammen und schreit.

Mose entflammt.
Zorn überkommt ihn.
Mose schaut sich um.
Mose stürzt sich auf den Ägypter.
Mose schlägt ihn. Er schlägt ihn tot.

Mose macht ein Loch im Sand.
Mose verscharrt den Ägypter.

Am nächsten Morgen: Mose sieht es:
Zwei aus Israel zanken sich.
Mose sagt: »Warum streitet ihr?
Ihr sollt Frieden halten.«
Er spricht zu dem,
der schuld ist am Streit:
»Warum schlägst du einen aus deinem Volk?«

Der aber sieht ihn böse an:
»Willst du mein Richter sein?
Willst du mich umbringen wie den Ägypter?«

Mose erschrickt: Sie wissen es alle.
Seine Tat hat sich herumgesprochen.
Jetzt weiß es bald der Pharao.

Und wirklich: Pharao hört von dem Mord.
Da will er Mose töten.

Mose aber ist geflohen
weit übers Meer nach Midian.
Dort ist ein Priester.
Der nimmt ihn auf.
Jitro heißt der Priester.
Mose hütet die Schafe Jitros.
Er kann hier bleiben. Hier ist er sicher.

Jitro hat eine Tochter: Zippora.
Er gibt sie Mose zur Frau.

Nach Exodus 1,6–14.22;2,1–25

Berufung. Der brennende Busch

Und Mose hütet die Schafe Jitros.
Er treibt sie über die Steppe.
Und einmal treibt er sie weiter hinaus.

Da kommt er in die Wüste.
Da sieht er den Berg,
den Gottesberg.

Und da: Ein Dornbusch brennt.
Er steht in Flammen.
Das ist ein Zeichen.
Die Flamme schlägt aus dem Busch.

Er brennt, der Busch.
Er brennt und verbrennt nicht.
Was ist das? Mose läuft.

Da aber: Gott ruft:
»Mose! Mose!«
Mose spricht: »Da bin ich.«

Gott spricht:
»Komm nicht näher, Mose!
Bleibe, wo du bist.
Ziehe deine Schuhe aus.
Hier ist heiliges Land.
Ich bin hier, der Gott deiner Väter,
Abrahams, Isaaks, Jakobs Gott.«

Mose ist voller Schrecken.
Er wagt nicht hinzusehen.

Gott spricht:
»Ich sehe das Elend in Ägypten.
Mein Volk wird gepeinigt.
Sie sind Sklaven.
Sie sollen frei sein.
Ich hole sie dort heraus.
Ich bringe sie in ein anderes Land,
weit und schön,
ein Land wie Milch und Honig.

Du aber, Mose,
du sollst sie herausführen.
Das ist mein Auftrag.
Ich sende dich zum Pharao.«

»Nein Herr!« Mose ruft es:
»Wer bin ich denn,
daß ich zum Pharao gehe,
daß ich sie herausbringe!«

Mose hat Angst.

Gott spricht:
»Ich bin bei dir.
Ich werde mit dir sein.
Ich werde immer da sein.
Und dies ist das Zeichen.
Wenn ihr heraus seid aus Ägypten,
hier, an diesem Berge,
hier werdet ihr mir dienen.«

Mose sagt:
»Nein, Herr, nein:
Ich komme zu ihnen.
Ich sage, du schickst mich.
Sie sagen:
›Wer ist denn dieser Gott?
Wie heißt er? Wie ist sein Name?‹«

Gott spricht:
»Ich bin der ICH BIN DA.
Ich werde sein, der ich sein werde.
Ich bin immer da für euch.
Das ist mein Name.

Du sollst ihnen sagen, Mose:
Der, der so heißt,
der ICH BIN DA schickt mich zu euch:
›Ich bin, der ich bin.
Ich werde sein, der ich sein werde.
Ich bin immer da für euch.‹
Das ist mein Name in Ewigkeit.

Gehe hin, Mose. Geh nach Ägypten.
Rufe die Führer des Volkes
zusammen.
Sage ihnen,
was ich dir sage:
›Ich führe euch aus Ägypten heraus.
Ich schlage die Ägypter.‹
Gehe hin! Sie werden dich hören.«

Mose spricht:
»Sie werden mir nicht vertrauen.«
Gott spricht:
»Sie werden dir vertrauen.«

Mose spricht:
»Ich kann nicht reden.
Es geht mit schwer von der Zunge.«

Gott spricht:
»Ich zeige dir, was du zu sagen hast.
Ich werde dich reden lehren.
Wer hat dem Menschen die Zunge ge-

geben? Bin ich es nicht, euer Gott?
Wer macht ihn stumm oder taub oder blind? Bin ich es nicht, euer Gott?

Siehst du Aaron, deinen Bruder?
Er zieht dir schon entgegen.
Ich rede zu dir.
Du redest zu Aaron.
Aaron redet zum Volk.

Mose, du bist wie Gott für Aaron.
Ich sage euch, was ihr tun sollt.«

Und da: Mose hört auf Gott.
Er geht. Er kommt zu Jitro.
Er spricht: »Ich muß fort von hier.
Ich muß zu meinen Brüdern.
Ich muß nach Ägypten.
Ich muß sehen, ob sie noch leben.«

Jitro spricht:
»Ich halte dich nicht.
Geh mit Gott – in Frieden.«

Nach Exodus 3,1–20;4,10–16.18

S. 58 rechte Spalte und S. 59 wird dann knapp der Erzählbogen von der Auszugsbitte des Mose und Aaron vor dem Pharao über die Plagen (nur die zehnte und letzte Plage wird näher entfaltet) bis hin zum vollzogenen Auszug geschlagen. Das Chagall-Bild hält dabei die Kinder eindringlich bei der Passa-Mahlzeit (Brot, Lamm) einer Gruppe von acht sehr in Bewegung begriffenen Juden (Hände – Bärte – Kopfbedeckungen – teilweise barfüßig) fest. Drastisch der Strafengel Gottes (nach Exodus 12,23[1]) am dunklen Nachthimmel über der Hausszene, drastisch die stürzenden Leiber der erschlagenen ägyptischen Erstgeburt.

Als Auszugslied des Volkes bietet sich die israelische Nationalhymne mit ihrer schwungvollen, hinreißenden Melodie an:[2]

Text: Diethard Zils, Melodie: aus Israel

1 »Denn in der Nacht wird der Herr strafend durch das ganze Ägypten gehen. Wenn er das Blut an den Türpfosten und Türbalken sieht, wird er vorübergehen und nicht zulassen, daß der Todesengel eure Häuser betritt.«

2 Aus: ›Schulgottesdienst‹, BE 811, © Gustav Bosse Verlag, Kassel.

2. Durch die Welt erklingt ein Lied gegen Unrecht, das geschieht,
   gegen Unrecht, gegen Zwang richten Pilger ihren Sang.
   Herr, laß uns dein Wort verstehen . . .
3. Viele ließ der Mut im Stich, sie sind matt, verirren sich,
   sehnen sich ins alte Land. Wer gibt ihnen seine Hand?
   Herr, laß uns dein Wort verstehen . . .

Eine doppelte Auslegung mag sich damit verbinden: Aufbruch aus der Sklaverei (Strophe 1), Unrecht der Ägypter am Volk Israel (Strophe 2) und Mutlosigkeit in der Wüste (Strophe 3) paßt zu den Mosegeschichten. Über diese hinaus läßt sich den Kindern dann Getto aus Strophe 1 als Zwangsort, an den die Juden im Laufe ihrer Geschichte immer wieder umsiedeln mußten, erläutern. Unrecht war damit verbunden (Strophe 2) und eine Mutlosigkeit in der Welt, die je und je in die Sehnsucht nach dem Lande der Väter umschlug (Strophe 3).

Seiten 62/63
Vor der Betrachtung des Doppelbildes S. 60/61 empfiehlt sich die Bearbeitung von S. 62/63. Das berühmte Spiritual »Go down Moses«[1] rekapituliert in seinen Strophen Erzählinhalte von S. 58/59 (Auftrag an Mose, das Volk aus Ägypten zu führen – Strophe 1, Androhung der 10. Plage – Strophe 2, Bitte um Freigabe des Volkes – Strophe 3, Wegweisung für den Auszug – Strophe 4). Daran schließt sich in Kurzfassung die Schilfmeergeschichte[2] an, der S. 63 der Gottesbund am Sinai mit der Zählung der Gebote nach dem Heidelberger Katechismus folgt.
Mit ihren Aufgaben spricht die Seite 63 für sich. Um der Gewichtigkeit der Gebote für menschliches (christliches) Dasein willen sei hier jedoch eine zweite, breitere, die Gebote interpretierende Erzählfassung (man mag sie als Ausgangserzählung oder für eine Wiederholungsstunde nutzen) angeboten:

Wegweisungen wie Wegweiser

Am Berge Sinai sind sie, die vom Volke Israel, an dem hohen Berg in der Wüste.
Mose, ihr Führer, ist hinaufgestiegen, hinauf zu Gott.
Und Gott ist da in einer Wolke, in Blitz und Donner, Feuer und Rauch.
Und das Volk ist unten am Berg.
Und sie sehen das alles, Feuer und Rauch.
Und sie fürchten sich.

Der Herr aber, Gott, er spricht zu Mose:
»Ich gebe dir Gebote.
Weisungen sind es für das Volk, zehn Weisungen für ihren Weg, für den

1 »Es waren die Negro-Spirituals, in denen das Lied des befreienden Gottes lebendig blieb: ›Go down Moses‹ – ›We shall overcome‹. Wo diese Lieder heute noch in aktuellen Bezügen gesungen werden, erweist sich der Exodus-Glaube als lebendig . . ., öfter vielleicht bei Straßendemonstrationen als im gestalteten Gottesdienst« (*H. Halbfas*, ›Lehrerhandbuch 3‹, a. a. O., S. 238 f.).

2 Auf die sonst auch schon in Grundschulreligionsbüchern und -materialien übliche Quellenscheidung des Textes wird, da für die Kinder wenig relevant, hier verzichtet.

Weg in das neue Land, für ihr Leben miteinander auf diesem Weg.«

Wie Wegweiser sind diese Gebote. Gott verbindet sich mit dem Volk in diesen Weisungen.
Er schließt mit ihnen ein Bündnis: »Mein Volk sollt ihr sein«, spricht Gott, »wenn ihr diesen Weisungen folgt, wenn ihr meine Gebote haltet.
Wenn ihr sie in eurem Kopf und in eurem Herzen tragt, wenn ihr danach lebt, dann seid ihr ein heiliges Volk, dann seid ihr auf immer mit mir verbunden.«

Und dies ist die erste Weisung:
»Ich, Gott, habe euch aus Ägypten hergeführt.
Ich habe euch befreit aus der Sklaverei.
Ich will immer mit euch sein auf dem Weg in das neue Land.
Darum sollt ihr mich anbeten.
Nur mich, keinen anderen Gott.
Ihr sollt euch kein Bild von mir machen.«

Und dies ist die zweite Weisung:
»Ihr sollt euch kein Bild von einem anderen Gott machen.
Ihr sollt keinen anderen Gott anbeten.
Ihr sollt euch nicht niederwerfen vor einem anderen Gott und ihm nicht dienen.
Ich allein bin euer Gott.
Wer meinen Weisungen folgt, der wird meine Liebe erfahren.
Wer mir aber nicht treu ist, der wird meinen Zorn zu spüren bekommen.
Aber wenn ihr mich liebt, dann werde ich mit euch sein, mit euren Kindern und Kindeskindern, mit allen, die nach euch kommen.«

Und dies ist die dritte Weisung:
»Achtet darauf, wie ihr meinen Namen gebraucht. Flucht nicht bei meinem Namen.
Lügt nicht in meinem Namen.
Betrügt nicht in meinem Namen.
Haltet meinen Namen in Ehren.
Lobt und dankt in meinem Namen.«

Und dies ist die vierte Weisung:
»Vergeßt nicht den siebten Tag,
den Tag der Ruhe.
Er gehört mir, dieser Tag.
Sechs Tage in der Woche habt ihr Zeit, eure Arbeit zu tun.
Am siebten Tag ruht euch aus.
Den siebten Tag habe ich gesegnet.
Es ist ein heiliger Tag.«

Und dies ist die fünfte Weisung:
»Haltet Vater und Mutter in Ehren.
Tut ihnen nichts Böses.
Behandelt sie gut.
Dann wird es auch euch gutgehen.
Auch die Eltern sollen ihre Kinder gut behandeln. Sie sollen ihnen nichts Böses antun. Sie sollen freundlich zu ihnen sein.«

Und dies ist die sechste Weisung:
»Tötet keinen Menschen.
Und Tiere nur,
wenn ihr sie zum Leben braucht.
Tut niemandem etwas zuleide.«

Und dies ist die siebte Weisung:
»Wenn zwei Menschen miteinander verheiratet sind, zerstört ihre Ehe nicht.«

Und dies ist die achte Weisung:
»Nehmt niemandem etwas weg, was ihm gehört, weder Geld noch Gut.
Nehmt ihm auch seine Freiheit nicht weg.«

Und dies ist die neunte Weisung:
»Sagt nichts Unrechtes über eure Mitmenschen.
Verratet sie nicht. Belügt sie nicht.
Redet nur Gutes von ihnen.«

Und dies ist die zehnte Weisung:
»Wenn jemandem etwas gehört, was euch gefällt: Seid nicht neidisch. Laßt es ihm. Ihr müßt es nicht haben.«

Zehn Weisungen wie Wegweiser, Wegweiser fürs Leben.

Und Gott spricht:
»Ihr sollt mich ernst nehmen.
Ihr sollt meinen Weisungen folgen.
Meine Weisungen sind nicht zu schwer.
Sie sind auch nicht wie ferne Worte.
Ganz nahe sind euch meine Weisungen, in euren Mund, und in euer Herz gelegt, daß ihr danach tun könnt.

Verstoßt nicht gegen diese Weisungen.
Geht nicht von dem Weg ab, den ich euch zeige.
Dann werdet ihr am Leben bleiben, und es wird euch gutgehen.
Und ihr werdet immer in dem Land wohnen, das ich euch gebe.
Ja, liebt mich von ganzem Herzen, mit ganzem Willen und mit aller Kraft.
Und sagt meine Weisungen euren Kindern weiter.
Sagt sie euch selbst immer wieder vor, zu Hause und auf Reisen, wenn ihr euch schlafen legt und wenn ihr erwacht.«

Glücklich ist, wer Freude findet an den Weisungen Gottes.[1]

Es sind zehn Regeln für das Leben.
Sie sind auch dir ins Herz gegeben.
Drum mach' dein Herz nicht hart wie Stein!
Laß dich auf diese Regeln ein.[2]

Unter den zahllosen außerbiblischen Geschichten, die es zu den 10 Geboten gibt, sei als Beispiel hier nur eine zum Mißbrauch des Gottesnamens (3. Gebot) angeführt. In heiterer Form macht sie dennoch eindringlich darauf aufmerksam, wie oft wir gedankenlos und leichtfertig das Wort ›Gott‹ – der Jude nimmt den Namen Gottes niemals in den Mund – aussprechen.

Tante Ogottchen

Eigentlich war sie unsere Großtante – eine Schwester unserer verstorbenen Großmutter – und hieß Luise. Wir nannten sie aber nicht Großtante, sondern Tante, und auch nicht Tante Luise, sondern Tante Ogottchen. Die ganze Familie nannte sie so, nur unser Vater nicht. Für ihn allein war sie die Tante Luise.
Tante Ogottchen wohnte ein Stockwerk über uns. Aber sie hielt sich die halbe Zeit des Tages unten bei uns auf: bei meiner Schwester und mir, unseren Eltern und Onkel Theo, der bei uns wohnte. Sie war seelengut und immer bemüht, uns nützlich zu sein. Sie half beim Bügeln, beim Großreinemachen, beim Kochen und Backen. Sie paßte auf uns Kinder auf, wenn unsere Eltern abends ausgingen und wir allein daheimblieben.
Wir mochten sie gern, auch wenn sie bei jedem geringsten Anlaß in Panik geriet und dann wie ein aufgescheuchtes Huhn herumflatterte. Ihre unzähligen O-Gottchen-Ausrufe hörten wir

1 Aus: Exodus 19–20; Deuteronomium 5,6,30; Psalm 1,2.
2 Norbert Weidinger/Rolf Krenzer.

kaum mehr. Für uns gehörten sie zu ihr wie ihr Dutt oder ihre erschrockenen Kulleraugen. Nur unserem Vater fielen sie auf die Nerven.
»O Gottchen«, rief sie zum Beispiel, »jetzt hab ich doch vergessen, Brot einzukaufen – und morgen ist Sonntag!«
Oder: »Warum habt ihr bloß die Fifi auf die Straße gelassen! Jetzt treibt sich Müllers Bello mit ihr herum. Dakkel und Pudel – O Gottchen, was wird das für eine Mischung geben?«
Oder: »O Gottchen, o Gottchen, es kneift mich so hier unten – das wird doch nicht der Blinddarm sein?«
»Aber Tante Luise«, sagte einmal unser Vater zu ihr, »laß doch den lieben Gott in Frieden.«
»Wieso?« fragte Tante Ogottchen mit runden, erschrockenen Augen.
»Was tue ich ihm denn?«
»Du machst ihn lächerlich.«
»O Gottchen, wie kannst du so etwas behaupten?« rief Tante Ogottchen empört aus, brach aber mitten im Satz ab und hielt sich die Hand vor den Mund.
»Siehst du«, sagte unser Vater. »Nun hast du's selber gemerkt, wie du ihn unnötig bemühst. Und noch dazu so verkleinert!«
Jetzt wurde Onkel Theo lebendig. »Wenn man sich das recht überlegt: den Herrgott ›Gottchen‹ zu nennen – ha ha ha! Da gehört schon was dazu!« rief er und schlug sich mit einer dröhnenden Lache auf die Schenkel.
Unsere Mutter, die fast immer versöhnlich gestimmt war und nicht anders konnte, als zu den Schwachen, Kleinen und Unbedarften zu halten, schaute mit einer Falte zwischen den Brauen in die Runde und sagte: »Das ›chen‹ muß nicht immer nur verkleinern. Es kann auch Zärtlichkeit ausdrücken wollen.«
»So hab ich's gemeint, ja«, beeilte sich die Tante zu beteuern. »Es kann mir niemand nachsagen, daß ich den Herrgott nicht liebe und ehre.«
»Aber wo bleibt der Respekt?« fragte Onkel Theo. »Der Respekt vor dem höchsten und mächtigsten Wesen, dem Herrn vom Himmel und Erde?«
Tante Ogottchen bekam nasse Augen.
»Übernimm dich nicht, Theo«, sagte unsere Mutter. »Als ob sich der liebe Gott so leicht kränken ließe – noch dazu von Tante Ogottchen, die keiner Fliege was zuleide tut.«
»Aber mich stört's«, sagte unser Vater. »Wirklich, Tante Luise, ich kann's nicht mehr hören. Es macht mich ganz krank. Kannst du nicht etwas anderes ausrufen, wenn du schon den Drang verspürst, etwas ausrufen zu müssen? Kannst du dich nicht auf ›o Himmel!‹ oder ›o, du meine Güte!‹ umgewöhnen?«
»Oder: ›ach du liebe Zeit!‹« sagte ich.
»Oder: ›o Jesses!‹«, meinte meine Schwester.
»Herrje«, rief Onkel Theo ärgerlich, »jetzt soll wohl für Tante Ogottchens kleine Aufregungen auch noch Jesus herhalten!«
Da fiel auch schon die ganze Familie über den Onkel her.
»Sei du mal ganz still«, hörte ich unseren Vater sagen. »Du benutzt ihn ja selber.«
»Ich?« rief Onkel Theo höchst entrüstet. »Wann hab ich je den Namen Jesu respektlos in den Mund genommen?«
»Eben!« riefen meine Schwester und ich gleichzeitig.
Unser Vater amüsierte sich köstlich. »Sagt ›Herrje‹ und merkt es nicht«, rief er. »Ein Witz!«
»Herrje?« donnerte Onkel Theo. »Das hab ich nie gesagt!«

»Es wird immer besser«, triumphierte unser Vater, »Tante Luise sagt ›O Gottchen‹ wie ›O Radieschen‹ – und du, Theo, rufst den Herrn Jesus an und merkst es nicht einmal!«
»Verlangst du etwa, daß ich mir jeden Satz erst gründlich überlegen soll, bevor ich ihn ausspreche?« rief Onkel Theo erhitzt. »Das ist einfach zu viel verlangt, Hergott nochmal!«
»Da!« schrien meine Schwester und ich wie aus einem Mund und deuteten mit spitzen Fingern auf Onkel Theos geöffnete Lippen.
»Natürlich kann man sich sowas nicht von heute auf morgen abgewöhnen«, sagte meine Mutter. »Aber man könnte sich vielleicht ein bißchen drum bemühen.«
Tante Ogottchen wischte sich über die Augen und nickte eifrig, während sich Onkel Theo räusperte und dem Blick unserer Mutter auswich.
»Na ja«, meinte er, »versuchen kann man's – aber Garantie geb ich keine.«
»Wir können ja ein Spiel daraus machen«, schlug ich vor. »Jeder, der so einen Gottesnamen sinnlos verwendet, muß einen Groschen in eine Kasse zahlen –«
»– in die Ogottchen-Kasse!« rief meine Schwester dazwischen.
»– und das Geld wird vor Weihnachten für irgendeinen guten Zweck gespendet.«
»Einverstanden«, sagte Onkel Theo. Auch Tante Ogottchen nickte.
»Das muß aber für jeden von uns gelten«, sagte unsere Mutter, »nicht nur für die beiden da.«
»Das versteht sich von selbst«, sagte unser Vater. »Aber wer außer Theo und Tante Luise benutzt schon solche Namen? Ich glaube, von dir und mir werden nicht viele Groschen in die Kasse fallen.«
»Da sei du dir nur nicht so sicher«, sagte unsere Mutter trocken.
Plötzlich stieß die Tante einen spitzen Schrei aus und stürzte zur Küchentür.
»O Gottchen!« jammerte sie, »jetzt hab ich den Kuchen im Backrohr vergessen – über all dem Gerede!«
Meine Schwester und ich schauten uns an und mußten kichern. Auch Onkel Theo begann zu lachen. Sogar unsere Mutter lächelte. Vaters Gesicht aber ließ keinen Zweifel darüber, daß er Tante Ogottchen für einen hoffnungslosen Fall hielt. Kopfschüttelnd schnalzte er mit der Zunge, dann seufzte er: »Mein Gott –!«

Gudrun Pausewang[1]

Seiten 60/61
Zur Auslegung des Bildes[2]:
Das Bild ist wie ein Triptychon dreiteilig[3] angelegt: Rechts der kniende Mose mit einer Schafherde im Hintergrund, in der Mitte der brennende Busch mit dem Gotteskreis und dem Engel, links in einer ganz und gar ungewöhnlichen Weise

1 Erzähltexte zu allen Geboten finden sich im ›Vorlesebuch Religion 1‹, a. a. O., S. 69, S. 246 f., S. 281 f., ›Vorlesebuch Religion 2‹, a. a. O., S. 136–144, S. 175–184, ›Vorlesebuch Religion 3‹, a. a. O., S. 50 f., S. 73–108, vor allem im ›Erzählbuch zum Glauben 2. Die zehn Gebote‹, hrsg. von E. Conrad u. a., Verlage Kaufmann/Patmos, Lahr/Düsseldorf ²1987. Diesem Werk ist auch die Geschichte »Tante Ogottchen« entnommen. © Autorin.

2 Vgl. zum Folgenden *H. Halbfas,* ›Lehrerhandbuch 2‹, a. a. O., S. 244–246 und ›Lehrerhandbuch 3‹, S. 241–243.

3 Eine Sichtweise als Doppelbild (s. Bildzuschrift S. 60) ist ebenso möglich.

der Darstellung das Volk beim Durchzug durchs Meer mit den verfolgenden und versinkenden Ägyptern und dem Kopf des Mose an der Spitze.

Die Mitte:
Aus dem brennenden Busch heraus wächst das Gottessymbol der Sonne.[1] Zwei konzentrische Kreise variieren in den Farben Weiß, Gelb und Rot. Der Engel im Kreis hat die Arme weit gebreitet, als wolle er alle Welt umfassen. Er ist die sichtbare Erscheinung des unsichtbaren Gottes. Der biblische Text – charakteristisch für die Epiphanie des Göttlichen – spricht einmal vom Engel (Boten) Jahwes, dann aber wird die Erscheinung unmittelbar mit Jahwe identifiziert (Exodus 3,2–4[2]). Diese Ambivalenz verweist in der Einfachheit der Erzählung auf die Ungreifbarkeit der Offenbarung.
Das Feuer als verzehrende Glut verdeutlicht die unzugängliche Heiligkeit (aber auch die verschlingende Totalität) Gottes. Die Paradoxie des Vorgangs – ein Dornbusch, der im Feuer brennt, aber nicht verbrennt – ist Ausdruck des alle bekannte Realität übersteigenden Unsagbaren.

Der rechte Teil:
Für Chagall war Mose »die Quelle, aus der alles stammt«. Keine andere biblische Gestalt hat er so oft gemalt. Wir sehen eine kniende barfüßige Gestalt, abgesehen von dem Gelb (Gold) der linken Hand und der Hörner[3] ganz in Weiß. Das heißt, die Gestalt befindet sich im Widerschein des göttlichen Lichts. Betroffen von dem Epiphaniegeschehen greift Mose sich mit der rechten Hand ans Herz. Er schaut nicht auf den Busch, vielmehr in sich selbst hinein, als erfahre er das eigentliche Geschehen innen. Das göttliche Feuer brennt auch in ihm.
Hinter ihm die Schafe, die er bis zum Gottesberg trieb. Sie sind auch Symbol dafür, daß er der Hirte des Volkes sein wird. Ganz rechts am Bildrand schon mit den Insignien des Priesters (Turban, Brusttasche) Moses Bruder Aaron (vgl. Exodus 29,1–7). Oben, neben für Chagall typischen Bildelementen (menschliche Figur, Vogel, Sonne, Mond, Strauch) spitzwinklige Dreiecke, möglicherweise die Pyramiden Ägyptens, die nach dem Auszug dann hinter Mose liegen werden.

Der linke Teil:
Auffallend ist der goldgelbe Kopf[4] des Mose an der Spitze des Zuges. Die Augen sind den Gesetzestafeln vom Sinai zugewandt, als lese er gleichsam darin. Das

---

1 Vgl. Bd. 1, S. 73, Bd. 3, S. 84–85.

2 »Da erschien der Engel des Herrn in einer lodernden Flamme, die aus einem Dornbusch schlug. – Als der Herr sah, daß Mose näherkam, rief er ihn aus dem Busch heraus an.«

3 Schon von altersher trägt Mose in den künstlerischen Darstellungen Hörner. Das beruht vermutlich auf einem Lesefehler. In der hebräischen Überlieferung wird vom strahlenden Antlitz des Mose gesprochen. Das hebräische Wort für strahlen heißt karan. Man kann es aber auch falsch vokalisieren, nämlich kärän. Kärän aber heißt Horn.

4 Vielleicht ist in der goldenen Farbe auch die Feuersäule, in der Gott nachts seinem Volk voranzog, in dem Wolkengebilde in der Mitte die Wolkensäule, in der er tagsüber das Volk geleitete, mitgemeint. Gelb (Gold) und weiß sind jedenfalls identisch mit der farbigen Hülle des Gotteskreises. Das göttliche Licht ist in Mose. Es hat ihn erfüllt und leuchtet seinem Volk.

ganz und gar Außergewöhnliche der Chagallschen Komposition besteht nun darin, daß dieser Kopf dem ganz in Blau ziehenden Volk wie der entfesselten Schar der versinkenden Ägypter wie einem Körper aufgesetzt erscheint. So ist Mose gewissermaßen eine kollektive Erscheinung. Zusammen mit Israel und Ägypten bildet er einen Leib. Auch die mit ihrem Kriegsgerät und ihren Tieren chaotisch-aggressiv versinkenden Massen gehören zu dieser Mose-Israel-Ägypten-Gestalt. Was kann das bedeuten? Nichts anderes, als daß – und dies ist ein psychologischer Aspekt – der Feind in das Gesamte der Exoduserfahrung integriert ist. Der Feind ist *mein* Feind. Ich trage ihn in mir selbst. Es ist jener Teil meiner Psyche, mit dem ich nicht fertig werde, der ungebändigt als mein Schatten mit mir geht, vor dem ich mich fürchte und dessen Existenz ich, so weit es geht, verdränge. Offensichtlich nimmt Israel, wenn es den Auszug wagt, auch sein Ägypten mit. Indem Marc Chagall Mose-Israel und Ägypten zu einer Figur ergänzt, gibt er einen Fingerzeig auf die größere Befreiung, die nicht allein den Leib, sondern auch die Seele betrifft.

Wie können die Kinder mit diesem Bild umgehen?
- Bei ihrem Entdeckungsweg durch das Bild erzählen sie rekapitulierend, was sie vom Auftrag des Mose in der Dornbuschberufung, vom Auszug des Volkes und Durchzug durch das Schilfmeer sowie von der Gottesoffenbarung am Sinai wissen.
- Sie erinnern den Kreis (hier Doppelkreis) als Symbol für Gott.
- Sie erinnern, was sie über Engel als Boten Gottes S. 54/55 gelernt haben. Der Engel steht für Gott.
- Sie erfahren, daß das Brennen und Nichtverbrennen des Busches Bild für das undurchdringliche Geheimnis Gottes ist.
- Sie fragen nach den Hörnern des Mose. Antwort: Man hat etwas falsch gelesen in der Hebräischen Bibel: Statt ›strahlen‹ ›Horn‹.
- Sie erfahren, daß der Schafhirte Mose auch als Hirte des Volkes Israel gesehen werden kann.
- Sie werden knapp über die Priesterberufung Aarons informiert (Exodus 29, 1–7).
- Sie hören etwas über die Pyramiden (die übrigen Chagall-Symbole rechts oben bleiben unberücksichtigt).
- Sie deuten das Gold in Hand und Hörnern des Dornbusch-Mose, im Kopf des Exodus-Mose und im Gotteskreis als Gottesfarbe. Dasselbe gilt für das Rot in den Flammen und das Rot im Gotteskreis. Dasselbe gilt für das Weiß in der Mosegestalt, in der Wolkensäule und im Gotteskreis.
- Sie fragen, warum links nur der Kopf des Mose gemalt ist, und erfahren von der besonderen Sichtweise Chagalls: Mose, Israel und Ägypten sind wie ein Mensch. Und zum Menschen gehört auch das Böse (Ägypten).

Seiten 64/65
Die Fortsetzung der Seder-Liturgie – sie kann wieder mit verteilten Rollen (Vater, alle, Erzähler/Erzählerin) gelesen werden – wird den Kindern jetzt vertrauter sein. Neu erfahren sie darin von dem 40jährigen Zug durch die Wüste,

von der Landnahme und dem Tempelbau (Vorgriff auf S. 72/73). Der Satz »Zu allen Zeiten soll sich jeder vorstellen, er sei selbst aus Ägypten ausgezogen« (S. 65) kann noch einmal an die Mose-Israel-Ägypten-Ich-Gestalt aus dem Chagallbild erinnern. Was sich nachhaltig empfiehlt, ist ein gemeinsames Feiern des Seder in der Klasse (Traubensaft, Mazzen, ein gebratener Knochen mit etwas Fleisch daran, Petersilie, Meerrettich, Schüsseln mit Salzwasser und süßem Mus, ein hartgekochtes Ei, Leuchter) mit der Liturgie, erweitert um das Erzählen von Mosegeschichten und das Singen der gelernten Lieder. Abschließend kann ein Blick auf die Chagall-Zeichnung S. 65 geworfen werden: Ein altes jüdisches Bild von der Seder-Mahlzeit. Da haben sie aus der Haggadah gelesen, getrunken und auch Fisch gegessen.

Seiten 66–73 (Überblick)
Wie die Kinder die Mosegeschichten von ihren Zentralaussagen her kennengelernt haben, so lernen sie auch die Königsgeschichten in Auswahl kennen. S. 66 erfahren sie kurz von der Landnahme unter Josua, vom Seßhaftwerden des Volkes, vom Bundesschluß in Sichem und von dem Richter und Priester Samuel. Dann beginnt die eigentliche Königsgeschichte mit der Salbung Sauls durch Samuel (Bild S. 67), geht weiter mit einer Kurzinfomation über Sauls Kriegstaten und gelangt schon auf S. 67 zur Königssalbung Davids.
Die Seiten 68 und 69 sind dann dem Sänger David gewidmet. Das rhythmisch bewegte Davidslied S. 68 erzählt in seinen Strophen von Davids Hirtentum und Königswahl, von der Auseinandersetzung mit dem Philister Goliat, von Davids Kriegsglück, von seinem Tanz vor der Gotteslade beim Einzug in Jerusalem (dazu das Chagall-Bild S. 69) und von seinen Liedern, die durch der Zeiten Lauf hindurch aufbewahrt worden sind. Ein solches Lied Davids erscheint dann S. 69 als biblischer ›Psalm‹ Davids (»Wach auf, mein Herz«). Die Psalmverse eignen sich gut als Morgengebet. Wenn die Kinder sich das Lied ›König David, spiel auf der Harf'‹ S. 68 wirklich angeeignet haben (vgl. den Abschnitt zum Singen, Werkbuch 1/2, S. 24–27), sind ihnen wichtige Episoden der Davidsgeschichte bereits zum bleibenden Besitz geworden.
S. 70 bringt mit einer Rückblende (Sauls Zorn auf David, Davids Freundschaft mit Jonatan, Sauls und Jonatans Tod, Davids Königswahl durch die Stämme Judas und Israels) die Eroberung Jerusalems, den Ausbau der Stadt (Illustration), die Errichtung des Königshauses für David, die Einholung der Bundeslade (vgl. Lied, S. 68, Str. 4; Bild S. 69) und Davids Plan, Gott ein Königshaus zu bauen. Dieser Plan wird ihm durch den Propheten Natan ausgeredet: Gott will kein Haus aus Zedern von David, vielmehr baut er ihm ein Haus aus Menschen, er baut das Haus ›Israel‹ aus den Nachkommen König Davids.
S. 71: Im Detail geboten wird die David-Batseba-Geschichte (Illustration!). Sie sollte den Kindern frei erzählt werden, damit sie die Chance haben, die Zielrichtung des Natan-Gleichnisses selbst zu entdecken.
S. 72/73 geht es um Salomo und das nunmehr als Tempel erbaute ›Haus‹ Gottes. Hier wird in Wort und Bild nach den biblischen Vorgaben von der Errichtung und Einweihung des Tempels erzählt. Text und Sachzeichnung beleuchten sich gegenseitig. Die Kinder sollen Freude am Detail, eine lebhafte Vorstellung vom

salomonischen Tempelbezirk und dem Leben und Treiben darin gewinnen, aber auch das Gebet Salomos wahrnehmen, in dem Gott als viel zu erhaben, denn bei Menschen zu wohnen, gepriesen wird.

Seiten 66/67
Begonnen wird im Anschluß an die Mose-Geschichten mit der Landnahme Israels: »Sie sind jetzt keine Nomanden mehr. Sie sind jetzt Bauern. Sie bauen sich Häuser. Sie bauen Heiligtümer für Gott.« Kurz angesprochen werden die Bundeslade (Farbzeichnung nach Exodus 25,10–20)[1] und der historisch wichtige Stämmebund von Sichem. Dann wird Samuel als Richter (Richterzeit) und Priester eingeführt, der sich im Alter dem Wunsch der Anführer Israels nach einem König ausgesetzt sieht. Er warnt vor dem Königtum, salbt dann aber auf Gottes Anordnung hin den jungen Saul zum König. Der Salbung folgt die Königswahl. Saul ist ein großer Kämpfer für Israel, aber im Krieg gegen die Amalekiter vergeht er sich gegen Gott (1. Samuel 15,1–35). Die Folge: Das Königtum wird von ihm genommen. Samuel salbt den jungen Hirten aus Betlehem zum König. David aber dient Saul zunächst noch als Harfenspieler ebenso wie als siegreicher Feldherr. Seine Kriegstaten werden im Volk mehr gefeiert als die Sauls. Das versetzt den noch amtierenden König in rasende Wut. David muß fliehen, obwohl er mit Sauls Tochter Michal verheiratet, mit Sauls Sohn Jonatan befreundet ist.
Das ist, höchst gerafft erzählt, ein erster Teil der Geschichte Israels nach der Landnahme. Die wichtigsten Informationen werden den Kindern indes vermittelt.

Seiten 68/69
Das rhythmisch und melodisch beschwingte Erzähllied[2] sieht David bereits als König (Details seines Aufstiegs werden S. 70 nachgeholt). Es ist der Psalmdichter und Psalmsänger David, der uns auf diesen beiden Seiten entgegentritt. Das Erzähllied nimmt zunächst Informationen von S. 67 auf: Der gesalbte Schafhirte aus Betlehem (Strophe 1), der Jubel des Volkes, der David Sauls Gunst kostet (Strophe 3). Neu hinzugefügt werden die David-Goliat-Episode (Strophe 2)[3], der Tanz Davids beim Einholen der Bundeslade in die Stadt Jerusalem[4] (Strophe 3)[5] und eine Aufforderung, die über die Zeiten hinweg aufbewahrten Lieder Davids zu singen (Strophe 5).
Die Zeilen »Kommt, singt mit uns zu Gottes Preis, was David da zu rühmen weiß« (Strophe 5) führen hin auf das Beispiel eines David-Psalms S. 69. Die Kinder lesen ihn wiederholt, sich um immer bessere Interpretation durch Sprech-

1 Daß die Lade erst nachexilisch so wie dargestellt beschrieben wird, ist für die Kinder irrelevant.
2 In Strophe 1–3 ist der Text gegenüber der ursprünglichen Fassung geändert.
3 Diese Geschichte, wegen ihres Spannungsgehalts in der katechetischen Literatur immer wieder herausgestellt, braucht den Kindern nur knapp angedeutet zu werden.
4 2. Samuel 6,1–15.
5 Chagalls Radierung S. 69 bietet, wenn auch die Bundeslade, geschmückt wie eine Tora-Rolle, frei phantasiert ist, eine ausdrucksvolle Illustration dazu.

gestaltung bemühend. Sie nehmen ihn in ihr festes Gebetsrepertoire auf. Da sie ihn nicht singen können (vielleicht erfinden sie zum Orff-Instrumentarium eine Melodie), singen sie in jedem Fall die Nachdichtung in dem schönen Gesangbuchlied ›Lobe den Herren, den mächtigen König der Ehren‹:

Text: Joachim Neander 1650–1680
Melodie: Stralsund 1665 / Halle 1741

Seiten 70/71
Die Stationen Davids auf dem Weg zum König werden, wie gesagt, S. 70 linke Spalte nachgeholt. Bis zum Tanz vor der Lade, Michals Entrüstung und dem Opferfest führt dieser Part. Die rechte Spalte bringt dann Natans Botschaft an David, daß Gott kein gebautes Haus für sich wünsche, vielmehr aus seinem Nachkommen in Israel dem David ein ewiges Haus errichten werde.
Die Illustration S. 70/71 zeigt die Davidsstadt auf den südlichen Ausläufern des heutigen Tempelberges[1]. Links das Kidron-Tal und der Abhang zum Ölberg. Rechts die Szene, die S. 71 erzählt wird: Der König erblickt aus seinem Palast im Garten des Nachbarhauses die badende, sehr dezent dargebotene Batseba. Das Verhängnis nimmt seinen Lauf.
Als Angebot dazu im folgenden eine ausführliche Erzählfassung.

David begehrt die Frau des Urija

Es ist Frühling in Israel. Es ist die Zeit, da die Könige in den Krieg ziehen. David schickt sein Heer gegen die Ammoniter. Joab ist der Feldherr. Sie sollen die Hauptstadt der Feinde belagern. David aber bleibt in Jerusalem in seinem Königshaus.
Spät ist es am Nachmittag. David hat geschlafen. Er hat sich ausgeruht. Jetzt ist er aufgestanden. Er ist hinausgetreten auf das Dach seines Königshauses. Das Dach ist flach, wie eine Terrasse. David geht auf und ab. Er schaut hinab in die Straßen der Stadt, in die Höfe, die Gärten.
Da: Im Hof eines Hauses, nicht weit entfernt: eine Frau.
Sie wäscht sich.
Sie ist nackt.
Schön ist die Frau, sehr schön . . .
David klopft das Herz: O, diese Frau, wie schön sie ist.

1 In Resten ausgegraben!

David schickt einen Boten: »Wer ist die Frau?«
»Es ist Batseba, die Frau eines Soldaten. Ihr Mann ist Urija, ein Hetiter. Urija ist im Krieg.« So meldet der Bote.
Diese Frau, wie schön sie ist.
David ist entbrannt.
Er ist krank vor Liebe. Er möchte diese Frau haben, für sich, ganz für sich allein, als seine Frau.
Er gönnt sie dem Urija nicht.
David ist mächtig. Er ist der König. David befiehlt: »Holt die Frau!«
Sie wird geholt. David sieht sie an voll heißer Liebe. Er tut, als wäre sie eine seiner vielen Frauen. Er umarmt sie. Er behält sie bei sich in der Nacht. Er schläft mit ihr.
Er denkt: Ich kann das. Ich bin der König.
Am nächsten Morgen: David sagt zu Batseba: »Gehe zurück in dein Haus.«
Batseba geht. David hat ihre Ehe zerbrochen.
Batseba wird schwanger. Sie läßt es David sagen: »Ich bin schwanger. Ich bekomme ein Kind – von dir.« David schickt zu Joab, dem Heerführer. Er befiehlt ihm: »Sende mir Urija, den Hetiter.«
Joab tut, wie ihm befohlen. Urija kommt nach Jerusalem.
Er steht vor seinem König.
»Wie geht es im Kampf? Wie geht es meinem Heerführer Joab? Wie geht es den Soldaten?«
David fragt. Urija gibt Antwort.
David sagt: »Geh jetzt nach Haus, ruh dich aus!«
David denkt: Er sehnt sich nach seiner Frau. Er wird mit ihr schlafen. Dann merkt niemand, daß das Kind von mir ist.
Als Urija geht, läßt David ihm Geschenke nachtragen.
Doch es kommt anders, als David denkt: Urija geht nicht in sein Haus. Er geht zu den Wachsoldaten am Eingang des Königshauses. Dort übernachtet er.
David hört davon. Er fragt Urija: »Warum willst du nicht nach Hause, zu deiner Frau? Du hast doch einen langen Weg hinter dir.«
Urija antwortet: »Unsere Männer stehen im Kampf. Joab muß auf dem Boden schlafen, auf der nackten Erde, und alle seine Offiziere. Da soll ich nach Hause gehen, essen und trinken und mit meiner Frau schlafen? Nein, das kann ich nicht. Das will ich nicht. So gewiß du lebst, König, das werde ich nicht tun.«
David sagt: »Bleibe noch einen Tag. Morgen kannst du zurückkehren in den Kampf.«
Am Abend lädt David Urija an seine Tafel. Er macht ihn betrunken.
Jetzt wird Urija zu seiner Frau gehen, denkt David. Aber nein: Wieder geht Urija zu den Wachsoldaten. Wieder legt er sich dort nieder, am Eingang des Königshauses.
Am nächsten Morgen: David schreibt einen Brief an Joab. Er gibt den Brief Urija mit. Dies steht im Brief: »Feldherr, stelle Urija dorthin, wo der Kampf am härtesten ist. Dann zieht euch plötzlich zurück, so daß er erschlagen wird.«
David will Urija töten.
Joab tut, wie ihm geheißen: Er stellt Urija bei der Belagerung von Rabba, der Hauptstadt der Ammoniter, dorthin, wo die tapfersten Gegner sind. Die machen einen Ausfall. Sie kämpfen mutig. Viele von Joabs Leuten verlieren ihr Leben. Auch Urija fällt im Kampf.
Joab schickt David einen Boten. Der soll sagen: »Wir sind sehr nahe an die

Mauer des Gegners herangerückt. Die Bogenschützen schossen auf uns. Da ist Urija, der Hetiter, ums Leben gekommen.«
David hört die Nachricht. Da läßt er Joab sagen: »Nimm die Sache nicht so schwer. So ist es im Krieg. Bald trifft es den einen, bald den andern. Nur Mut! Kämpfe weiter, bis ihr die Stadt des Feindes zerstört habt.«
Als Batseba hört, Urija ist tot, da trauert sie um ihn. Dann ist die Trauerzeit vorbei. Da holt sie David ins Könighaus. Er macht sie jetzt zu seiner Frau. Und Batseba bekommt einen Sohn.

Natan kommt zu David, der Prophet Gottes. Natan will David zur Rede stellen. Es gefällt Gott ganz und gar nicht, was David getan hat.
Natan spricht zu David: »Höre, König, ich muß dir eine Rechtsangelegenheit vortragen. Höre gut zu. Entscheide danach, was geschehen soll. Folgendes hat sich begeben:
Zwei Männer leben in derselben Stadt. Der eine ist reich. Der andere ist arm. Der Reiche hat viele Schafe und Rinder. Der Arme besitzt nur ein einziges Lamm. Er hat es sich gekauft – von dem wenigen, das ihm übrigblieb. Er zieht es auf, zusammen mit den eigenen Kindern. Das Lamm ist, als ob es zur Familie gehört, als ob es von seinem Teller ißt, als ob es aus seinem Becher trinkt, als ob es in seinem Schoße schläft. So lieb hat er sein Lamm.
Eines Tages bekommt der Reiche Besuch. Er denkt: Nein, von meinen Tieren nehme ich keins, es für den Gast zu schlachten. Die sind mir zu schade. Da nimmt er dem Armen sein einziges Lamm, schlachtet es und bewirtet damit den Gast.
Was denkst du, König, von dieser Sache?«
David fährt auf in heißem Zorn: »So wahr Gott lebt, wie kann ein Mensch nur so etwas tun – dieser Mann ist ein Kind des Todes!«
Natan schaut König David an: »Du bist dieser Mann! Gott hat dich reich gemacht. Du bist König in Juda und Israel. Du hast die Tochter Sauls zur Frau. Du hättest noch mehr haben können. Warum aber beleidigst du Gott? Du hast Urija auf dem Gewissen. Du hast dir seine Frau genommen. Unglück wird über dich kommen von deinen eigenen Söhnen . . .«
David ist zutiefst erschrocken: »O Gott, ich bin es selbst, Herr, ich habe Schuld auf mich geladen. Ich habe Schlimmes getan.« David geht in sich. Er ist zerknirscht. Er hat seine Schuld erkannt . . .

Kinder im 4. Schuljahr haben sich über diese Geschichte unterhalten:
Diana meint: »David war hinterhältig«.
»Der nutzt ja seine Macht aus«, sagt auch Christopher. »Darf man denn einen Mann töten, nur um seine Frau zu bekommen?« fragt Patricia. Und Bettina überlegt: »David hat doch Gott so gern gehabt und alles gemacht, was Gott sagt. Er weiß doch, daß man nicht töten darf. Ich hätte ein schlechtes Gewissen, wenn ich die Frau eines anderen so ansehen würde.«
»Wenn man König ist, kann man sich doch nicht alles erlauben«, denkt auch Daniel: »David hatte doch schon so viele Frauen. – Wenn er diese Frau so unbedingt wollte, hätte er warten müssen, bis der Urija von selber gestorben wäre.«

»Wenn ich Urija gewesen wäre«, sagt Diana, »dann wäre ich einfach nicht nach vorn gegangen.«
»Der David hat sich ja sein eigenes Urteil gesprochen«, sagt Lynn, »der hat dem Urija die Frau weggenommen, wie der reiche Mann dem Armen das Lamm weggenommen hat.«

Seiten 72/73
Salomo, Davids Sohn, der machtvolle, weise Herrscher Israels, aber baut für Gott (für die Lade Gottes) doch ein Haus, den ersten Tempel. Die Illustration ist nach den Angaben in 1. Könige 5–8 entworfen. Sie ist reich belebt. Der Sachtext erläutert einiges. Hier Zusatzinformationen: Der Tempel wurde auf felsigem Grund gebaut, umgeben von einem Hof. Sein Eingang wies in Richtung der aufgehenden Sonne. Während außen das Mauerwerk sichtbar blieb, ließ Salomo das Innere mit Zedernholz auskleiden und ringsum Keruben, Palmen und Blütenranken einschnitzen. Der Fußboden wurde mit Gold überzogen. Der Eingang zum Allerheiligsten bekam Türflügel aus Olivenholz; der Türrahmen war nach innen fünffach abgestuft. Auf beiden Türflügeln wurden Schnitzereien von Keruben, Palmbäumen und Blüten angebracht und mit Gold überzogen (1. Könige 6,29–32).
Den inneren Vorhof um das Tempelhaus ließ Salomo mit einer Mauer einfassen. Zur Ausstattung des Hofes gehörten der Brandopferaltar[1] und das eherne Meer[2], das große von zwölf Rindern getragene Wasserbecken, das vermutlich kultischen Waschungen der Priester diente und das Urwasser symbolisierte. Zehn bronzene Kesselwagen enthielten Wasser, um Opfergaben zu reinigen. Festgehalten ist der Tag der Tempelweihe. Er ist 1. Könige 8,1–13 beschrieben: »Nun ließ König Salomo die Ältesten Israels, die Vertreter aller Stämme und Sippen zu sich nach Jerusalem kommen. Sie sollten die Bundeslade des Herrn von der Davidsstadt in den Tempel hinaufbringen. Auch alle Männer Israels kamen deshalb am Laubhüttenfest im siebten Monat zu König Salomo.
Als die Ältesten versammelt waren, hoben die Priester die Lade auf ihre Schultern und trugen sie zum Tempel hinauf. König Salomo und die ganze Festgemeinde opferten vor der Lade eine große Menge Schafe und Rinder, mehr als man zählen konnte. Dann brachten die Priester die Lade an den vorgesehenen Platz im hintersten Raum des Tempels, dem Allerheiligsten. Sie stellten sie unter die ausgebreiteten Flügel der Keruben. Die Flügel der Keruben überspannten die Lade und ihre Tragstangen. In der Lade waren nur die beiden Steintafeln, die Mose am Gottesberg hineingelegt hatte.
Als die Priester den Tempel wieder verließen, erfüllte eine Wolke das ganze Heiligtum. Da betete Salomo: ›Herr, du hast gesagt: ›Ich wohne im Wolkendunkel.‹ Darum habe ich dir dies prächtige Haus gebaut, in dem du nun für immer wohnen kannst.‹«

1 »Weil der Bronzealtar vor dem Tempel für die Menge der Opfer zu klein war, machte Salomo den ganzen Mittelteil des Vorhofes zum Opferaltar« (2. Chronik 7,7).
2 Vgl. Brandopferaltar und ehernes Meer im Herodianischen Tempel Bd. 2, S. 52. Das eherne Meer faßte 900 Hektoliter Wasser.

In 1. Könige 8,22 und 27–30 folgt Salomos Festgebet: »Dann trat Salomo vor den Augen der ganzen Gemeinde an den Altar des Herrn, erhob seine Hände zum Himmel und betete: ›Herr, bist du nicht viel zu erhaben, um bei uns Menschen zu wohnen? Ist doch selbst der ganze Himmel zu klein für dich, geschweige denn dieser Tempel, den ich für dich gebaut habe. Herr, mein Gott, achte dennoch auf mein demütiges Gebet und höre auf die Bitte, die ich vor dich bringe. Richte deinen Blick Tag und Nacht auf dieses Haus! Du hast versprochen, daß wir dich hier finden können. Höre mich, wenn ich von hier aus zu dir rufe und höre die Gebete deines Volkes Israel. Erhöre uns und vergib uns unsere Schuld‹.«
1. Könige 8,65–66: »Sieben Tage lang feierten sie die Einweihung des Tempels. Es war eine riesige Festgemeinde aus ganz Israel versammelt. Am achten Tag entließ der König das Volk. Die Leute riefen dem König ihre Segenswünsche zu und kehrten nach Hause zurück. Sie waren voll Freude und Dank für alles, was der Herr für seinen Diener Salomo und sein Volk Israel getan hatte.«

Arbeitshinweise:
1. Die Kinder schlagen die Doppelseite auf und lassen die reiche Szenerie des Bildes auf sich wirken (erste Entdeckungen, erste Fragen, u. U. auch schon aus Bd. 2, S. 52 Erinnerung an Brandopferaltar, ehernes Meer und Kesselwagen).
2. Die Kinder erkennen die Bundeslade von S. 66, erzählen, was sie darüber wissen, vermuten, daß sie in den Tempel getragen werden soll.
3. Weitere Entdeckungen.
4. Lesen des Textes: Identifizieren der Bronzesäulen. Die Kinder stellen sich das Innere des Tempels vor.
5. Sie betrachten den Zug der Priester (König Salomo ist nicht zu sehen). Unter den Musikanten Trompetenbläser, Harfenspieler und Schofarbläser[1]. Alle sind weiß gekleidet (2. Chronik 5,12). Alle tragen den Turban der Priester.
6. Die Kinder hören vom Tag der Tempelweihe (1. Könige 8,1–13.22.27–30) und vom Abschluß des siebentägigen Festes (1. Könige 8,65–66). Sie sprechen über das Gebet Salomos: Gott läßt sich finden in einem Haus. Der Tempel ist ein Ort des Gebetes zu Gott. Aber Gott ist viel mehr, als daß er nur in einem Haus wohnt. Er ist erhabener als der weite Himmel.

Teil 9: Passion – Ostern – Pfingsten (Seiten 74–89)

Absichten
Die Kinder sollen:
- den königlichen Einzug in Jerusalem als Eröffnung der Passion Jesu kennenlernen – S. 74

1 »Unter Jubelgeschrei und unter dem Klang des Widderhorns (Schofars) trug Israel die Bundeslade« (1. Chronik 15,28). Die Zimbeln, die im Sachtext S. 73 rechte Spalte genannt werden, sind nicht dargestellt. Es handelt sich dabei um kleine Becken, die gegeneinander geschlagen wurden.

- Jesu dienende Hingabe an seine Jünger (Fußwaschung) wahrnehmen – S. 75/76
- vom Abendmahl (Einsetzungsworte) und von Getsemane hören – S. 76/77
- im Bild die Geschichte ›Jesus vor Pilatus‹ auslegen – S. 78
- die Dornenkrone Jesu meditieren – S. 79
- etwas vom leidenden Gottesknecht erfahren – S. 80
- die Qual der Kreuzigung nachvollziehen – S. 81
- Ostern als Freude im festlichen Haus erleben – S. 82/83
- über Himmel und Himmelfahrt nachdenken – S. 84/85
- sich von Pfingsten und der Ausbreitung der Botschaft über die Welt begeistern lassen – S. 86/87
- das Leben aus pfingstlichem Geist (frühe Gemeinde) wahrnehmen – S. 88/89

Seiten 74–81 (Überblick)
Ein großes Kapitel ist der Passion Jesu gewidmet. Bilder aus dem frühchristlichen Codex von Rossano (6. Jh.) und Holzschnitte von Azariah Mbatha geben dem Part das Gerüst: Zum Einzugsbild (auch Kinder eilen dem armen König Christus entgegen) gesellt sich S. 74 das Hosianna-Lied von Gottfried Neubert. S. 75/76 wird die Fußwaschung nach Johannes nacherzählt und im Foto S. 76 an orthodoxen Priestern in Rußland gezeigt, daß sich der Brauch der Fußwaschung mancherorts bis in die Gegenwart fortsetzt. »Ihr sollt einander dienen, wie ich euch gedient habe«, das ist aus ökumenischem Geist gesprochen. So erhält die Fußwaschung (dies auch im Bild aus Rußland) wirklich den Charakter einer ökumenischen Geschichte. Das eigentliche Abendmahl wird dann im Bild mit kurzer Zuschrift dargeboten. Das Zutischeliegen (Originalübersetzung: Jesus *lag* zu Tische) fasziniert die Kinder. Liegend an dem sigmaförmigen Tisch, die Arme auf ein großes rundes Polster gestützt, nahm man die Speisen zu sich. Hier ist der Augenblick festgehalten, da der, der ihn ausliefern wird (es ist bewußt nicht von ›verraten‹ gesprochen, da die Judasgestalt sehr vielschichtig ist), die Hand in die Schüssel taucht. Das Brot auf dem Tisch hat Brezelform. Wir haben hier den seltenen Fall, daß uns die antike Tischsitte in einem zeitgenössischen Bild überliefert ist.
Getsemane stellt sich in Bild und Lied dar. Das Bild erschien bereits in Bd. 2 S. 29. Es spricht das nachtdunkle Geworfensein des Christus sehr nachhaltig aus. Kniend an die Erde gepreßt, die Hände vorgestreckt, liegt er da, traurig und zitternd: »Mein Vater, wenn es möglich ist, laß diesen Leidenskelch an mir vorübergehen. Aber es soll geschehen, was du willst, nicht was ich will« (Matthäus 26,39). Strophe 1 des Liedes greift dies auf, während Strophe 2 die Gefangennahme zum Gegenstand hat. Die Petrusverleugnung wird dann im 4. Schuljahr im Zusammenhang erzählt. Hier folgt S. 78 das bedeutendste Bild aus dem Rossano-Codex: das Verhör von Pilatus.
»Mit Dornen gekrönt« S. 79 ist eine Meditation, die zu einer Stilleübung einlädt. Hier wäre es wieder hilfreich, wenn sich die Dornenkrone über Folie an eine Leinwand projizieren ließe und die Kinder ganz still dem vielleicht zweimal ruhig (mit viel Pausen) gesprochenen Text nachlauschten. Von der letzten Aussa-

ge her »die Krone kann zur Sonnenscheibe, zum Zeichen für Ostern werden«, lassen sich noch einmal die fünf Bilder aus dem Rossano-Codex (S. 74/75, 77/78) vergleichend betrachten: Immer ist Jesus bereits mit dem Hoheitszeichen des Christus, mit dem Kreuznimbus ausgezeichnet: Die Malermönche konnten aus ihrem Glauben heraus gar nicht anders, als auch in dem Jesus der Passion schon den Christus, den ›armen König‹ zu sehen.

Seite 74
Dem herrscherlichen König Salomo folgt der arme König, der Christus. Königlich – der frühchristliche Maler gibt ihm den Nimbus – zieht er in seine Stadt ein. Im blauen Unter- und goldenen Obergewand sitzt er seitlich auf dem riesigen Esel, der eher wie ein Maultier wirkt. Hinter ihm zwei Jünger und auf einem Baum zwei jugendliche Menschen, die Zweige abbrechen. Vor ihm zwei gebückte Männer, die dem Huf des Esels ein blaues Tuch entgegenbreiten.[1] Wartend am Straßenrand eine Menschengruppe mit erhobenem Palmwedel[2]: »Heil dem, der im Auftrag des Herrn kommt. Gepriesen sei der Sohn Davids. Gepriesen sei Gott in der Höhe« (Matthäus 21,9). Am rechten Bildrand vier Kinder in kurzer weißer Tunika, die raschen Fußes aus dem Stadttor von Jerusalem herbeieilen – vermutlich denkt der Maler an die Kinder, die Jesus dann später im Tempel preisen werden[3] – und aus Fenstern eines Hauses über dem Tor ebenfalls mit Palmzweigen Winkende. Alles Freude, Erwartung, Jubel, Festlichkeit, nach Farbgebung und Komposition von feierlicher Harmonie, als Szene dicht und bewegt.
Die Kinder sollten als erstes den Text hören, dann das Bild betrachten. Nachfolgend ein Erzählvorschlag:

Jesus zieht in Jerusalem ein[4]

Matthäus erzählt davon:
Er geht zum Kreuz, zum Tod.
Er ist in Betanien.
Das ist ein Dorf am Ölberg.
Der Weg führt weiter nach Betphage,
dicht bei Jerusalem.

Jesus ist am Abhang des Ölbergs.
Vor ihm liegt Betphage,
dahinter, hoch auf dem Berg,
die Stadt Jerusalem,
der Palast des Herodes und
der Tempel,
mächtig und hoch und weiß und
leuchtend . . .

Jesus ruft zwei seiner Jünger:
»Geht in das Dorf, das vor uns liegt.
Dort findet ihr ein Tier, das Füllen
einer Eselin,
das ist dort angebunden
gleich am Tor, wenn ihr hineinkommt.
Das bindet los und bringt es her.
Kein Mensch hat je darauf gesessen,
dies Füllen bringt mir her!
Und wenn einer kommt und fragt:

1 »Viele Menschen breiteten ihre Kleider als Teppich auf die Straße, andere rissen Zweige von den Bäumen und legten sie auf den Weg« (Matthäus 21,8).
2 Palmzweige werden Johannes 12,13 erwähnt.
3 Matthäus 21,15–16.
4 Dieser Erzählvorschlag ist genau wie die folgenden (Abendmahl, Getsemane, Verurteilung, Kreuzigung) anspruchsvoller als die entsprechenden Texte im ›Werkbuch 1/2‹, S. 214–223.

›Was macht ihr?‹,
dann sagt: ›Uns schickt der Herr.‹«

Die Jünger gehen.
Sie finden das Füllen.
Es ist ans Tor gebunden,
draußen an der Straßenseite.
Sie kommen und binden es los.

Und einige dort, die fragen:
»Was macht ihr?
Was habt ihr denn vor mit dem Tier?«
Sie sagen; »Jesus, der Herr,
gebraucht es.«
Da hindert sie niemand mehr.

Sie nehmen das Tier.
Sie kommen zu Jesus.
Sie wissen: Er will darauf reiten.
Und einer nimmt sein Oberkleid ab
und legt es dem Füllen auf.
Und Jesus setzt sich auf das Tier und
reitet los.
Sie folgen ihm nach.
Er kommt vom Ölberg.
Er kommt in die Stadt.
Er kommt auf einem Esel.

Vom Ölberg soll der Messias kommen, der König, den Gott sendet.

Und alle sehen, wie Jesus da kommt.
Da rufen sie: »Der König!
Er ist der Messias!
Hilf uns, du König!
Hilf doch, Hosianna!«

Sie nehmen ihre Obergewänder
und breiten sie auf den Weg.
Und Jesus reitet darüber hinweg.
Es ist wie ein Teppich für ihn.

Und überall auf den Feldern umher,
da reißen sie Grasbüschel aus
und streuen sie vor ihm auf den Weg.
So ehren sie ihren König.

Und viele ziehen Jesus voran.
Und viele folgen ihm nach.
Und alle rufen: »Hosianna:
Gelobt sei, der da kommt!
Er ist der König.
Er kommt von Gott.
Er kommt im Namen des Herrn.

Er kommt wie einstmals der
König David.
Er bringt das Heil und die Macht.
Er ist wie ein neuer König David.
Gelobt sei Gott in den Höhen!«

So jubeln sie.
Und Jesus kommt,
ganz arm, auf einem Esel,
ein König des Leidens.
Er kommt zum Tod.
Sie aber verstehen es nicht.

Und Jesus reitet durchs Kidrontal
an ihnen vorbei in die Stadt.
Er steigt vom Tier.
Er schickt es zurück.
Er geht in die Stadt hinein.

Dort jubelt keiner dem König mehr zu.
Und Jesus geht in den Tempel.

Nach Matthäus 21,1–11a

Das Lied bündelt in seinem Text die Erzählung, eignet sich also gut zur Wiederholung. Im Wechsel zwischen zwei Gruppen (I/II), dann wieder gemeinsam gesungen, kann das Hosianna (»Lob sei Gott«) für die Kinder den ursprünglichen Jubel der Geschichte aufklingen lassen.

Seiten 75–76
Die Aufgabe S. 74 verweist auf die fünf Bilder in Folge, die aus dem Rossano-Codex – also immer mit dem Jesus als Christus – übernommen wurden. Man geht

davon aus, daß das Purpurevangeliar von Rossano (Calabrien) mit seiner Silberschrift und seinen ausdrucksvoll bewegten spätantiken Bildern im 6. Jahrhundert für den Kaiserhof in Byzanz geschrieben und gemalt wurde (Purpur war die dem Kaiser vorbehaltene Farbe). Auch das Bild S. 75 vermittelt den Eindruck des Kostbaren. Wir sehen – wieder auf den offenen purpurnen Hintergrund gemalt – die zwölf Jünger (neun davon dunkelhaarig, drei weißhaarig bzw. kahl), wobei Petrus auf einem Hocker sitzt, während die anderen dicht gruppiert, voller gebannten Interesses, voller Staunen, Fragen und Verwunderung das Geschehen verfolgen. Der bärtige Christus[1] in der bekannten Gewandung beugt sich tief, um Petrus aus der Goldschüssel am Boden Wasser über die Füße zu gießen. Petrus streckt ihn die Hände entgegen. Es scheint der Augenblick zu sein, da Petrus sich widersetzt: »Niemals sollst du mir die Füße waschen« und Jesus ihm entgegnet: »Wenn ich dir nicht die Füße wasche, hast du keinen Anteil an dem, was ich bringe« (Johannes 13,8).
Die Erzählung unter dem Titel »Einander die Liebe zeigen« – sie setzt sich S. 76 fort – kann vorgelesen oder auch von den Kindern erlesen werden. Sie vermittelt auf dem Weg zur Passion den Auftrag Jesu an seine Jünger, sich in Zukunft untereinander aus Liebe die elementarsten Dienste zu erweisen.[2] Das Foto S. 76 zeigt orthodoxe Priester bei einer Fußwaschung, eine große Schar von Menschen im Hintergrund.
Wenn die Situation der Klasse (Religionsgruppe) es zuläßt, sollte man wirklich, der Aufgabe S. 76 entsprechend, Schüsseln mit Wasser und Tücher zum Abtrocknen bereithalten und die Kinder aneinander diese viel zu wenig geübte urchristliche Symbolhandlung vollziehen lassen. Geschieht das in Behutsamkeit und Stille, kann es, weil körperlich-seelisch tief empfunden, von nachhaltigster Wirkung sein.[3]
Wie das »Einander in Liebe annehmen« aussehen kann, erzählt Marianne Kaindl in ihrer eindringlichen Geschichte von den zwei Kindern, die ihrer Großmutter die altersfleckigen, faltigen Beine massieren. Daß Kaiser Franz-Josef ihrem Ur-Ur-Großvater die Füße gewaschen hat, motiviert die Kinder zusätzlich zu dieser Tat.[4]
Sepp Hollweck hingegen erzählt in »Hannes« von einem geistig Behinderten, den die Fußwaschung am Gründonnerstag so emotional betroffen macht, daß er sie eine Woche lang täglich für sich noch einmal nachvollzieht. Er ist dabei ganz glücklich.

1 Sein goldener Kreuznimbus in der Mitte des Bildes wie eine verheißungsvolle Zentralsonne leuchtend!
2 Fußwaschung war in Israel Sklavenarbeit.
3 Der Verfasser erinnert sich an mehrere Vollzüge mit Erwachsenen und mit Kindern, in denen der Vorgang – »Darf ich dir die Füße waschen? / Willst du mir die Füße waschen?« eine starke anhaltende persönliche Beziehung zwischen den Betreffenden gestiftet hat.
4 Auch von Elisabeth von Thüringen, der dienenden Königstochter, der ›Mutter der Armen‹, wird erzählt, daß sie am Gründonnerstag den Armen die Füße wusch.

Die Fußwaschung

Heute ist Großmutter nicht so heiter wie sonst. »Lauf zum Bäcker, Lore«, sagt sie. »Mir geht's heut' gar nicht gut. Hol' ein paar Kaffeestückchen. Ich hab' nichts backen können. Ich habe solche Schmerzen – am meisten in den Beinen.«
Heute wird es nicht gemütlich bei Großmutter, obwohl der Kaffee herrlich duftet. Schmecken tut es ihr nicht, und Geschichten wollen ihr auch keine einfallen.
»Dreht den Fernseher an, Kinder, damit ihr wenigstens ein bißchen Unterhaltung habt«, murmelt sie und schaut mit leeren Augen auf die dahinfliegenden Bilder, seufzt und stöhnt.
»War denn schon der Arzt da, Großmutter?« fragt Bernhard.
»Ach ja, da war er schon, aber die Pillen, die er mir gebracht hat, helfen mir nicht. Am besten wär's, wenn ich mir die Beine mit Franzbranntwein massieren könnte. Aber das geht ja kaum. Ich reiche einfach nicht so weit runter, weil ich mich nicht bücken kann.«
»Das ist schlimm!« sagt Bernhard mitleidig. Es ist ihm recht unbehaglich zumute, denn mit einer kranken Großmutter hat er bisher noch nichts zu tun gehabt. Bernhard seufzt. Lore seufzt und Großmutter auch. Nach einer kleinen Pause sagt Großmutter: »Vielleicht könnt ihr mir das tun?« Das klingt wie eine sehr mühsam hervorgebrachte Bitte.
»Ich – ich kann so was nicht«!« sagt Bernhard abweisend. »Ich bin schließlich ein Junge!« »Du bist eklig!« flüstert Lore. »Komm, Großmutter, ich tu's!«
Sie nimmt den Franzbranntwein vom Regal und macht sich daran, Großmutters Strümpfe herunterzurollen. Das macht ihr schon einige Mühe. Krankenpflege will ja schließlich gelernt sein. Wie welk Großmutters Haut ist, wie fett und faltig! Sie rutscht Lore unter den Händen weg beim Massieren. Ist das nicht grauslich – wirklich grauslich? Immerhin, Lore fährt mit ihren Händen ein bißchen hin und her, viel zu wenig und so, daß Großmutter merkt, was in Lore vorgeht.
»Laß' gut sein, Kind!« sagt sie traurig. »Es ist schon genug, und ihr geht jetzt wohl am besten nach Hause. Kranke, alte Leute – das ist nichts für Kinder.«
Das gibt heute einen kurzen Abschied, und die Kinder gehen mißmutig nach Hause. »Das war nicht schön heute«, brummt Bernhard. »Sie hat mir ja so leid getan«, sagt Lore, »aber wie ich dann ihre Beine gesehen habe, die Krampfadern, die Altersflecken, das war ekelhaft – und ich, ich bin auch ekelhaft, ich weiß es.«

Das sagt sie auch zur Mutter, die so nach und nach aus ihren zwei Sprößlingen herausholt, wie dieser Nachmittag verlaufen ist. »Aber er«, Lore deutet empört auf Bernhard. »Er hat sich überhaupt gedrückt, weil er ein Junge ist, hat er gesagt!«
»Das ist eine erstaunliche Ausrede«, sagt Mutter und gibt sich viel Mühe, einstweilen ihre Enttäuschung über das Versagen ihrer Kinder zu unterdrücken. »Schließlich, wenn's ans Helfen geht, ist ein Junge doch nicht schlechter als ein Mädchen – oder? Es gibt bekanntlich Ärzte und Krankenpfleger – oder weißt du das nicht?«

Bernhard rutscht auf seinem Stuhl hin und her. »Vielleicht war's nicht recht

von mir«, brummelt er, »aber ich bringe so was einfach nicht fertig.«
»Es tut mir sehr leid, daß ihr heute Großmutter, die immer so lieb zu euch ist, so im Stich gelassen habt, trotzdem möchte ich euch eine Geschichte erzählen oder auch gerade deshalb.«
»Eine spannende?« fragt Bernhard begierig. »Eine wahre«, sagt die Mutter. Sie geht zu der Biedermeiervitrine, in der sie altes Porzellan, funkelnde Gläser und wertvolle Erinnerungsstücke gesammelt hat. Sie holt einen hohen Zinnbecher und einen kleinen Zinnteller hervor. »Was ist damit?« fragen die Kinder neugierig.
»Diesen Becher und den Teller dazu hat euer Ur-Ur-Großvater vom Kaiser Franz Josef erhalten.«
»Was, richtig geschenkt – und von einem richtigen Kaiser – und wofür?« Die Fragen purzeln nur so durcheinander.
»Für nichts.«
»Das gibt es doch gar nicht!«
»Das gab's, ja, dafür, daß er alt und arm geworden ist. Er ist ein Bandweber gewesen, euer Ahnherr, und als die Textilerzeugungsmaschinen erfunden und aufgestellt worden sind, ist er – wie viele Weber – um seine Arbeit gekommen und verarmt. Ohne die Unterstützung seiner schon erwachsenen Kinder wäre er vielleicht verhungert. Ich habe euch das noch nie erzählt, denn es ist eine sehr traurige Geschichte.«
»Aber weshalb hat er den Becher bekommen?«

»Aus Liebe! Einmal im Jahr, am Gründonnerstag, hat der Kaiser Franz Josef arme, alte Leute zu sich in den Zeremoniensaal der Hofburg eingeladen. Er hat ihnen die Füße gewaschen, genau so wie einst Jesus seinen Jüngern vor dem Abendmahl – sogar dem Judas. Damals hat Jesus zu ihnen gesagt: ›Ein Beispiel habe ich euch gegeben, daß ihr tut, wie ich euch getan habe.‹ Diesem Beispiel sind viele gefolgt. Die Mächtigen haben sich früher vor den Ohnmächtigen gebeugt, die Herren vor den Knechten. Äbte, Fürsten und Könige sind diesem Beispiel gefolgt und sein Leben lang auch der Kaiser Franz Josef. Er hat sich vor den Armen niedergebeugt. Nach der Fußwaschung hat er seine Gäste mit einem Becher Wein und einem Teller Gebäck bewirtet. Da auf dem Becher seht ihr sein kaiserliches Wappen.«
»Das ist einfach irre!« ruft Bernhard. Wer weiß, wie er das meint, aber er meint's wohl richtig, denn Lore setzt hinzu: »Mama, wir gehen morgen gleich wieder zur Großmutter, und da sollst du sehn, wie tüchtig ich sie einmassieren werde, damit ihre Schmerzen vergehn.« »Und ich natürlich auch!« ruft Bernhard. »Morgen bin überhaupt ich daran. Ein Junge kann das schließlich genauso gut wie ein Mädchen. Wir sind doch mächtig stolz darauf, daß unserem Ur-Ur-Großvater ein Kaiser die Füße gewaschen hat. So was verpflichtet einfach!«
Seitdem geht es Großmutter gut. Jeden Nachmittag kommen die Kinder, dekken ihr den Tisch, pflegen ihre Beine, machen das einfach kaiserlich, spritzen den Garten und jäten Unkraut und bemühen sich, Großmutter mit den lustigsten Späßen zu unterhalten.

Bei so einer guten Betreuung ist es Großmutter bald wieder besser gegangen. Sie hat wieder ohne Schmerzen gehen können, hat sich bücken und sich selbst wieder ihre Beine massieren können. Sie hat wieder ihre Strudel und Kipferln backen können und den

Kindern die schönsten Geschichten erzählt. Die allerschönste Geschichte war die von ihrem Großvater, dem – man kann's fast nicht glauben! – der alte Kaiser Franz Josef die Füße gewaschen hat. Da haben die Kinder mucksmäuschenstill zugehört, als hörten sie diese Geschichte zum ersten Mal und haben dazu ganz andächtige Gesichter gemacht – scheinheilig wie zwei Ölgötzen.

Marianne Kaindl[1]

Hannes

Ein Pfarrer erzählt:

Er kam jeden Sonntag mit seiner Mutter in den Gottesdienst. Ich wußte nicht viel von ihm. Geduldig wartete er jedesmal, bis er mir ›Auf Wiedersehen‹ sagen konnte. Dabei verneigte er sich höflich und streckte mir seine Hand entgegen, eine kräftige Hand mit rissiger Haut, die Finger waren etwas kurz geraten – wie so vieles an ihm: Hannes, etwa 25 Jahre alt und mongoloid. Ich habe ihn immer gern gehabt. Es rührte mich, wie er das Gesangbuch zur Hand nahm, darin blätterte und kräftig mitsang, obwohl er mit Buchstaben und Noten nichts anfangen konnte. Wenn ich predigte, hing er an meinen Lippen, obwohl er kaum etwas begriff.

Ich wollte Hannes gern in den Gottesdienst einbeziehen, ihn etwas tun lassen, aber was? Die Lesung vortragen oder etwas Ähnliches – das ging nicht. Hannes hatte wie alle Mongoloiden eine kurze, schwere Zunge, es war für ihn schwierig, sich verständlich zu machen. Außerdem konnte er ja nicht lesen.

Da kam mir eine Idee. Zur Fußwaschung am Gründonnerstag suchte ich jedes Jahr Menschen, die entweder schweres Leid oder eine große Freude erlebt hatten: Einander die Füße waschen heißt, füreinander dasein in guten und bösen Tagen. Ich rief Hannes' Mutter an. Sie zögerte zuerst, stimmte schließlich zu.

Vor der Zeremonie stellte ich der Gemeinde die einzelnen vor: einen Bräutigam, einen Mann, der durch einen Unfall seine Frau verloren hatte, eine Frau, die ein Kind erwartete . . . Ich sagte ihnen, daß sie nicht allein seien, daß sie zu uns gehörten, ob sie nun Freud oder Leid zu tragen hätten. Zu Hannes sagte ich: »Ich möchte, daß du weißt, daß wir dich gern haben, daß du zu uns gehörst.«

Bei den Fürbitten trug jeder, dem ich die Füße gewaschen hatte, eine Bitte vor. Als Hannes an der Reihe war, ging er ans Mikrophon und stammelte mit schwerer Zunge: »Für meine Mama, daß sie mich weiter gern hat.« Die Antwort »Wir bitten dich, erhöre uns!« brachten nicht viele von uns heraus, den meisten versagte die Stimme. Hannes' Mutter erzählte mir später, er habe zu Hause eine Woche lang jeden Tag die Fußwaschung noch einmal nachvollzogen und sei dabei glücklich gewesen.

»Und zwar so glücklich, wie wir es gar nicht sein können«, sagte die Mutter.

Sepp Hollweck[2]

---

1 Aus ›meine welt‹ 10/1991, Gütersloher Verlagshaus Gerd Mohn. © Autorin.

2 Aus: ›Hoffentlich bald‹, hrsg. v. Lene Mayer-Skumanz, Verlag Kerle, Wien.

Meditation zur Fußwaschung:

Krummer Rücken

Er macht einen krummen Rücken.
Er macht ein krummes Kreuz.
Er katzbuckelt.
Das sagt man von einem, der sich vor anderen bückt, der sich ganz
klein macht,
der sich erniedrigt.

Auch Jesus hat seinen Rücken krumm gemacht.
Er hat sich erniedrigt.
Er hat sich klein gemacht.
Vor wem?
Vor seinen Jüngern.
Warum?
Das erzählt die Geschichte von der Fußwaschung:

Es ist vor dem Passafest.
Jesus weiß: Bald muß ich sterben.
Sie feiern ein Mahl, Jesus und die Jünger.
Plötzlich steht Jesus auf vom Tisch.
Er legt sein Obergewand ab.
Er nimmt ein Leinentuch.
Er bindet es sich um.
Ein Waschbecken steht dort.
Jesus gießt Wasser hinein.
Und dann geht er mit dem Becken
von einem Jünger zum andern.
Jedesmal kniet er nieder.
Jedesmal zieht er dem Jünger die Sandalen aus.
Jedesmal wäscht er ihm die Füße.
Jedesmal trocknet er sie ab.
Mit dem Leinentuch.

Jesus macht den Rücken krumm.
Er erniedrigt sich.
Füße waschen, das ist niedrigste Arbeit.
Das tun in Israel nicht einmal die Sklaven.
Jesus tut es.
Es macht ihm gar nichts aus.

Jesus kommt zu Petrus. Der sagt:
»Du willst mir die Füße waschen?
Niemals! Nein!«
Jesus sagt:
»Bald wirst du verstehen, warum.«
Petrus sagt: »Nein! Nimmermehr!«
Jesus sagt: »Dann gehörst du nicht mehr zu mir!«
Da schreit Petrus: »Wenn das so ist,
dann wasche mir die Füße, bitte,
dann wasche mir auch die Hände,
auch den Kopf!«

Und Jesus tut es.
Und er sagt:
»Wem ich die Füße wasche,
der ist ganz rein.
Ihr seid alle rein – nur einer nicht!«
Jesus meint Judas, den, der ihn
ausliefern wird.

Und dann setzt Jesus sich wieder hin:
»Begreift ihr, was ich eben für euch
getan habe? – Mich vor euch bücken,
krummes Kreuz?
Ihr sagt ›Lehrer‹ zu mir und ›Herr‹.
Das ist richtig. Ich bin es.
Und so wie euer Lehrer und Herr sich gebückt hat,
um euch die Füße zu waschen,
so sollt auch ihr tun.
Ihr sollt einander die Füße waschen,
euch bücken.
Denn niemand ist größer als der andere.
Alle sind gleich groß, gleich klein.
Wenn ihr das wißt,
wenn ihr einander die Füße wascht – in Liebe –,

dann seid ihr glücklich, selig,
dann seid ihr für immer bei Gott.«

Krummes Kreuz – krummer Rücken.
Das muß nichts Verächtliches sein.
Das kann etwas ganz Wunderbares sein,
sich vor dem anderen bücken,
um ihm zu dienen, ihm zu helfen.

Jesus hat es gesagt.
Jesus hat ein Beispiel gegeben.

Johannes 13,1–17

Seiten 76/77
Im dritten Bild aus dem Rossano-Codex, im Sachtext S. 76 unten kurz beschrieben, liegen sie zu Tisch. Christus (blaues Untergewand, goldenes Obergewand) lang hingestreckt; ihm gegenüber Petrus; die übrigen Jünger im Halbkreis um die entsprechend geformte Festtafel. Eine breite Liegebank hat man sich vorzustellen; das Ringpolster zum Aufstützen der Arme (weiß mit blauen Ringen) ist gut zu erkennen. Auf der rosa marmorierten Platte des Tisches zwei doppelt halbmondförmige Brote, in der Mitte die randvolle goldene Wasserschüssel (vgl. die Schüssel der Fußwaschung S. 75). Wein steht nicht auf dem Tisch. Auf der vorderen Platte dieses spätantiken Festmahlarrangements drei große gemalte Vögel.
Unter den Jüngern lassen sich wieder die neun dunkelhaarigen von den drei weißhaarigen unterscheiden. Erstaunt, fragend, z. T. mit nach hinten gebogenen Köpfen richten alle den Blick auf Christus, der auf den, der ihn ausliefern wird, verwiesen hat. »Herr, bin ich's – Bin ich's?«
Nur einer beugt sich vor, taucht die Hand in die Schüssel: »Der ist's, der mich verrät.«
Das zweite Bild dieser Seite ist eine Wiederholung aus Bd. 2, S. 29 (dort größer)[1]. Die hilflose Not dieses trotz Goldgewand und Goldnimbus ganz an die Todesangst ausgelieferten alleingelassenen Getsemane-Christus rührt tief an.[2]
Das Lied beschreibt in Strophe 1 diese Situation, erzählt in Strophe 2 dann bereits von der Gefangennahme.
Weitere Strophen des Liedes können im Verlauf der Einheit hinzukommen: Die Strophen 3 und 4 zu S. 78/79, die Strophe 5 zu S. 80/81:[3]

1 Vgl. ›Werkbuch 1/2‹, S. 161.
2 »Diese Nachtszene hat ihresgleichen nicht« (W. Dirks). »Die kleine Gestalt des kniend liegenden Christus scheint von der gewaltigen Felslandschaft und dem lastenden Rahmen erdrückt zu werden« (A. Grabar). »Die Schöpfung verfinstert sich. Der Erdboden gleicht Meereswellen im Sturm« (E. Syndicus).
Immer wieder ist diese Szene als eine der ausdrucksstärksten des Codex von Rossano beschrieben worden. Ihre expressiven Mittel sind in der Tat unvergleichlich. In dieser Landschaft aus (abgerundeten) Felsblöcken unter einer tiefschwarzen Zone (darüber tiefblauer Himmel mit Mond und Sternen!) ist das Bild des kniend liegenden Christus (Goldgewand, Kreuznimbus als ›goldenes Lichtzeichen‹, W. Nyssen) mit dem halberhobenen Kopf über den flehend ausgestreckten Händen glaubwürdiges Bild der Todesangst. Lichtlosigkeit ist hier, Abwesenheit von der Welt, tiefste Düsternis. Jesus war wahrer Mensch. Jesus lag in Todesängsten, in Furcht und Zittern vor Gott. In der »abgründigsten Verlassenheit vor dem dunkelsten Geschehen der Heilsgeschichte« (W. Dirks) war sein Schweiß wie Blutstropfen: »Meine Seele ist traurig bis in den Tod . . .« (Matthäus 26,38–39).
3 Text: Friedrich Walz; © Strube Verlag, München–Berlin.

3. Seht hin, wie hart sie ihn verklagen,
man schlägt und spuckt ihm ins Gesicht
und will von ihm nur Schlechtes sagen.
Und keiner ist, der für ihn spricht!

4. Seht, wie sie ihn mit Dornen krönen,
wie jeder ihn verspotten will,
wie sie ihn schlagen und verhöhnen.
Und er, er schweigt zu allem still.

5. Seht hin, nun muß das Kreuz er tragen,
das Holz, es drückt ihn hart und schwer.
Zuletzt wird er ans Kreuz geschlagen.
Erbarm dich über uns, o Herr!

Für beide Passionstexte – Abendmahl und Getsemane – nachfolgend Erzählvorschläge, die sich für die Kinder mit den Bildern verbinden sollen:

Jesus hält mit den Freunden das Abendmahl

Sie sind miteinander beim Passafest,
die Zwölf mit Jesus.
Sie liegen zu Tisch.
Es ist Abend.

Markus hat dies erzählt:
Jesus spricht:
»Einer von euch wird mich ausliefern.
Er wird mich verraten,
einer von euch,
der hier mit mir ißt.«

»Bin ich es? Ich? Ich? Ich? Ich?
Bin ich es, Rabbi?«
Die Jünger schreien durcheinander:
»Herr, ich doch nicht?
Ich tue das nicht! Ich nicht!«

Die Jünger schreien durcheinander.

Jesus sagt: »Einer von euch ist es,
einer, der mit mir
aus der gleichen Schüssel ißt.

Ich muß sterben. So will es Gott.
So steht es in den Schriften.
Aber wehe dem, der mich verrät.
Er wäre besser nie geboren.«

Und dann essen sie miteinander.

Und Jesus nimmt das Brot.
Er segnet es.
Er dankt Gott dafür.
Er bricht das Brot in Stücke.
Er gibt es ihnen, jedem ein Stück.
Er sagt: »Nehmt! Das ist mein Leib.«

Und er nimmt einen Becher mit Wein.
Er spricht das Dankgebet.
Er gibt ihnen den Becher.
Und alle trinken daraus.

Er sagt zu ihnen:
»Das ist mein Blut,
das für alle Menschen vergossen wird.
Gott schließt einen neuen Bund mit euch.
Gott verspricht, daß er zu euch halten wird für alle Zeiten.

Hört mich an«, sagt Jesus:
»Von jetzt an werde ich keinen Wein mehr trinken.
Erst wieder in der neuen Zeit,
in der Freudenzeit,
wenn Gott sein Werk vollendet hat.«

Da singen sie das Danklied:

»Du bist unser Gott.
Wir danken dir.
Wir nehmen den Becher des Heils.
Wir trinken daraus.
Wir rufen deinen Namen an, Gott.
Denn du bist gnädig und gerecht.
Wir danken dir,
denn du bist freundlich.
Und deine Güte währet ewig.«
Psalm 116,5,13; Psalm 118,28–29

Und dann gehen sie hinaus zum Ölberg.

Nach Markus 14,17–26

Jesus betet in Getsemane

Markus hat diese Geschichte aufgeschrieben, die Geschichte, wie Jesus verzweifelt war:

Jesus ist im Ölgarten mit den Jüngern,
dort, wo die vielen Ölbäume stehen.
Getsemane, Ölkelter, heißt der Ort.

Jesus sagt zu den Jüngern:
»Bleibt hier. Setzt euch hin,
bis ich gebetet habe.«

Petrus, Johannes und Jakobus
nimmt er mit sich.

Und da befällt ihn Furcht und Zittern.
Todesangst überkommt ihn.

Er sagt zu den Dreien:
»Die Angst erdrückt mich.
Bleibt hier und wacht mit mir.«

Dann geht er allein in den Garten hinein.
Er wirft sich auf die Erde.
Er betet zu Gott:
»Herr, muß ich das aushalten? Muß ich den Kelch des Leidens trinken?

Aber nicht wie ich will,
sondern wie du willst.

Herr, hilf mir doch.
Ich kann das nicht ertragen.
Vater, laß den Becher des Leidens
an mir vorübergehen.

Aber nicht, wie ich will,
sondern wie du willst.«

Jesus kommt zu den Dreien zurück.
Er findet sie schlafend.

Da ruft er Petrus:
»Schläfst du, Simon?
Kannst du nicht mit mir wachen?
Nicht eine Stunde?

Bleibt wach«,
sagt er zu ihnen: »Betet!
Daß ihr nicht versagt,
wenn die Prüfung kommt.
Den guten Willen habt ihr.
Aber ihr seid schwach!«

Und wieder geht Jesus in
den Garten hinein
und betet dort zu Gott.

Ganz allein ist Jesus;
ganz einsam.

Und er kommt zurück.
Wieder schlafen die Drei.
Sie waren müde.
Sie schlafen mit schweren Augen.

Und wieder weckt Jesus sie auf.
Und wieder geht er und betet zu Gott.

Und wieder kommt er zurück:
»Ihr schlaft hier noch immer?
Ihr ruht euch aus?
Vorbei! Die Stunde ist da.
Ich werde den Feinden ausgeliefert.
Steht auf. Wir müssen gehen.
Die Stunde der Feinde ist gekommen.
Der mich verrät, der ist da.«

Und da, da kommen sie von den
Priestern: Männer mit Knüppeln und
Schwertern.
Feinde sind es.
Und Judas kommt, Judas, der Jünger.

Und Judas tritt auf Jesus zu.
Er gibt ihm einen Kuß.

Das ist das Zeichen
– der Judaskuß.
Da packen sie Jesus.
Sie nehmen ihn fest.

Jesus ist ausgeliefert zum Tod,
durch Judas, durch seinen Jünger.

Nach Markus 14,32–46.53

Seite 78
Das Bild, der Bogen oben macht es deutlich, hat als Mosaik vielleicht einmal die Apsis einer frühchristlichen Kirche geschmückt. Es zeigt Pilatus als Richter in einer spätrömisch-byzantinischen Gerichtsszene. Die Einzelheiten werden in der Bildlegende im Buch beschrieben[1]; es sei jedoch noch einmal betont, daß wir in diesem Bild die einmalige Gelegenheit haben, uns, wenn auch byzantinisch abgewandelt, mit dem spätrömischen Gerichtswesen und seinem Dekor (die Original-Pilatus-Szene könnte sehr ähnlich ausgesehen haben) vertraut zu machen.

---

1 Eine noch detailliertere Beschreibung nachfolgend:
Von einer kaiserlichen (frühbyzantinischen) Gerichtsszene inspiriert, zeigt die halbkreisförmig komponierte obere Hälfte des Doppelbildes (Apsisfresko in einer frühchristlichen Kirche, Pilatusfresken im Prätorium von Jerusalem als Vorbild?) Pilatus auf einem hohen Stuhl hinter einem Richtertisch (Kaiserbildnisse auf der weißen Decke und auf den Standarten der beiden Leibwächter!). Die Szene – einmalig in der christlichen Bildüberlieferung – ist von hoher Würde. Sie strahlt Staatsautorität aus.
Mit einem ruhig-nachdenklichen Ausdruck hält Pilatus sein Gesicht der jüdischen Priestergruppe rechts (anklagende Gesten, neid- und haßerfüllte Gesichter: ›Gib uns Barabbas! Kreuzige Jesus!‹) zugewandt. Seine Linke stützt er auf eine Schriftrolle; seine Rechte ist beschwörend-bedauernd ausgestreckt: »Ich bin unschuldig an seinem Blut, das ist eure Sache!« (Matthäus 27,24).
Vor den Priestern ein Gerichtsschreiber mit Notizen auf einer Tafel; zu seinen Füßen Schriftrollen; auf dem Richtertisch weiteres Schreibgerät. Zur Linken – ebenfalls in den Bogen eingebunden – jüdisches Volk; zwei Anklagende; ein alter Mann mit verhüllten Händen (Pilatus bittend? –Worum?); vorn ein junger Mann, der den Blick (teilnehmend? bedauernd?) dem Christus im unteren Bildteil zuwendet.
Dieser steht leicht erhöht in freier Haltung. Flankiert wird er von zwei Beamten in byzantinischer Hoftracht (vgl. Pilatus!), die respektvoll Abstand halten (einer der beiden mit dem Staatssymbol grünender Zweige in der Hand). Der Blick Christi geht zu Barabbas, der nur mit Lendenschutz bekleidet, die Hände auf dem Rücken gefesselt, von einem Gefängniswärter (schwarzes Obergewand) im Griff gehalten wird. Ein zweiter Gefängniswärter steht frei mit Blick auf Pilatus, während der Aufrührer Barabbas heruntergebogen das finstere Haupt zur Erde wendet.
Der einmalige Glücksfall der Erhaltung des Codex von Rossano über 1400 Jahre hinweg läßt uns teilhaben an einem meisterhaft komponierten spätantiken römischen Tribunal: Oben: Zwei dynamisch bewegte Gruppen agieren auf eine hieratisch ruhige Mitte hin. Unten: Die Christusgestalt wird zum Gegenzentrum der Stille. Sie erweist sich als die heimliche Mitte des Gesamtbildes. Ein spezifischer Bildakzent: Der, der den Todesbefehl für den ›König der Juden‹ erließ, ist kein Bösewicht. Er scheint unter einem höheren Gesetz zu stehen.
Hinzuzufügen ist, daß der Jesus im Bild gegenüber dem der Erzählung nicht gefesselt ist – das konnte der gläubige Maler dem Gesalbten, dem König, dem Christus, nicht antun.

Wieder zum Bild ein verdichteter Erzähltext:

Pilatus verurteilt Jesus

Am nächsten Tag:
Jesus ist gefesselt.
Man bringt ihn vor das Gericht der Römer, vor Pontius Pilatus.

»Bist du der König der Juden?«
Der Römer fragt es.
»Ja«, sagt Jesus.

Und die Priester beschuldigen Jesus.
Vieles bringen sie gegen ihn vor.

Pilatus fragt:
»Willst du dich nicht verteidigen?
Hörst du nicht,
was sie dir vorwerfen?«

Jesus sagt kein einziges Wort.

Pilatus ist erstaunt,
ganz verwundert.

Zum Fest wird ein Gefangener begnadigt.
Man bringt Barabbas aus dem Gefängnis, den Aufrührer, den Mörder.

Pilatus fragt das Volk:
»Wer soll frei sein?
Soll ich euch Jesus freigeben,
den König der Juden?«

Die Priester aber bestürmen das Volk.
Sie reden auf die Leute ein:
»Barabbas! Nehmt Barabbas!«

Da fordern sie Barabbas.

»Und Jesus, den ihr den König der Juden nennt,
was mache ich mit dem?«
Pilatus fragt es.

Und da der Schrei,
der Schrei der Menge:
»Kreuzige ihn!«

»Was hat er denn verbrochen?«
Pilatus fragt es.

Und da ein Schrei,
noch viel lauter als vorher:
»Kreuzige, kreuzige ihn!«

Da gibt Pilatus den Barabbas frei.
Jesus aber läßt er auspeitschen.
Und er gibt den Todesbefehl:
»Nagelt ihn ans Kreuz!«

Nach Markus 15,1–15

Seite 79
Der Christuskopf[1], schmerzerfüllt, gebeugt, zu einer Christusgestalt mit rotem Mantel gehörig, die Pilatus dem Volk präsentiert (»Da, seht ihn euch an, den Menschen!« Johannes 19,5), ist zugleich durch einen Strahlennimbus ausgezeichnet. Diese Doppelung ist Anlaß zu der Meditation dieser Seite, die auch die Spannung, die zwischen den Worten ›Dornen‹ und ›Krone‹ besteht, miteinbezieht: »Eine Krone bleibt eine Krone, auch wenn sie aus Dornen ist.«

1 Ausschnitt aus ›Ecce homo‹ von Hieronymus Bosch, Städelsches Kunstinstitut, Frankfurt.

Arbeitsfolge:
1. Den Kopf über Folie groß projizieren.[1]
2. Die Kinder betrachten ihn eingehend, äußern sich zum Gesichtsausdruck (traurige Augen, schmerzerfüllter Mund) – ganz anders als in den Rossano-Bildern ist hier wirklich der leidende Christus zu sehen. Sie sagen etwas zu der Qual, die die fest in den Kopf gedrückten spitzen Dornen verursachen müssen. U. U. entdecken sie auch schon die Strahlen: Kreuzform, aber ein leuchtendes Kreuz, das vom Osterlicht schon etwas vorausnimmt.
3. Die Kinder hören still die Textmeditation.
4. Sie sprechen darüber. Sie benennen Menschen, deren Leben – christusgleich – auch voller Erniedrigung, Bitternis und Tränen war. Sie sprechen darüber, daß der leidende Christus auch und gerade diesen leidenden Menschen nahe ist, daß sie sich ihm im Gebet anvertrauen können.
5. Sie malen eine Dornenkrone, die zur Sonnenscheibe wird (Symbol: Kreuz – Auferstehung).

Sie lernen und singen das nachfolgende Lied, das mit seinen hämmernden Rhythmen Verhöhnung, Geißelung und Dornenkrönung ebenso umsetzt wie mit seinem choralartigen, breiten Schlußpart das Bekenntnis zu Christus als dem König:

Text und Melodie: Dietrich Steinwede

Seite 80
Die von der Kirche seit eh und je auf Christus bezogenen Knecht-Gottes-Lieder des Jesaja stehen im Mittelpunkt dieser Seite: Im Ausschnitt nach Jesaja 53 ist es der Knecht Gottes Christus, der, ohne zu klagen, sich verhaften, verurteilen, mißhandeln, hinrichten läßt, um unsere Last, unsere Schmerzen auf sich zu nehmen. Nachfolgend wird das nach Markus noch einmal erzählt:

---

1 Eine andere Eröffnung wäre, wenn der/die Unterrichtende Dornenzweige mitbringt und versucht, vor den Augen der Kinder daraus eine Krone zu flechten.

Jesus wird gequält. Er wird gekreuzigt. Er stirbt.

Und die Soldaten bringen Jesus
in den Hof des Gerichtsgebäudes.
Die ganze Mannschaft rufen sie
zusammen.
Sie hängen Jesus einen purpurfarbenen
Mantel um.
Purpur ist Königsfarbe.
Sie flechten eine Krone aus
Dornenzweigen.
Sie setzen Jesus die Krone auf.

Sie grüßen ihn voller Spott:
»Du sollst leben! König der Juden!«
Sie schlagen ihn auf den Kopf.
Mit einem Stock.
Sie spucken ihm ins Gesicht.
Sie werfen sich nieder vor ihm
wie vor einem König.

Als sie genug davon haben;
da nehmen sie ihm den Mantel
wieder ab
und führen ihn hinaus aus dem Hof,
um ihn ans Kreuz zu nageln.

Und Jesus trägt den Querbalken des
Kreuzes.
Er trägt sein Kreuz durch die Straßen
von Jerusalem.

Unterwegs: ein Mann.
Er kommt vom Feld:
Simon aus Kyrene.
Sie halten ihn an. Sie zwingen ihn:
»Trage du das Kreuz!«

Sie kommen an die Richtstätte.
Golgota, ›Schädel‹ heißt der Ort.

Sie geben Jesus Wein zu trinken,
vermischt mit einem Betäubungs-
mittel.

Jesus will nicht trinken.

Sie ziehen Jesus aus.
Sie legen ihn auf die Erde,
die Hände auf den Querbalken.
Sie nageln die Hände fest.
Sie ziehen den Querbalken hoch
am Kreuzesstamm.
Sie nageln die Füße fest.

Jesus hängt am Kreuz.

Sie verlosen seine Kleider.

Es ist neun Uhr morgens.

Ein Schild hängt oben am Kreuz.
›König der Juden‹.
Das ist der Grund für das Todesurteil.

Und zwei Verbrecher werden
gekreuzigt,
einer links von Jesus und einer rechts.

Leute kommen vorbei.
Sie verhöhnen Jesus:
»He, wolltest du nicht den Tempel zerbrechen und ihn in drei Tagen wieder aufbauen?
Mache dich los!
Komm doch herunter vom Kreuz!«

Genauso die Priester und
Schriftgelehrten:
Sie spotten. Sie machen sich lustig:
»Andern hat er geholfen.
Sich selber kann er nicht helfen.
Dieser König!
Dieser Retter von Israel!
Oha!
Soll er doch heruntersteigen vom
Kreuz. Dann wollen wir ihm
glauben.«

Sogar die beiden,
die mit Jesus gekreuzigt sind,
beschimpfen ihn.

Zwölf Uhr mittags:
Es wird dunkel.

Drei Uhr nachmittags:
Jesus schreit laut auf:

»Mein Gott, warum hast du mich verlassen?:
›Eloi, Eloi, lema sabachtani?‹«

Einige sagen:
»Er ruft den Propheten Elija.«

Einer läuft und holt einen Schwamm,
vollgesogen mit Essig.
Er steckt ihn auf eine Stange.
Die hält er hoch.
Jesus soll trinken.
Dabei sagt der Mann: »Mal sehen, ob Elija nicht kommt und ihm hilft.«

Aber Jesus
– noch einmal schreit er laut.

Dann ist er tot.

Der Offizier der Römer aber,
der alles befehligt,
der unter dem Kreuz steht,
der sieht, wie Jesus schreit und stirbt,
der sagt:
»Wahrhaftig, dieser Mann,
er war wirklich Gottes Sohn.«
So erzählt Markus

Nach Markus 15,16–39

Im Linolschnitt von Azariah Mbatha sehen wir unten den Lastenträger Jesus (Bürde auf seinem Kopf, Bürde auf seiner Schulter, Tränen in den Augen), begleitet von anteilnehmenden Anhängern/Anhängerinnen[1] (rechts), umstellt von speerbewaffneten Soldaten mit ihrem Anführer (links), bedrängt von unzähligen Speeren im Hintergrund. Oben in einer zweiten Szene ist Jesus unter der Last des Kreuzes auf dem Wege zusammengebrochen. Wieder umringen ihn finster blikkende Speerträger (Römer). Einer aber ist aus der Reihe herausgetreten und geht mit ausgebreiteten Händen auf das Kreuz zu: Es ist Simon aus Kyrene, der vom Feld in die Stadt zurückkam, und den sie zwangen, das Kreuz hinter ihm herzutragen (Markus 15,21).
Bei aller Beschwernis und Feindseligkeit strahlt dies Doppelbild eine große Ruhe aus. Etwas aus dem 2. Jesajatext steht bereits hinter allem: »Mein Beauftragter wird zu großem Ansehen und höchsten Ehren gelangen. Was niemals zuvor geschah – sie werden es erleben« (Osterperspektive).

Arbeitsfolge:
1. Erster Jesajatext: Lesen, besprechen, fragen, um wen handelt es sich hier?
2. Die Jesusfigur vergrößern, aus dem Bild herausschneiden, in die Lasten nach Überkleben mit weißem Papier das, was mich belastet und schmerzt, hineinschreiben.
3. Erzählung von Verspottung, Kreuzweg, Hinrichtung am Kreuz, Tod (Markus 15,16–39).
4. Interpretation des Bildes im Gespräch. Zuordnung zum ersten Jesajatext: Damit wir Frieden haben, hat Jesus die schwere Bürde auf sich genommen, hat nicht aufgegeben, hat es durchgehalten bis zum bitteren Ende.[2]
5. Lesen des zweiten Jesajatextes. Vorausschauen auf Ostern.

1 Es sind die Frauen aus Lukas 23,27: »Eine große Menschenmenge folgte Jesus. Viele Frauen klagten und weinten um ihn.«
2 Vgl. Bd. 2, S. 67.

Mit der Gestalt des Simon von Kyrene im Mittelpunkt (s. Mbatha-Bild) könnte in einer der Folgestunden zu diesem Abschnitt eine perspektivische Erzählung das ganze Passionsgeschehen noch einmal eindringlich aufleuchten lassen. Anknüpfungspunkt ist Markus 15,21: »Unterwegs trafen sie auf einen Mann, der gerade vom Feld in die Stadt zurückkam, und zwangen ihn, das Kreuz zu tragen. Es war Simon aus Kyrene, der Vater des Alexander und Rufus.«
Ein Rufus wird Römer 16,13 als Christ erwähnt. Man geht davon aus, daß er mit dem Rufus von Markus 15,21 identisch ist. Das läßt den Schluß zu, daß auch sein Vater Christ geworden ist.

Zufällig hineingeraten

So hat es Simon von Kyrene,
der den Kreuzbalken Jesu trug,
dreißig Jahre später
seinen Söhnen Alexander und Rufus
erzählt:

»Ich kam vom Felde damals, Kinder.
Ich weiß es wie heute.
Einen solchen Tag vergißt man nicht.

So etwas wird nie wieder geschehen:
Gottes Sohn – und ein Tod wie der
schlimmste Verbrecher.

Aber damals wußte ich das noch nicht,
das mit Gottes Sohn.
Ich hielt mich zum Tempel.
Ich war im Glauben unserer Väter
erzogen.
Ich wartete auf den Messias.
Voller Hoffnung.

Ich kam vom Felde an jenem Tag.
Ich hatte nach den Olivenbäumen
gesehen.
Es war später Vormittag.
Die Sonne stand hoch.
Ich wollte in die Stadt zurück.
Da sah ich die Staubwolke.
Sie löste sich vom Tor, kam auf
mich zu.
Viele Menschen, ein Haufen, Pöbel.
Es wirbelte durcheinander.
Schreie hörte ich, Wortfetzen.
Dann verstand ich:

›König der Juden!
He, was ist mit dir los?
Kannst du dir nicht helfen?
Ha, schöner König!‹
Hohngeschrei war das, Spottgelächter.

Dann sah ich die Römer,
einen Trupp, etwa zwanzig Mann.
Ein Centurio dabei.
Da wußte ich, was los war.
Sie wollten zum Richtplatz.
Ein Hinrichtungskommando.
Es war wieder einer dran.

Und dann sah ich ihn,
einen schmalen, ganz schwach
wirkenden Menschen.
Zerschunden.
Sie hatten ihn ausgepeitscht.
Wie üblich.
Striemen in seinem Gesicht.
Striemen an seinen Händen.
Und unter seinem Gewand,
ich wußte, was da war:
Blutige Striemen.
Sein Kopf blutete.

Es war seltsam.
Er trug eine Art Kranz aus
Dornenzweigen.

In dem Augenblick begriff ich.
Es war Spott.
Es war ein Spottkranz,
eine Spott-Krone.

Ich kam näher.
Ich sah, wie er den Balken schleppte.
Das war immer so bei den Römern,
wenn sie einen kreuzigen wollten.
Er mußte den Balken selbst tragen,
den Querbalken für sein Kreuz.

Ich dachte: Irgendein Verbrecher.
Ein Aufrührer. Ein Mörder.
Ich wußte: Die Römer fackelten nicht lange bei sowas.

Dann sah ich, wie er taumelte.
Er brach zusammen.
Der Balken über ihm.
Die Soldaten schrien ihn an.
Das Volk johlte.
Er kam wieder hoch.
Aber wie ein Mensch,
der keine Kräfte mehr hat.
Zwei, drei Schritte,
wieder brach er zusammen.

Ich war jetzt ganz nahe dran.
Ich konnte alles sehen.
Da traf mich sein Blick.
Es durchschoß mich.
Ich weiß nicht, aber ich dachte
mit einmal: Der Messias!

Aber da hatte der Centurio mich ins Auge gefaßt:
»He du! Komm her!
Trag du das Kreuz!«

Ich zuckte zurück: Das nicht!
Ich wollte mich umwenden.
Nur weg.
Sollte ich mich verunreinigen?
An einem Kreuz?

Aber da packten sie mich schon.
Sie rissen mich herum.
Einer versetzte mir einen Faustschlag.
Zwei, drei warfen mir den Balken auf die Schultern.
Ich wußte, da gab es kein Weigern.
Ich mußte.

Nun Kinder, ich war jung und stark damals.
Es fiel mir nicht schwer mit dem Balken.

Aber ich war jetzt mittendrin.
Zufällig hineingeraten.

Und schon ging es weiter.
Einer der Soldaten hatte mich am Arm gepackt. Er ließ nicht los.

Dann kamen wir zum Richtplatz.
Ich schaute auf.
Drei Stämme waren in die Erde gerammt.
Da wußte ich: Drei! Drei sind verurteilt.

Sie rissen mir den Balken herunter.
Ich war frei. –
Nein, ich war mittendrin.
Ich konnte nicht einfach davongehen.
Ich blieb.

Ich sah die anderen beiden.
Jeder mit seinem Balken.
Sie mußten wohl am Ende des Zuges gewesen sein.

Und dann sah ich alles:
Wie sie ihn auszogen.
Wie sie ihn auf die Erde warfen.
Wie sie seine Hände auf den Balken legten.
Wie sie die Hände festnagelten.
Wie sie den Querbalken hochzogen am Kreuzesstamm.
Wie sie seine Füße festnagelten.
Wie sie ein Brett oben annagelten
mit einer Inschrift.

Da sah ich zum erstenmal seinen Namen: Jesus!
Jesus aus Nazaret!

Aber das Brett war zum Spott.
Ich begriff es:
›Jesus aus Nazaret, König der Juden‹ stand darauf.

Ich sah, wie sie um seine Kleider losten,
wie die anderen beiden gekreuzigt wurden,
wie es dunkel wurde,
plötzlich, mittags um zwölf.

Und ich hörte, wie er schrie:
›Mein Gott, warum hast du mich verlassen?‹
Diesen Schrei . . .
den werde ich nie vergessen.

Ich sah, wie einer einen Schwamm hinaufreichte,
vollgesogen mit Essig.
Wie er sagte: ›Trink nur!‹

Ich sah, wie Jesus starb.
Und ich hörte,
wie der Centurio sagte:
›Dieser war wirklich Gottes Sohn.‹

Seitdem ist alles anders.

Ihr wißt es, Kinder.
Von da ab konnte ich nicht mehr zurück.
Ich war verwirrt,
völlig durcheinander.
Aber eins wußte ich:
Dies ist die Wahrheit:
er ist Gottes Sohn.

Ihr wißt, Kinder, was damals geschah.
Ich kam zu seinen Freunden.
Sie haben mir alles erzählt.
Und ich konnte nur sagen:

Auch ich, ich habe ihn gesehen.

Jetzt ist er mein Herr,
mein wirklicher König.
Ich kenne den Messias.

Ja, wenn ich so denke,
wie alles gekommen ist.
Und dabei bin ich doch nur
ganz zufällig hineingeraten.«

Seite 81
»Er ist unser Friede« heißt das Gesamtbild von Azariah Mbatha, aus dem unser Bild einen Ausschnitt bietet. In Bd. 4, S. 102, ist dieses Bild ganz zu sehen, dort vor allem unter der Problematik Schwarz/Weiß. Unser Ausschnitt zeigt einen Sterbenden am Kreuz (fast drohend ragt der Hügel Golgata auf), der – seine Gesichtshälften verraten es – das Leid aller Menschen, der weißen wie der schwarzen, in seinen Tod hinübernimmt. Die drei trauernden Figuren unter dem Kreuz sind als Schwarze/Weiße im Schmerz eng miteinander verbunden. In zweien mag man Maria und Johannes erkennen: Jesus sah seine Mutter dort stehen und daneben den Jünger, den er liebte. Da sagte er zu seiner Mutter: »Er ist jetzt dein Sohn.« Und zu dem Jünger sagte er: »Sie ist jetzt deine Mutter.« Von da an nahm der Jünger sie bei sich auf (Johannes 19,26–27).
Die eigentliche Intention der Seite ist aber, die Elementarität von Tod, Trauer und dem Unüberwindlichen, das vor dem Sterbenden und den Seinen zu liegen scheint (schwarzer Hügel!), zur Geltung zu bringen. So will das Lied im Spiritualton mit seinem schweren Melodiegang und seinen knapp erzählenden Zeilen den Kreuzestod Jesu in seiner ganzen Verlassenheit und Verlorenheit den Kindern noch einmal eindringlich vor Augen bringen: »O, mein Gott, ich bin so allein.« Indes, ebenso wie S. 80 endet auch S. 81 mit dem Hoffnungssignal: »Dies kann nicht das Ende sein.«
Dem Lied S. 81 läßt sich folgende Meditation zuordnen:

Ausgeliefert

Die andern können machen mit mir,
was sie wollen.
Ich kann mich nicht wehren.
Ich muß all das aushalten,
all das Schlimme.
Sie haben Macht über mich.
Ich bin so allein, so elend.
Ich bin ihnen ausgeliefert.

Jeder von uns hat das schon einmal erlebt. Jeder kennt das.
Jesus ist ihnen ganz und gar ausgeliefert, den römischen Soldaten, er, der nur Gutes getan hat.
Sie machen mit ihm, was sie wollen.
Pilatus hat den Todesbefehl gegeben:
»Nagelt ihn ans Kreuz!«
Und da sind sie über ihn hergefallen.
Sie verspotten ihn.
Sie schlagen ihn.
Sie drücken ihm die Dornenkrone auf den Kopf.
Und er muß den Balken, den Querbalken für sein Kreuz, durch die Stadt schleppen.
Und an dem Ort Golgota geben sie ihm Wein zu trinken, gemischt mit einem bitteren Zusatz.
Und er will nicht trinken.
Und da ziehen sie ihn aus, legen ihn auf die Erde, die Hände auf dem Querbalken.
Sie nageln die Hände fest.
Sie ziehen den Querbalken hoch am Kreuzesstamm.
Sie nageln die Füße fest.
Er kann sich nicht wehren.
Er ist ganz und gar machtlos.
Er ist ihnen ausgeliefert:

Gott, mein Gott,
warum hast du mich verlassen?

Ich schreie.
Doch keine Hilfe ist da.
Ich rufe bei Tage.
Ich rufe bei Nacht.

Die mich sehen,
reißen das Maul auf.
Sie spotten,
sie schütteln den Kopf.

Du bist mein Gott
von Anfang an.
Bleibe nicht fern von mir.

Ich habe Angst.
Da ist keine Hilfe.
Löwen sind um mich her.

Hingeschüttet bin ich wie Wasser.
Mein Herz ist weich wie Wachs.

Am Gaumen klebt mir meine Zunge.
Und meine Kraft ist
geschwunden.

Die Bösen haben mich
umringt.
Sie fesseln mir Hände
und Füße.

Sie teilen unter sich
meine Kleider.
Sie werfen das Los
um mein Gewand.

Herr, sei nicht fern.
Hilf mir doch.
Rette mich aus der Hand der Feinde.

Und da wird es dunkel über dem Ort Golgota.
Im ganzen Land wird es dunkel von zwölf Uhr mittags bis um drei Uhr nachmittags.
Und Jesus schreit laut:
»Eli, Eli, lema sabachtani« –
das heißt: »Mein Gott, mein Gott,
warum hast du mich verlassen?«

Verlassen ist er, verloren, ganz allein, ausgeliefert. Die Bösen haben Macht über ihn.
Und einige, als sie das hören, wie er ruft: »Eli, Eli«, da sagen sie: »Er ruft nach Elija, dem Propheten.«
Und einer taucht einen Schwamm in Essig; steckt ihn auf eine Stange und gibt Jesus zu trinken.
Und andere schreien:
»Halt! Wir wollen doch mal sehen, ob Elija nicht kommt und ihm hilft.«
Aber kein Elija kommt.

Und dann geschieht es:
Noch einmal schreit Jesus laut
– dann ist er tot.
Ausgeliefert.
Allein.
Elend.
Im Tod.
Das ist grausam.
Das ist schrecklich.
»Herr, hilf mir doch.
Sei nicht fern von mir.«

Nach Matthäus 27 und Psalm 22

Zusatzmaterial
Wie der Gekreuzigte (Kruzifixus) der Christen auf Kinder anderer Herkunft wirkt, das schildert Renate Schupp anschaulich in ihrer Erzählung ›Kruzifix‹:

Kruzifix

»Weißt du, was ich gerne möchte«, sagte Yang eines Tages zu Florian. »Ich möchte mal in eure Kirche reingucken.«
Yang war Vietnamese. Er lebte zwar schon ein paar Jahre in Deutschland, aber es gab immer noch viele Dinge, die ihm fremd waren.
»Werktags ist abgeschlossen«, erklärte Florian. »Du mußt am Sonntag kommen, bevor der Gottesdienst anfängt. Dann ist offen.«
Yang kam am Sonntag pünktlich nach dem ersten Läuten. Auf dem kleinen Platz vor der Kirche stand Florian mit Frau Bauer, der Küsterin, und wartete schon.
»Hallo«, rief er.
»Hallo«, erwiderte Yang. Er gab Frau Bauer die Hand und machte eine kleine Verbeugung. Und Frau Bauer sagte, ohne Zeit zu verlieren:
»Na, dann kommt mal mit, ihr beiden!«
Sie schob die Jungen vor sich her in die Kirche hinein. Drinnen war es kühl und dämmerig.
»Schau dich nur überall gut um«, sagte Frau Bauer zu Yang. »Und wenn du etwas wissen willst, kannst du mich ruhig fragen.«
Yang sah neugierig hoch und prallte einen Schritt zurück: Die Wand, die der Eingangstür gegenüberlag, war ausgefüllt von einem hölzernen Kreuz, an dem ein hölzerner Mensch aufgehängt war. Es war ein riesiges Kreuz. Es reichte von der Decke bis fast hinunter zum Fußboden. Der Mensch war auch riesig. Er hing mit ausgebreiteten Armen und langgestreckten Beinen am Kreuz. Durch die Handflächen und die übereinandergelegten Füße waren Nägel getrieben. Riesige Nägel.
»Was ist das?« fragte Yang erschrocken.
»Das?« fragte Frau Bauer, ohne hinzusehen. »Das ist ein Kruzifix.«
»Ein Kru-, Kruzi-?« Yang brachte das unbekannte Wort nicht über seine Lippen.
»Kru-zi-fix-«, sprach Florian ihm vor. Und Frau Bauer erklärte:

»Kruzifix heißt ›Der Gekreuzigte‹. Es ist Jesus am Kreuz.«

Dann fiel ihr ein, daß Yang am Ende gar noch nie etwas von Jesus gehört hatte, und sie erzählte ihm eine Kurzfassung vom Leben Jesu, so wie sie glaubte, daß Yang es verstehen konnte.
»Jesus hat den Leuten Sachen gesagt, die sie nicht hören wollten«, beendete sie ihre Erzählung. »Da haben sie ihn zu guter Letzt ans Kreuz geschlagen.«
»Aber das tut doch weh«, stammelte Yang fassungslos. Ihn schauderte bei dem Gedanken, daß ihm jemand einen solch dicken Nagel –. Er konnte es nicht zu Ende denken. Er ballte seine Hände zu Fäusten und versteckte sie in den Hosentaschen.
Der gekreuzigte Jesus hatte den Kopf zur Seite geneigt. Sein Gesicht war schmerzlich verzerrt. Yang spürte, wie sein eigenes Gesicht sich zusammenkrampfte. Er schaute weg.
»Warum muß das da hängen?» fragte er. Darüber hatte Frau Bauer noch nie nachgedacht. Das Kruzifix gehörte zur Kirche wie der Altar und die Kanzel. Sie beachtete es gar nicht weiter. »Na, weißt du«, sagte sie, »das hängt eben da, weil –.« In diesem Augenblick tat oben auf der Empore die Orgel einen tiefen Seufzer. Die Jungen fuhren zusammen. Frau Bauer lachte.

»Ah«, sagte sie erleichtert. »Herr Koch ist gekommen. Geh, Flori, zeig deinem Freund die Orgel. Das kennt er auch nicht. Das gibt es nicht in dem Land, wo er herkommt.«
Florian nahm Yang am Ärmel und zog ihn zu der schmalen Treppe, die zur Empore hinaufführte. Her Koch ließ die Orgel brausen. Er lächelte den Jungen zu und wies mit dem Kopf auf die Sitzbänke. Florian und Yang setzten sich leise und hörten zu.
»Gefällt es dir?« fragte Florian nach einer Weile. Yang hob unentschlossen die Schultern und flüsterte:
»Ich weiß nicht, ich hab nicht zugehört. Ich muß immer an den angenagelten Mann denken.«

Renate Schupp[1]

Mögliche Gesprächspunkte:
1. Sehen mit den Augen der anderen: Das Erschrecken des Vietnamesen Yang (Buddhist?) über den riesigen aufgehängten Mann nachvollziehen.
2. Erschrecken wir auch noch so? Es bleibt seltsam und ganz ungewöhnlich, daß wir Christen an jemand glauben, der den Verbrechertod am Kreuz gestorben ist. Keine andere Religion kennt etwas dergleichen.

Arbeitsfolge:
1. Gespräch über das Kreuz, den Hügel, die drei Trauernden.
2. Erarbeitung des Liedes.
3. Meditationstext.
4. Mit Bild (über Folie projiziert), Meditationstext, Lied und dem nachfolgenden Gedicht eine weitere Passionsandacht gestalten.

1 Aus: ›Vorlesebuch Symbole‹, a. a. O., S. 264–265.

Sie werfen ihn aufs Kreuz.
Sie schlagen ihn daran.
Sie lassen ihn dort hängen.
Dort stirbt er, armer Mann.

Sie nehmen ihn vom Kreuz.
Der Tag ist tief und schwer.
Sie tragen ihn zu Grabe.
Was zittern sie so sehr.

Das Grab ist nicht das Ende.
Die Erde hat gebebt.
Er fällt in Gottes Hände.
Da weiß die Welt: Er lebt.

Je nach Einschätzung der Situation in der Klasse läßt sich auch der Gedanke »Was wäre, wenn der Tod am Kreuz doch das Letzte war«, durchspielen. Die Kinder tragen zusammen: »Alles wäre im Dunkel geblieben, die Menschen im Elend und Leid« usf. Auf einer solchen Dunkelfolie kann dann das Licht von Ostern um so heller erstrahlen.

Seiten 82/83

Verwundern mag, daß das Osterbild S. 83[1] nicht in hellen Farben prangt, sondern wieder wie die letzten Passionsbilder als Linolschnitt von Azariah Mbatha in Schwarz-Weiß kommt. Es wurde um seiner Ausdrucksstärke und seiner Aussage willen gewählt. Die Hauptfigur deuten wir als gekrönten Osterkönig, der mit weit ausladender Geste die Menschen zu sich einlädt, sie um sich versammelt, sie zu Königen (Christus-Leuten) macht. Dahinter stehen Worte aus 1. Petrus 2,9: »Ihr aber seid das auserwählte Volk, ein Volk von Königen, die Gott als Priester dienen, ein heiliges Volk, das Gott selbst gehört. Er hat euch aus der Dunkelheit in sein wunderbares Licht gerufen, damit ihr seine machtvollen Taten verkündet.«

Dahinter steht auch das Wort aus Offenbarung 5,9–10: »Du hast Menschen für Gott erworben, Menschen aus allen Sprachen und Stämmen, aus allen Völkern und Nationen. Zu Königen hast du sie gemacht und zu Priestern für unseren Gott.« Der, zu dem die Magier zogen, ihn als neugeborenen König der Juden zu ehren (Matthäus 2,2; vgl. Jesaja 60,3), der, der sich vor Pilatus als König – wenn auch in einem anderen als politischen Sinn – bekannte (Johannes 18,36–37: »Ja, ich bin ein König. Aber mein Königtum stammt nicht von dieser Welt.«), der ist zum Christus, zum Messias, zum Gesalbten, zum König geworden. Der belebt das Königtum Davids in einem weltübergreifenden, ökumenischen Sinne neu: Menschen aus allen Völkern und Nationen werden Könige. In der neuen Welt Gottes, unter seinem Dach in seinem festlichen Haus.[2]

1 Ausschnitt aus Theo Sundermeier, ›Südafrikanische Passion‹, Bielefeld 1977, Bild S. 53 (Der aussendende König aus Lukas 14).

2 »O Israel, wie groß ist das Haus deines Gottes. Noch höher als der Himmel ist seine Wohnung, noch weiter als die Erde sein Besitz«, heißt es Baruch 3,24 f.

Das Schwarz-Weiß-Bild ist ein weltumspannendes ökumenisches[1] Osterbild: Überall in der Welt finden sich Könige und Priester, Königinnen und Priesterinnen[2] des Auferstandenen. Überall dienen sie Gott.[3] Überall ist ihnen ein schützendes Dach bereitet.[4]
So sind für die Kinder in dieser Seite vier wichtige Aussagen enthalten:
1. Schwarz steht für alle Völker in der Welt. Der Auferstandene ist ein Welten-Christus.
2. Als König regiert er nicht ein politisches Reich, sondern ein Gottesreich – dies aber mitten unter den Menschen.[5]
3. Alle, die an ihn glauben, werden auch zu Königen, Gesalbten (Christus = Gesalbter), zu Christen. Jeder Christ ist ein König wie sein Herr. Und er ist – im Sinne Martin Luthers – ein Priester.
4. Alle Stämme, alle Völker und Nationen leben mit dem Auferstandenen im ewigen Weltenhaus Gottes unter seinem schützenden Dach.[6]

Dem inhaltsreichen Bild S. 83 entspricht der Osterjubel S. 82. Die Kinder können den einfachen Kanon »Der Herr ist auferstanden« im Wechsel mit dem schwingenden »Christus ist auferstanden« singen. Dieses Lied ist es wieder wert, zum echten Memorierlied zu werden, durch wiederholtes Singen in den dauernden Besitz der Kinder einzugehen. Tanzvorschlag von Elke Hirsch:

Aufstellung: Einzeln im Kreis, Front zur Mitte, paarweise durchgezählt (A/B)

Schrittfolge: *Teil A*
Takt 1–3 A: Arme in Orante-Haltung
Wdh. B: Arme in Orante-Haltung

Teil B
Takt 4–5
und Wdh. Zum Kreis durchfassen, Arme senken, in Tanzrichtung wenden
8 Hüpfschritte auf der Kreislinie in Tanzrichtung

Teil C
Takt 6 Zur Mitte wenden
1 Schritt mit re Fuß zur Mitte,
li Fuß beistellen,
dabei die Arme in Reigenfassung

1 Oikoumene – oikos – Haus der Welt!
2 Siehe das allgemeine Priestertum Luthers!
3 Auch indem sie anbetend vor dem Christus knien (s. die Figuren unten im Bild).
4 »Der Herr blickt freundlich auf alle, die ihn lieben. Er ist ihr Beschützer und starker Helfer, wie ein schattiges Dach am glühenden Mittag« (Sirach 34,19).
5 Vgl. dazu die Erwartung des Friedenskönigs S. 48–49.
6 Vgl. dazu S. 124.

Takt 7 — 1 Schritt mit re Fuß zur Mitte
li Fuß beistellen,
dabei die Arme nach oben strecken

Takt 8–9 — 4 Schritte auf die Kreislinie zurück,
dabei die Arme senken

Takt 6–9 wiederholen

Wenn dazu das Gebet gesprochen und die Johannesgeschichte vom neuen Atmen[1], vom neuen Geist (Vorklang Pfingsten), von der Sendung und vom Frieden erzählt wird, hat man bereits wesentliche Elemente für eine Osterandacht (Osterfeier) in der Klasse zusammen.
Zu der Johannesverkündigung von Ostern insgesamt – der achtzeilige Text im Buch ist eine denkbar knappe Zusammenfassung – hier einschließlich der Geschichte vom ungläubigen Thomas[2] ein ausführlicherer Erzählvorschlag:

Du, mein Herr und Gott

Spätabends ist es an jenem Sonntag,
dem ersten Tag der Woche.
Angst haben sie, die Freunde von
Jesus,
Angst vor den Römern,
daß auch sie gefaßt werden
und sterben müssen wie Jesus.

Sie haben sich verkrochen.
Sie haben sich versteckt.
Sie sitzen in einem Haus
hinter verschlossenen Türen.

Da – so erzählt Johannes –,
da ist Jesus mitten unter ihnen,
Jesus, der Christus.
Es ist wie ein Traum:
Sie sehen ihn. Sie hören ihn.
Sie spüren seine Nähe.

Er spricht:
»Schalom! Ich bringe euch Frieden!«

Es ist wie ein Traum.
Sie sind außer sich.
Sie sehen ihn mit den Augen des
Glaubens.

Er spricht:
»Ich bin von meinem Vater
gekommen.
Und jetzt – jetzt sende ich euch.
Geht in die Welt.
Geht zu den Menschen.
Sagt ihnen: ›Gott wird kommen‹.«

Sie hören ihn: Er ist bei uns.
Da sind sie überglücklich.

Er haucht sie an:
»Nehmt Atem von Gott,
lebendigen Atem, und lebt.
Hat einer Schuld auf sich geladen,
nehmt ihm die Schuld.
Gott nimmt sie ihm.«

So spricht er.
Und sie glauben ihm.

1 »Und er haucht sie an, Atem des Geistes«, heißt es Johannes 20,22. Das erinnert an den Schöpfungsatem Gottes Genesis 2,7: ». . . und blies ihm den Lebenshauch in die Nase.«

2 Dem »Glücklich sind die, die mich nicht sehen und die mir trotzdem vertrauen, die sind ganz bei Gott« aus der Thomasgeschichte entspricht die Gebetszeile: »Ostern! Ich sehe Jesus nicht. Aber ich weiß, er ist da.«

Thomas aber, einer der Zwölf,
Thomas, der Zwilling, er ist nicht da.
Er ist nicht dabei, als all das geschieht
an jenem ersten Sonntag.
Thomas kommt später.
Er sagt zu den andern:
»Ihr könnt mir viel erzählen.
Ich kann das nicht glauben,
daß er lebt.
Ich will das selber sehen.
Nur wenn ich die Nägelspuren sehe
in seinen Händen,
nur wenn ich ihn anfassen kann,
dann will ich glauben, daß er lebt.
Ich glaube nur, was ich sehe.«

Acht Tage später. Sie sind wieder
versammelt,
die Jünger hinter verschlossenen
Türen.
Diesmal ist Thomas auch dabei.
Und da – wie vor einer Woche –:
Wieder ist Jesus unter ihnen:
»Schalom! Ich bringe euch Frieden!«

Und Jesus, der Christus, schaut
Thomas an:
»Hier, meine Wunden, die Spuren der
Nägel. Lege deine Hand hinein.
Glaube, Thomas: Ich bin es!«

Da packt es Thomas.
Er sieht. Er schaut:
Schrecken erfüllt ihn: »Du bist es!«
Er zweifelt nicht mehr.
Er weiß es. Er glaubt:
»Du bist es, mein Herr und
mein Gott.«

Jesus, der Christus, spricht zu ihm:
»Du siehst mich. Da glaubst du mir.
Ganz bei Gott sind nur die Menschen,
die mich nicht sehen
und trotzdem glauben.«

Nicht sehen und trotzdem glauben,
das ist schwer.
Jesus, der Christus, verlangt es von
Thomas.
Und er verlangt es von uns.

Mit dem Herzen sehen.
Mit den Augen des Glaubens sehen,
das ist es, das müssen wir lernen.
Jesus, den Christus von innen her
sehen,
das ist wie ein Lichtblick von Gott.

Nach Johannes 20,19–29

Um der Darbietung dieser Geschichte Feiercharakter zu geben (um den Osterjubel laut werden zu lassen) kann beim Vorlesen/Erzählen an geeigneten Stellen immer wieder der Kanon ›Der Herr ist auferstanden‹ oder das Lied ›Christus ist auferstanden‹ aufklingen. So werden die Lieder zu liturgischen Zeilen.

Seiten 84/85
Nach Ostern folgt eine Doppelseite zum Thema »Himmel – Himmelfahrt«. Entscheidend ist hier, daß die Kinder den Begriff ›Himmel‹ mit der neuen Welt Gottes mitten unter uns identifizieren. Hilfreich ist dazu die in der englischen Sprache getroffene Unterscheidung zwischen sky (sichtbarer Himmel, das Blau, die Wolken) und heaven (Himmel als Raum religiöser Erfahrung, als Ort des Glaubens, als etwas, das mit der Beziehung Gott – Mensch zu tun hat).[1] Die Bilder S. 84/85 (Sachbild sowie Skizzen als Symbole des allumfassenden Krei-

1 »Der Himmel hat Sterne, eine Sonne, Mond, Wolken. Der Himmel ist eine Luftschicht«, schreibt ein Kind. »Wenn ich Himmel höre, dann denke ich an Gott«, schreibt ein anderes Kind.

ses) verdeutlichen das. Man kann einen Himmel mit Weltraumfähren und Satelliten erforschen. Dort ist Gott nicht zu finden, wenn man davon absieht, daß Gott überall, also auch in einer Weltraumfähre zu finden ist. Man kann einen anderen Himmel als Wohnort Gottes bei den Menschen erfahren. »Wo wohnt Gott?« fragt die jüdische Legende. Und sie antwortet: »Dort, wo man ihn einläßt.«
Indes, diese Diesseitigkeit (Immanenz) Gottes kann nicht alles sein. Himmel Gottes, das ist einerseits die alles bestimmende Präsenz, die alles durchdringende Nähe, andererseits aber auch die kaum faßbare Ferne Gottes – hoch über allem Irdischen (Transzendenz). »Ich bin, der ich bin« (jenseitig)[1] spricht Gott in Exodus 3,14. »Ich bin immer da für euch Menschen« (diesseitig).
Wir machen uns deutlich: Nur eine Jenseitigkeit des Himmels läßt Christen jene andere Wirklichkeit schauend erfahren, jenen neuen Himmel, jene neue Erde, da unser Mund voll Lachens ist (Psalm 126,2), da alle Tränen abgewischt sind, da der Tod nicht mehr ist, kein Leid, kein Jammer, keine Mühsal, kein Geschrei (Offenbarung 21,4).[2]
Wer Himmel so zu ›sehen‹, zu glauben vermag – allüberall, diesseitig, jenseitig, auch in mir[3], in dir – der vermag auch (gegen alle naturwissenschaftliche Erkenntnis) in neuer Bewußtheit mit dem Glasglockenweltbild zu leben, mit dem blauen gewölbten Firmament, mit einer Sonne, die morgens ›aufgeht‹, mittags im Zenit steht und abends ›untergeht‹, der vermag mit Matthias Claudius zu singen »Der Mond ist aufgegangen«, der vermag mit dem Psalmisten zu beten »Vom Aufgang der Sonne bis zu ihrem Niedergang sei gelobet der Name des Herrn«, der vermag mit Jesus zu sprechen: »Vater unser in den Himmeln« – mitten unter uns, diesseitig, jenseitig, allüberall, wo die Herrschaft Gottes geglaubt wird.

Arbeitsfolge:
1. ›sky‹ und ›heaven‹ von den Bildern S. 84 her erarbeiten.
2. Die Begriffe den Aussagen S. 84 oben zuordnen (Aufgabe).
3. Eigene Sätze zu beiden Begriffen aufschreiben.
4. Das Lied S. 85 ersingen und zuordnen.
5. Erörtern: Wie könnte das sein, der Himmel auf Erden?
6. Die Himmelfahrtserzählung S. 85 oben erarbeiten und mit dem Symbol S. 85 unten verbinden.
7. Das Gebet meditativ sprechen. Sich in kindgemäßer Umschreibung über ›Immanenz‹ und ›Transzendenz‹ Gottes unterhalten.[4] Die Anrede des Vaterunsers zuordnen.
8. Beide Kreise mit den Umschriften abmalen. Sich selbst (Familie, Freunde usf.) hineinmalen.

1 Das Gebet S. 85 spricht diese Jenseitigkeit Gottes an: »Fern ist dein Himmel. Heilig bist du, voller Geheimnis.«
2 Vgl. S. 47.
3 »Gott ist in uns oder nirgends«, läßt Bertolt Brecht seinen Galilei höchst pointiert sagen. Und von Mutter Teresa steht in Bd. 2, S. 89 der Satz: »Wenn man einmal Gott in sich hat, dann ist das für's Leben.«
4 »Gott wohnt da, wo man ihn einläßt.« – »Manchmal bist du verborgen, Gott.«

9. Vertiefend die nachfolgende Entstehungsgeschichte zur Himmelfahrtsgeschichte unter dem Leitbegriff ›Wolke‹ hören und besprechen.
10. Sich über ›Himmel und Hölle‹ unterhalten.
11. Die nachfolgende Erzählung ›Die Hölle ist nicht unten‹ kennenlernen und erörtern.
12. Den Kanon ›Der Himmel geht über allen auf‹[1] einsingen. Bewegungen dazu erfinden.

Text: W. Willms/Melodie: P. Janssens

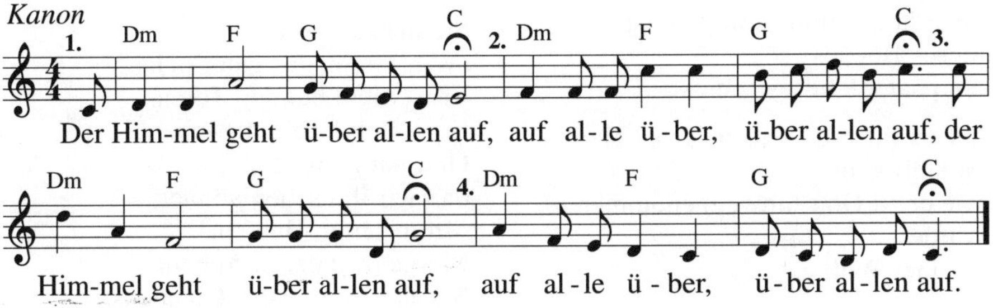

13. Aus dem Gesamtmaterial eine Feier ›Himmel – Himmelfahrt‹ entwickeln.[2]

In der Erzählung S. 85 oben ist die Entfernung Jesu von den Seinen vorsichtig mit dem Bild der Wolke umschreiben. Dieses Bild wird in der historisch frei komponierten Erzählung ›Die Wolke‹ entfaltet. Die Lukas-Theophilus-Beziehung ergibt sich aus den Einleitungszeilen des Lukas-Evangeliums: »Ich habe alles bis hin zu den ersten Anfängen sorgfältig erforscht, um es für dich, verehrter Theophilus, in guter Ordnung niederzuschreiben« (Lukas 1,3).

Die Wolke

Vor 1900 Jahren,
im Jahre 90,
bei Lukas,
dem Griechen,
dem Christen,
dem Schriftsteller,
der Bücher über Jesus schreibt:
Ein Freund besucht Lukas.
Es ist Theophilus.
Er stürmt in das Arbeitszimmer.

Da sitzt Lukas am Arbeitstisch.
Nachdenklich.
Er stützt den Kopf in die Hand.
Schreibgerät liegt herum.
Schriftrollen liegen herum,
Papyrusblätter,
einige beschrieben,
andere unbeschrieben.
Lukas blickt auf:
»Was ist, Theophilus?«

1 Aus: ›Ave Eva‹, 1974. © Peter Janssens Musik Verlag, Telgte.
2 Hilfreich dafür, aber auch für das nachfolgende Thema ›Pfingsten‹ ist Heft 2 ›Himmelfahrt und Pfingsten‹, aus Materialien zum Grundschullehrplan Ev. Religionslehre, Pädagogisch-Theologisches Institut, Bonn-Bad Godesberg, zu beziehen über Ev. Presseverband im Rheinland, Postfach 104153, 40032 Düsseldorf.

»Ach, Lukas,
ich weiß es ja,
du arbeitest an deinem zweiten Buch,
du schreibst davon,
wie die Freunde von Jesus
in die Welt hinausgegangen sind,
wie sie die Botschaft ›er lebt‹
überall verkündet haben.

Du schreibst von ihren Taten.
Und du hast mir vom Anfang
dieses Buches
ein paar Blätter geschickt:

Da erzählst du, wie er, unser Herr,
zu Gott kam,
wie er zu Gott hinweggenommen
wurde
in einer Wolke.

Ich habe eine Frage an dich, Lukas:
Woher weißt du das alles?
Hast du es gesehen?
Warst du dabei?«

Theophilus richtet seinen Blick
fest und eindringlich auf Lukas:
»Warst du dabei?«

»Nein«, antwortet Lukas:
»Wie konnte ich.
Es sind doch 60 Jahre her.
Ich war ein Kind damals.
Daß die Freunde von Jesus dabei
waren,
Petrus, Johannes, Jakobus, Andreas
und all die andern,
das kann ich sagen.
Auch daß Maria, seine Mutter, dabei
gewesen ist.

Was ich sagen kann,
ist das, was meine Freunde mir
erzählt haben,
die Alten, die damals 20 oder 30
waren.
Ich habe nachgeforscht in den
Gemeinden.
Und alle von denen,
die damals erwachsen waren,
haben dasselbe gesagt:
›Er ist gekreuzigt worden.
Er war wirklich tot.
Aber nach seinem Tod –
viele haben ihn als den Lebendigen
gesehen.
Sie haben ihn als den Lebendigen
erfahren.

Sie haben gesagt:
›Wir wissen das ganz sicher:
Er ist nicht bei den Toten.
Er ist bei denen, die leben.
Gott hat gemacht,
daß wir ihn sehen können.
Mit unserem Herzen.
Mit ganz anderen Augen:
Mit den Augen des Glaubens.‹

Und die Jünger und Maria,
sie sind in Jerusalem geblieben.
Sie sind nicht fortgegangen.
Sie haben in Jerusalem gewartet
auf das Neue,
den neuen Atem,
den neuen Geist, die neue Kraft,
auf all das, das über sie kommen
sollte.
Hinausgehen in die Welt und von
Jesus erzählen,
das wollten sie.
Sie wollten ihn überall verkündigen.«

Lukas schaut Theophilus an:
»Das habe ich herausgefunden.
Ich habe es erforscht.
Von Anfang an.«

Theophilus blickt immer noch
fragend:
»Du hast aber von der Wolke
geschrieben,
Lukas, lieber Freund:
Da sei eine Wolke gekommen,
die habe ihn, Jesus, hinweggenommen
zu Gott.«

»Ach ja, die Wolke.«
Lukas sinnt vor sich hin:
»Das mit der Wolke,
das mußt du richtig verstehen,
Theophilus.
Da habe ich an Israel gedacht,
an das Volk, als sie auszogen,
damals aus Ägypten.
Eine Wolke kam,
so steht es in den Schriften.
Und in der Wolke: Gott.
Gott war bei ihnen,
des nachts in einer Feuersäule,
am Tag in einer Wolke.
So steht es geschrieben:
Er hüllte sie ein.

Das ist die Wolke, Theophilus.
Sie ist ein Zeichen:
Gott ist da.
Er ist den Menschen ganz nah.
Etwas Schwebendes, etwas
Einhüllendes,
das ist die Wolke:
Gott ist ganz nahe bei den Menschen.
Ja, Theophilus, so sehe ich es,
so war das damals:
Gott hat Jesus, seinen Sohn,
zu sich genommen.
Er hat ihn eingehüllt.
Umhüllt hat er ihn,
daß er nicht mehr sichtbar war.
Er hat ihn zu sich genommen ins
Unsichtbare.

Wir sehen ihn, Jesus,
ganz nahe bei Gott.
Wir sehen ihn mit den Augen
des Glaubens.

Gott im Himmel – mitten unter uns.
Jesus, hinweggenommen zu Gott –
mitten unter uns.
Eingehüllt, wie von einer Wolke:
Umhüllt. Unsichtbar.

Nur zu sehen mit dem Herzen.
Nur zu sehen mit den Augen des
Glaubens.

Jesus, ganz nahe bei Gott.
Gott, ganz nahe bei uns.
Beide: unsichtbar.
Und dennoch da.

Ja, Jesus, der Christus,
er ist uns noch näher gekommen,
als er es damals war.

Das ist es, was ich dir sagen wollte,
Theophilus.
Geheimnisvoll ist das alles . . .«

Zum Himmel gehört als Gegenbegriff die Hölle. Genausowenig wie der Himmel oben, ist die Hölle unten. Davon erzählt Renate Schupp sehr anschaulich:

Die Hölle ist nicht unten

Montags in der ersten Stunde ist Religion. Da erzählt Frau Timm den Kindern Geschichten aus der Bibel. Von Abraham zum Beispiel. Und von Jakob. Und von Josef und seinen Brüdern. Aber an diesem Montag geschieht es, daß Sandra Willig nach dem Anfangsgebet den Finger streckt und quer durch die Klasse ruft: »Frau Timm, der Andi hat zur Hölle gebetet!«
»Was?« fragt Frau Timm verdutzt und schaut zu Andi hinüber. Der sitzt ganz erschrocken da und begreift gar nicht, was Sandra meint.
Aber Sandra springt auf, läuft nach vorn und macht es vor: »Er hat die Hände nach unten gefaltet – zur Hölle: so!« erklärt sie.
Die Kinder sehen Frau Timm an und warten gespannt darauf, was sie sagen

wird. Einige erinnern sich daran, daß sie vorhin selber die Hände nach unten gehalten haben, und hoffen insgeheim, daß niemand es bemerkt hat. Denn vielleicht ist es ja eine große Sünde, wenn man so betet.
»Ja also, ich möchte«, beginnt Frau Timm. Aber gerade da klopft es an die Tür. Und als Frau Timm hingeht und öffnet, steht Thea draußen mit ihrer Großmutter. Thea kommt mindestens einmal in der Woche zu spät. Dann bringt ihre Großmutter sie zur Schule und erzählt Frau Timm lange Geschichten zur Entschuldigung. Frau Timm seufzt und geht hinaus, um sich die Geschichte von diesmal anzuhören. Kaum ist die Tür hinter ihr zugefallen, da dreht Britta Held sich zu Sandra um, tippt sich an die Stirn und sagt: »Du spinnst! Es gibt doch überhaupt keine Hölle!«
Darüber ist Sandra so verblüfft, daß ihr gewissermaßen die Spucke wegbleibt. »Gibt es doch!« erwidert sie, weil ihr keine bessere Antwort einfällt. Aber Susi kommt zur Hilfe. »Klar gibt es die Hölle!« sagt sie. »Tief unten in der Erde. Es ist dunkel und kalt dort. Und es brennt ein großes Feuer.«
»Haha, was für ein Quatsch«, spottet Britta. »Wenn da ein großes Feuer ist, dann kann es ja wohl nicht gleichzeitig dunkel und kalt sein.«
Da hat Britta allerdings recht. Sandra und Susi sehen einander ratlos an.
»Also gut, es ist heiß!« entscheidet Sandra schließlich. »Höllisch heiß! Und überall laufen kleine Teufel umher und schüren das Feuer.«
»Jawohl«, bestätigt Susi. »Sie haben Hörner auf dem Kopf und hinten einen Schwanz. Und an einem Bein haben sie keinen Fuß, sondern einen Huf wie ein Pferd. Ich hab' schon mal einen Teufel gesehen!«
»Was?« ruft Britta. »Wo?« Man hört ihr an, daß sie das nicht glaubt.
»Im Fernsehen«, erklärt Susi. Aber darüber kann Britta nur lachen.
»Das ist doch nicht echt. Im Fernsehen ist doch alles nur gespielt.«
Ja, da hat Britta zum zweiten Mal recht. Susi schweigt verwirrt. Aber Sandra gibt nicht auf.
»Meine Großmutter sagt, daß die bösen Menschen nach dem Tod in die Hölle kommen und zur Strafe für ihre Sünden im höllischen Feuer braten müssen«, erzählt sie.
Susi nickt. »Bis in alle Ewigkeit!«
Aber jemand anderer aus der Klasse ruft: »Nein! Nur bis alle Sünden herausgebrannt sind!«
»Ja, genau!« bestätigt Sandra.
Aber Britta verzieht das Gesicht und schüttelt sich. »Igitt! Menschen braten, Sünden herausbrennen! Sowas Gräßliches erzählt dir deine Großmutter? Sie guckt wohl zuviel Horrorvideos?«
Die anderen Kinder lachen. Aber Sandra ärgert sich.
»Meine Großmutter guckt überhaupt keine Horrorvideos. Nimm das sofort zurück!« schreit sie und will sich auf Britta stürzen.
Aber da kommt zum Glück Frau Timm wieder herein. Sie schiebt Thea vor sich her zu ihrem Platz. Thea hat ein großes Pflaster auf der Stirn. Sie schaut kaum auf. Aber es kümmert sich sowieso niemand um sie. Alle sehen zu Britta und Sandra, die erschrocken auseinanderfahren.
Sandra geht an ihren Platz zurück. Aber bevor sie sich hinsetzt, sagt sie: »Frau Timm, die Britta behauptet, es gibt keine Hölle.«
»Sieh mal an!« sagt Frau Timm.
Sie wartet, bis es ruhig geworden ist in der Klasse. Dann redet sie weiter:

»Natürlich gibt es die Hölle. Und wie! Allerdings ist sie nicht tief unten in der Erde, wo keiner hinkommt, sondern hier oben bei uns. Sie ist mitten im Leben der Menschen. Überall dort, wo schreckliche Dinge geschehen, wo Krieg oder Krankheit oder Katastrophen über die Menschen hereinbrechen, dort ist Hölle.«
Sandra schweigt.
»Ja, aber die richtige Hölle«, fragt sie dann und deutet mit einer Kopfbewegung nach unten. »Ich meine die Hölle, wo man nach dem Tod hinkommt, wenn man böse war?«
»Darüber wissen wir nichts«, erwidert Frau Timm. »Es ist noch niemals ein Toter wiedergekommen und hat uns darüber berichtet. Was nach dem Tod kommt, wissen wir nicht. Damit müssen wir uns abfinden.«
»Und das höllische Feuer?« fragt Sandra. »Und die Teufel?«
Frau Timm lächelt.
»So haben sich die Geschichtenschreiber die Hölle vorgestellt. Und die Maler haben's gemalt. Und einer hat's vom anderen abgemalt bis in unsere Zeit. Aber wirklich gesehen hat's kein einziger.«[1]
Sandra macht ein enttäuschtes Gesicht. »Dann ist das alles nur ausgedacht?«
»Weißt du, Sandra«, sagt Frau Timm entschieden, »darüber würde ich mir keinen Kummer machen. Es gibt Hölle genug im wirklichen Leben. Darum muß man sich Kummer machen. Denk nur, wieviel schreckliche Dinge die Menschen einander antun! Wie sie sich quälen und verraten und enttäuschen.«
Frau Timm läßt ihren Blick über die Klasse wandern und runzelt die Stirn. Das tut sie immer, wenn sie etwas Schwieriges erklären muß.
»Genaugenommen«, fährt sie langsam fort, »gibt es nicht eine einzige Hölle, sondern unzählig viele. Einmal hier, einmal da. Und manchmal auch hier unter uns. Begreift ihr das, Kinder?«
Oh ja, das begreifen die Kinder. Hölle – das ist Angst und Verzweiflung und Allein-gelassen-werden. Das haben sie selbst schon erlebt. Zum Beispiel Nicole damals, als ihre Eltern sich scheiden ließen und sie am liebsten nicht mehr weiterleben wollte. Oder Andi, als seine Mutter so schwerkrank war und er fast verrückt wurde vor Angst, sie würde sterben. Und Sven im letzten Winter, als sein bester Freund vor seinen Augen im Eis einbrach und ertrank. Und er stand am Ufer und konnte ihm nicht helfen.
Ach, das sind schlimme Geschichten, lauter Höllengeschichten. Heute kommt Frau Timm nicht dazu, eine Geschichte zu erzählen. Heute erzählen die Kinder. Und Frau Timm sitzt am Lehrertisch und hört zu.
Auf einmal hebt Thea den Finger, Thea die sich niemals meldet und nie etwas sagt. Frau Timm ruft sie auf, und da erzählt sie mit stockender Stimme: »Wenn der Vater in der Nacht betrunken nach Hause kommt – und er schlägt die Mutter – und er macht den Fernseher kaputt – und er packt das Kind und schreit es an und schmeißt es weg, daß es an die Heizung fliegt und sich die Stirn aufschlägt – und da weint die Mutter den ganzen Tag – und das Kind hat Angst und kann abends nicht schlafen, weil es vielleicht gleich wieder losgeht – und dann ist das Kind immer müde und kommt zu spät und kann in der Schule

1 Vgl. den Holzschnitt S. 40, oben.

nicht aufpassen – und weiß keine richtigen Antworten – und die anderen Kinder lachen es aus und schubsen es und rufen ihm Sachen nach – da ist das Kind immer traurig – das ist die Hölle.«
Zum Schluß ist Theas Stimme immer leiser geworden. Jetzt hört sie ganz auf zu reden. Sie setzt sich, und alle ihre Sommersprossen glühen vor Anstrengung.
In der Klasse ist es ganz still. Niemand sagt etwas. Aber alle haben begriffen, daß es Theas eigene Geschichte ist, die sie da erzählt hat. Und Susi, die immer hinter Thea hersingt »summ-summ-summ, die Thea Trumm ist dumm«, weil sich das so schön reimt, Susi senkt betroffen den Kopf und schämt sich.
Endlich räuspert sich Frau Timm und sagt: »Es gibt viele Arten von Hölle. Aber am traurigsten ist es doch, daß sich die Menschen das Leben gegenseitig zur Hölle machen. Um so mehr sollte jeder von uns mithelfen, daß dort, wo er ist, ein bißchen weniger Hölle ist. Nicht wahr, Susi?« Susi nickt und wird ganz rot. Sie versteht, was Frau Timm meint. Und die anderen verstehen es auch.
Sven meldet sich und sagt: »Wenn man sich nicht auslacht und sich keine bösen Sachen nachruft, dann ist ein bißchen weniger Hölle.«
»Und wenn man nicht petzt«, fügt Andi hinzu und schaut Sandra an.
»Wenn man jemanden tröstet, der traurig ist, dann ist auch ein bißchen weniger Hölle«, erklärt Nicole.
»Und überhaupt«, ruft jemand von hinten, »wenn alle Menschen gut und freundlich zueinander wären, dann –«
»– dann wäre Himmel«, sagt Britta.
»Nicht wahr Frau Timm?«
Frau Timm lächelt. »Es wäre immerhin ziemlich nahe dran«, antwortet sie.

Da klingelt es. Die Stunde ist um. Frau Timm steht vom Pult auf und schickt die Kinder in die Pause. Nachdenklich schaut sie hinter Thea her, die sich scheu an ihr vorbeidrückt.
Da berührt jemand sie am Arm. Und als sie sich umwendet, seht Susi da, zeigt ihr einen roten Dauerlutscher und flüstert: »Wissen Sie, was ich damit mache? Ich schenke ihn Thea.«
Und bevor Frau Timm etwas erwidern kann, ist sie schon draußen.

Renate Schupp[1]

Als Abschluß der Einheit können die Kinder ihre Einsichten von ›Himmel‹ an dem nachfolgenden Gedicht von Rose Ausländer[2] noch einmal überprüfen:

In dir

Über dir
Sonne Mond und Sterne

Hinter dir
unendliche Welten

Hinter dem Himmel
unendliche Himmel

Über dir
was deine Augen sehen

In dir
alles Sichtbare
und
das unendlich Unsichtbare

Rose Ausländer

1 Aus: ›Neues Vorlesebuch Religion 1‹, a.a.O., S. 357–360, © Autorin.
2 Aus: ›Einverständnis‹, Pfaffenweiler Presse, Mittlere Str. 23, 79292 Pfaffenweiler, 1980.

Seiten 86/87
S. 86/87 wird die Pfingstgeschichte in ihren Grundaussagen nacherzählt. Begeisterung durchdringt den Text, der engagiert vorgelesen werden will. Das Lied ergänzt (»Petrus und die andern treten mutig vor«). Pfingsten mit Petrus im Mittelpunkt bringt dann Bd. 4.

Das Bild S. 87[1] öffnet mit den vielen verschiedenen Menschengesichtern die ökumenische Weite, die der Pfingstgeschichte eignet: »Menschen aus aller Welt sind mitgerissen. Alle verstehen die Sprache Gottes. Alle sind eins. Das macht Gottes Geist, Gottes Kraft.«

Die Kinder
- singen die Strophe »Zu Pfingsten in Jerusalem« (Bd. 2, S. 72).
- Sie hören die Pfingsterzählung (S. 86/87), betrachten dann noch einmal das Bild Bd. 2, S. 72.
- Sie bekommen den Text der Bucherzählung auf einem Arbeitsblatt. Sie unterstreichen dort alle Wörter, die mit Atem, Wind, Feuer, Begeisterung zu tun haben.
- Sie schreiben selbst einen kleinen Text: »Wie ich einmal Feuer und Flamme war« und malen dazu.
- Sie ersingen sich das neue Lied: »Am hellen Tag kam Jesu Geist«.
- Sie zählen zu den Völkern und Ländern der Pfingstgeschichte (Parther, Meder, Leute aus Mesopotamien . . .) alle Völker und Länder der Welt, die sie kennen, auf.
- Sie wiederholen das Lied »Eine freudige Nachricht breitet sich aus« (Bd. 2, S. 73).
- Sie versuchen, die Herkunft der Menschen auf den zwölf Fotos S. 87 vermutend zu ermitteln. Dabei muß keine Vollständigkeit angestrebt werden.[2]
- Sie formulieren noch einmal den Inhalt der Pfingstbotschaft: »Die freudige Nachricht lautet: . . .«
- Sie feiern den Pfingst-Schulgottesdienst »Atem, Wind und Sturm: Pfingsten« (mit meditativen Atemübungen, mit den Liedern »Atem wie Wind«, »Wind, der du saust« und dem Tanzlied »Lasset uns gemeinsam singen, danken, tanzen dem Herrn«). Thema: »Stürmischer Atem des Lebendigen: Die Dynamik des Pfingstfestes.«[3]

---

1 Aus: Hans Samson und Laura Rous, ›Und es ward Abend und Morgen‹, Fotoband (die Schöpfung in Bildern), Aussaat Verlag, Wuppertal.

2 Vorschlag: Von links nach rechts:
1. Reihe: Junges Mädchen aus Spanien, junges Mädchen aus Holland (Meisje), Mann aus Pakistan.
2. Reihe: Zwei Jungen aus Zaire, buddhistischer Mönch, Berbermädchen.
3. Reihe: Irischer Viehhändler, Oma aus Dänemark, alter Vietnamese.
4. Reihe: Thai-Mädchen, Äthiopier.

3 Aus: ›Meinen Bogen setz ich in die Wolken‹. Schulgottesdienste für die Grundschule, a. a. O., S. 47–57.

Seiten 88/89
Die Seiten sind von der Zeile »Eure Töchter und eure Söhne werden neue Dinge sagen« (Apostelgeschichte 2,17; S. 89 unten) inspiriert. Junge Frauen aus einer frühchristlichen Elfenbeindose (im Original Maria und Marta) sowie junge Männer aus einem frühchristlichen Sarkophag (Ravenna) zeigen in ihren Gesichtern jenen hingegebenen Ausdruck eines überwältigten Schauens, wie ihn die Pfingstchristen wohl gehabt haben dürften.[1] Diesen Menschen traut man zu, daß sie in jubelnder Freude alles miteinander teilen, daß sie ein Herz und eine Seele sind, wie es S. 89 heißt. Die beiden Frauen scheinen nachdenklich-nachsinnend etwas ganz Ungewöhnliches zu sehen und zu hören (vielleicht hören sie, wie Petrus predigt, vielleicht sehen sie, wie Petrus tauft und möchten gern Teilhabende sein). Die beiden jungen Männer mit dem gleichen ganz jenseitigen Abglanz auf ihren Gesichtern legen ihre Hände (der rechte mit seiner Hand über dem Herzen des linken) ineinander.[2] Ganz einander zugewandt (ein Herz und eine Seele), sind sie dennoch für das Geheimnis der Gottesgeschichte offen. Sie sehen Gottes neue Welt. Sie sehen mit dem inneren Auge, mit den Augen des Glaubens, mit dem Herzen, und sie werden – zusammen mit den Alten – neue Dinge sagen, ganz überraschend, ganz ungewöhnlich für die Mitwelt. Und sie werden neue Dinge tun: Alles miteinander teilen. Ihren Besitz verkaufen und mit dem Erlös den Armen helfen. Sie werden gemeinsam beten und in ihren Häusern das Mahl der Erinnerung an ihren Herrn feiern, feiern als österliche, als pfingstliche Christen. Denn der Geist Gottes hat sie erfaßt. Er kommt mit dem Wind, leuchtet wie die Sonne. Lachen bringt er mit, Bewegung, Freude, viele Lieder auf dem Weg, der nun beginnt durch die weite Welt.

Arbeitsfolge:
1. Die Bilder unbefangen betrachten. Sie sind ganz alt, aus der ersten Zeit der Christen. Sie zeigen junge Menschen. Was mag sein mit diesen Menschen?
2. Wie leben diese Menschen? (Antwort: Text S. 88).
3. Sie bilden die erste Gemeinde, die Ur-Gemeinde. Leben Christen heute auch noch so?
4. Sie sind voller Schwung und Elan. Sie wollen die neuen Dinge in der Welt ausbreiten, überall die freudige Nachricht weitersagen. Als Boten wollen sie gehen. Sie wollen den körperlich Kranken helfen und den Geisteskranken. All derer, die verloren sind, alt, einsam, voller Angst, wollen sie sich annehmen. Sie wollen kein Geld besitzen, keine Vorratstasche haben, kein zweites Hemd (Matthäus 10,9–10). Nur ein Ziel ist ihnen vor Augen: Menschen für Christus zu gewinnen, Menschen zu taufen.

1 Nach Joel 3,1: »Eure Alten werden Träume haben und eure Jünglinge Gesichte schauen.« Der Traum kann eine wesentliche Form der Gotteserfahrung darstellen. »Der Mensch überhört Gott, wenn er auf seine Träume nicht mehr hört« (Eugen Drewermann).

2 Dieses Bildmotiv gibt es in der christlichen Ikonographie nicht ein zweites Mal. Die Kinder sollten es miteinander probieren: Ich lege dir die Hand auf's Herz. Stille. Das Pochen spüren. Du legst deine Hand darüber. Stille. Fühlen. Horchen. – Dann umgekehrt.

5. Abschließend zur Pfingsteinheit kann das nachfolgende Lied erarbeitet werden. Aus der Sicht eines vom Geist Ergriffenen, eines Apostels, eines Gesandten gesprochen, macht es noch einmal deutlich, was pfingstlicher Geist bedeutet und wozu er Menschen veranlassen kann:

Text und Melodie: Dietrich Steinwede

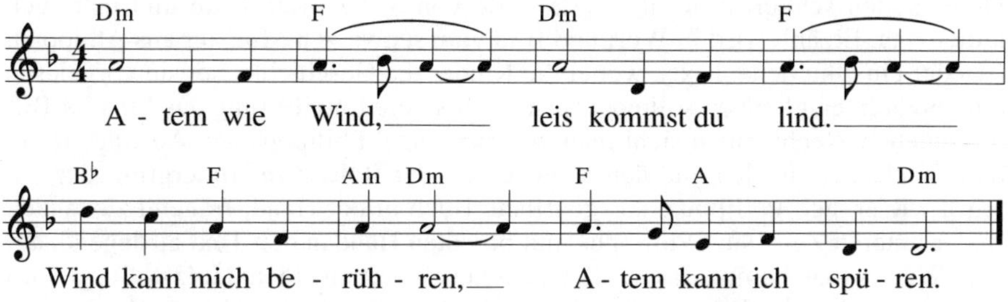

2. Geist, du von Gott –
   wie groß auch die Not –,
   erfülle unsre Sinnen.
   Es gibt ein neu Beginnen.

3. Brausender Wind.
   Ich bin Gottes Kind.
   Ich will die Nachricht sagen,
   mit Gott will ich es wagen.

4. Atmen, ganz neu.
   Ich fühle mich frei.
   Ich möchte für Gott brennen.
   Ein jeder soll's erkennen.

Teil 10: Das Haus Gottes in der Welt – Oikoumene (Seiten 90–105)

Absichten

Die Kinder sollen:

- die erste große christliche Tauferzählung (Taufe des Ministers aus Äthiopien) kennenlernen – S. 90–91
- etwas über die frühchristliche Taufpraxis erfahren – S. 92–93
- Kirchen als Häuser der Gemeinden und als Häuser Gottes in der Vergangenheit und in ihrem persönlichen Umfeld kennenlernen und erforschen – S. 94–95
- Gemeinde als ein Haus lebendiger Steine wahrnehmen – S. 96–97
- den Gegensatz von Kirche als communio sanctorum und als festes Haus erlernen – S. 98–99

- Kirchen und Konfessionen in aller Welt kennenlernen – S. 100–101
- die Oikoumene sowohl als Haus aller Menschen wie als weltweites Haus christlicher Kirchen wahrnehmen – S. 102–103
- die ökumenische (oikoumenische) Botschaft wahrnehmen – S. 104–105

Seiten 90/91
Diese Seiten schließen an die letzte Zeile von S. 87 »Kehrt um und laßt euch taufen« an. Erzählt wird in Wort und Bild vom schwarzen Minister aus Äthiopien (wieder ein Ökumene-Text), wobei die Kinder die Geschichte, sei sie vorgelesen oder erzählt, erst kennen sollten, ehe sie sich an die Entzifferung des Mbatha-Bildes machen. Rechts oben sieht man, wie der Engel Philippus den Auftrag erteilt, dann nach links fortlaufend den Minister auf der Reise (im Hintergrund Jerusalem), wie er sich Philippus, das geöffnete Buch in der Hand, fragend zuwendet. In der unteren Zeile sitzt Philippus, mit beredten Händen den Text auslegend, auf dem Wagen (das Lamm, das zur Schlachtbank – hier zu einem Holzstoß – geführt wird, ganz klein im Bildzentrum), links dann die Taufszene, die durch das Foto S. 92 eine Entsprechung in der Gegenwart findet. Überall Zweige des Lebensbaumes: Über Philippus und dem Engel, über dem fragenden Minister, um den Wagen des bereits Erkennenden, um den Hals des Täuflings, hinter dem Taufenden.

Arbeitsfolge:
1. Die Geschichte hören. Darüber sprechen:
   - Ein Ausländer hat im Tempel der Juden gebetet. Die Christusbotschaft kommt zu einem Ausländer.
   - Ein Ausländer liest in den alten Schriften der Juden. Er ist wirklich interessiert an Gott.
   - Ein Engel – wie ein Mensch – gibt einem der geisterfüllten Jünger (vgl. S. 88/89) den Auftrag. Es heißt nur: »Gehe nach Süden an die Straße nach Gaza« (der Gaza-Streifen wird heute viel in den Nachrichten erwähnt). Im Bild hat der Engel Flügel. Aber es müssen nicht Männer mit Flügeln sein, die Engel (vgl. S. 54/55).
   - Philippus bezieht den Jesaja-Vergleich mit dem Lamm auf Christus. So taten es die Christen vielfach: Das was sie aus dem Alten Testament (der Hebräischen Bibel) kannten, hörten, verstanden sie auf einmal ganz neu.
   - Das geschlachtete Lamm ist für die Christen als Gotteslamm (mit dem Kreuz) zu einem Zeichen geworden. Sie denken dabei daran, daß Abraham seinen Sohn Isaak Gott zum Opfer bringen sollte. Aber ein Widder wurde ihm gegeben. Auch für die Juden ist diese Geschichte von ihrem Stammvater Abraham wichtig. Und die Muslime kennen diese Geschichte ebenfalls aus dem Koran. Nur daß Abraham Ibrahim heißt und für Isaak sein Bruder Ismael steht. An ihrem größten Fest, dem Opferfest, denken die Muslime an diese Geschichte. Zur Erinnerung schlachten sie einen Hammel (vgl. Bd. 4, S. 116).
   - Jesus war ganz still, als er getötet wurde: Das Lied S. 81 dazu erinnern.
   - Es wurde im offenen Gewässer getauft, im Freien. So war es auch mit Jesus geschehen. Erinnerung an die Taufe durch Johannes im Jordan (Bd. 2, S. 93).

2. Das Bild im Gespräch interpretieren (Minister dreimal, Philippus viermal, überall Zweige des Lebensbaumes). Von einem Afrikaner handelt die Geschichte. Ein afrikanischer Künstler hat sie dargestellt.
3. Über Taufe heute und das Taufwasser sprechen (Aufgabe 1 und 3, S. 91).
4. Der Minister war nach Jerusalem gekommen, wie einst die Königin von Saba zum König Salomo (1. Könige 10,1–13). Salomo hatte viel übrig für die Menschen aus fremden Ländern. In dem neugebauten Tempel hat er für sie gebetet:

Wenn ein Ausländer, der nicht zum Volk Israel zählt,
der aber von deinen Taten gehört hat, Gott,
aus einem fremden Land kommt
und im Anblick deines Tempels zu dir betet,
dann höre ihn in deiner himmlischen Wohnung
und erfülle seine Bitten.
Alle Völker auf dieser Erde werden dann begreifen,
daß du der wahre Gott bist,
und werden dich genauso ehren,
wie dein Volk Israel es tut.

1. Könige 8,41–43

Alle Völker der Erde in Jerusalem – das ist wie Pfingsten.

Seiten 92/93
Das Thema Taufe[1] wird fortgesetzt mit einer freien Erzählung zur frühchristlichen Taufpraxis (S. 92). Übergeleitet wird mit der Information, daß es die Praxis des Taufens im offenen Wasser noch heute gibt (Kurztext oben und Foto).[2] Dann aber erfahren die Kinder von der Erwachsenentaufe in den frühchristlichen Taufkirchen, auf S. 93 durch die Abbildung eines in Afrika noch erhaltenen Taufbekkens mit dem ☧ in der Mitte und die Abbildung eines dreifachen ☧ aus der Decke eines frühchristlichen Baptisteriums unterstützt.

Seite 92
Es besteht eine gewisse Doppelgleisigkeit: Einerseits werden in Afrika – im Innern des Kontinents – die Täuflinge heute noch immer im offenen Wasser untergetaucht (so wie Jesus, so wie der Minister aus Äthiopien), andererseits kamen in Africa (der römischen Provinz im Norden) mit den ersten christlichen Kirchen, den Basiliken, auch die gesonderten Taufkirchen als Rotunden über Taufbecken auf. Aus der frühchristlichen Literatur sind wir über die Taufrituale in diesen Baptisterien gut informiert. Der Sachtext S. 92 schildert eine solche frühchristliche Taufe. Zentral das Bekenntnis: »Es soll in unserem Leben das Böse nicht mehr herrschen«. Zentral das dreimalige Untertauchen der nackten Täuflinge nach dem dreifachen Bekenntnis zum Vater, zum Sohn, zum heiligen

1 Zum Thema allgemein vgl. *H. Halbfas,* ›Lehrerhandbuch 4‹, a. a. O., S. 432–437.
2 Vgl. dazu die Erzählung ›Die weißen Männer‹ in diesem Werkbuch, S. 149 li. Sp.

Geist. In der Osternacht, der Auferstehungsnacht, wird getauft. Erwachsene werden getauft. Sie erinnern sich an die Zentralgeschichte der Juden vom Weg durch das Schilfmeer. Sie beten den Psalm 42,2–3: »Wie ein Hirsch nach frischem Wasser lechzt, so sehne ich mich nach dir, mein Gott, nach dem wahren, lebendigen Gott. Wann darf ich zu dir kommen, wann darf ich dich sehen?« Nach der Taufhandlung werden sie als Reingewaschene mit weißen Gewändern bekleidet. Aus der Taufkirche ziehen sie hinüber zur Basilika. Brennende Lichter tragen sie in der Hand. Drinnen feiern sie das Mahl. Der Tisch ist ihnen bereitet: Schalen, darauf Brote, kreuzförmig eingekerbt, daneben der Kelch mit funkelndem Wein. »Kommt und kostet«, sagt der Bischof. Sie treten in tiefer Stille heran. Sie nehmen Speise und Trank: Das Brot – Leib Christi –, den Kelch – Blut Christi. Und jeder antwortet: »Amen«.

Seite 93
Die Pracht dieser frühchristlichen Taufkirchen (in Ravenna noch heute zu bewundern) wird auch deutlich an dem frühchristlichen Taufbecken aus Kelibia (Tunesien)[1], das in seinem Mosaikschmuck vollständig erhalten ist. Man erkennt das Christusmonogramm (mit dem α und ω) viermal (einmal im Ausschnitt). Man erkennt Fische, Pflanzen, Vögel: Abbilder der Natur, zugleich Sinnbilder des göttlichen Paradieses. Sollten die Kinder beginnen, die Umschrift zu lesen: »Sancto (SCO) beatissimo Cypriano Episcopo Antiste« – »dem heiligen, verehrungswürdigen Bischof und Priester Cyprian«, kann ihnen kurz von dem berühmten afrikanischen Bischof Cyprian erzählt werden, der 230 Jahre nach dem Tode Jesu unter dem römischen Kaiser Valerian (253–260) hingerichtet wurde, weil er den Götterbildern Roms nicht opfern wollte.[2]
Der dreifache Mosaikkreis aus der Decke der Taufkirche in Albenga/Italien führt den Kindern das seit dem vierten Jahrhundert beherrschende Symbol der Christenheit[3] kraftvoll vor Augen. Blau steht für das Taufwasser und für Christus, Gold für den heiligen Geist, Weiß für Gott. Alles liegt ineinander, durchdringt sich gegenseitig. Es gibt kaum ein zwingenderes Symbol für die Dreiheit in der Einheit.
Den Kindern wird das Zeichen[4] im Zusammenhang mit dem Dreiklang der Taufformel (Text S. 92) erklärt. Das Alpha und Omega wird ihnen erschlossen. Sie sollen das Ganze nachmalen und sich damit fest einprägen, sie sollen es im Taufbecken oben wiederentdecken, aber auch auf dem Altar S. 95. Aus dem

1 Kelibia bei Cap Bon, nicht weit vom alten Karthago. Datierung unsicher, etwa 450. Das Becken heute in Tunis, Musée du Bardo.

2 Hinrichtung am 14. 9. 258 wegen »Nichtbeachtung der Staatsgötter und anderer abscheulicher Verbrechen«. Valerian hatte ein strenges Edikt gegen den christlichen Klerus erlassen. Als der junge Augustinus über hundert Jahre später nach Rom geht (383), schickt er seine Mutter Monika in Karthago an die Gedächtnisstätte des heiligen Cyprian.

3 Konstantin hatte es bei der Schlacht an der Milvischen Brücke seinen Truppen vorantragen lassen. »In hoc signo vinces« – »In diesem Zeichen wirst du siegen« überliefert die Legende. Seitdem begegnet es auf unzähligen Münzen, Öllämpchen, Goldgläsern, Elfenbeinschnitzereien, Altarplatten, Sarkophagen, Grabsteinen, Fresken und Mosaiken.

4 Der Symbolbegriff wird erst in Bd. 4 eingeführt!

Anfangsbuchstaben des Namens Christus ist dieses beherrschende Zeichen der Christenheit schon früh gebildet worden. Überall kann man es entdecken.[1] Viele Christen setzen es als Ausdruck ihres Glaubens an die Gegenwart Christi auch über den Tod hinaus noch heute auf ihre Grabsteine.

Seite 94
Die Vorstellung von der Pracht frühchristlicher Taufkirchen wird S. 94 durch die Pracht des Innenraums der Kirche S. Vitale in Ravenna erweitert: So sehr wurde Christus als der Herr verehrt, daß das Schönste und Kostbarste, was die Menschen damals besaßen bzw. sich erdenken konnten, für ihn gerade gut genug war. Sie bauten für die gottesdienstliche Feier, für Gott und für Christus gewissermaßen neue Tempel Salomos und bildeten Christus als den Weltherrscher (s. Apsis im oberen Bild) darin ab. War Ravenna noch ganz Ausdruck einer christlichen Kultur des mediterranen Raumes, so zeigten die kühnen Bauten der Gotik (hier in Innenansicht und Aufriß)[2] eine neuerwachende Himmelssehnsucht mitteleuropäischer Völker. Den Kindern muß dieser auch kulturgeschichtliche Hintergrund nicht erschlossen werden. Intendiert – und das will auch der Sachtext leisten – ist das Staunen über derartige Leistungen der Christen für ihren Gott.
Bei der Betrachtung der beiden Fotos mögen sie das Insichruhende der byzantinischen Kirche vom Aufstrebenden der gotischen Bauten unterscheiden. Sie mögen darüber nachdenken, welche Kraft, Phantasie, Kunst und Technik es Menschen, die kaum über Maschinen verfügten, gekostet haben mag, derartige Bauten zu errichten. Sie mögen in San Vitale die Säulen bewundern, das Bild des Weltenherrschers Christus auf dem Weltenrund im Apsisgewölbe. Sie können zum Blick in das hohe Gewölbe der Kathedrale auch noch einmal die Fotos von Portal und Innenraum gotischer Kirchen S. 12 vergleichen. Sie können darüber hinaus die Gotteshäuser der Christen zu dem alttestamentlichen Gotteshaus der Juden, dem Tempel des Salomo (S. 72/73), in Beziehung setzen und Unterschiede feststellen. Hingeführt werden sollen sie aber zu dem vielleicht ganz bescheidenen Gotteshaus in ihrer eigenen Gemeinde.

Seite 95
Was in jeder Kirche aufzufinden ist, wurde hier abgebildet: Oben links: Am Altar feiern christliche Gemeinden das Abendmahl. Der Tisch für Brot und Wein – aus der Antoniterkirche in Köln – ist mit einer kostbaren Tischdecke geschmückt (vgl. den Altar im Ravenna-Bild S. 94). Kerzen sind darauf, die Bibel, das Kreuz, Blumen. Unten links: Taufstein und Taufbecken – gelegentlich in gesonderten Taufkapellen – sind oft kostbar ausgeführt. Getauft werden heute meist Kinder (oben rechts), seltener Erwachsene wie in der Anfangszeit der Christen. Eltern und Paten sprechen für die unmündigen Täuflinge das Bekenntnis »Ich glaube« (vgl. S. 39).

---

1 Aufforderung zu solchen Entdeckungen!
2 S. 94 unten links: Kathedrale St. Pierre, Beauvais (Frankreich), unten rechts aus David Macauley, ›Sie bauten eine Kathedrale‹. Dieses Buch, als Taschenbuch erhältlich, bietet weitere kindgemäße Informationen zum mittelalterlichen Kathedralbau.

Im Mittelpunkt des Gottesdienstes evangelischer Gemeinden steht die Wortverkündigung. Ein Pfarrer/Pastor, eine Pfarrerin/Pastorin legt von der Kanzel, einem oft erhöhten Rednerpult, der hörenden Gemeinde die Bibel aus. Solch eine Kanzel kann kostbar ausgeführt sein (in älteren Kirchen!). Im Foto unten Mitte sieht man eine moderne Kanzel mit einem Antependium (dem ›Davorhängenden‹) – darauf ein schöner biblischer Spruch.[1] Was es in den frühchristlichen Kirchen noch nicht gab[2], zuerst dann in den gotischen Kathedralen, war ein großartiges Instrument, auf dem Musik zu Ehre Gottes erklang: die Orgel. Heute ist sie, da zur Begleitung des (oft schwachen) Gemeindegesangs unentbehrlich geworden, in jeder Kirche zu finden.
In großen Kirchen hat die Orgel oft mehrere Teile (Werke), in der abgebildeten Orgel aus der Klosterkirche in Loccum ist das Brustwerk (ganz klein über dem Spieltisch), ein Hauptwerk, ein Rückpositiv und ein Pedalwerk mit den größten, weil tiefsten Pfeifen links zu sehen.

Entscheidend für die Erarbeitung der Seite ist der Besuch des eigenen Gotteshauses:

- Eintreten durch das Portal (vgl. S. 12). Die Atmosphäre des Kirchenraums wahrnehmen.
- Feststellen, ob die unentbehrlichen Dinge – Altar/Taufstein/Kanzel (Lesepult)/Orgel vorhanden sind. Vergleich mit den entsprechenden Fotos S. 95.
- Das Besondere in der eigenen Kirche beschreiben: Altarbild, Bilder an den Wänden, farbige Fenster, Antependien usf.
- Vom sonntäglichen Gottesdienst erzählen. Wichtige Teile sind das »Herr, erbarme dich« (Kyrie), das »Ehre sei Gott in der Höhe« (Gloria), das Glaubensbekenntnis (Credo), die Predigt, das Abendmahl (mit dem »Heilig, heilig, heilig sei Gott« – Sanctus – und dem »Christe, du Lamm Gottes« – Agnus dei). Das Abendmahl[3] wird nicht in jedem evangelischen Gottesdienst gefeiert, wohl aber gibt es immer das Vaterunser und den Segen.
- Mit der katholischen Kirche vergleichen (s. S. 37). Dort immer: Weihwasserbecken, Tabernakel, Ewiges Licht, Beichtstuhl, Marienfigur. Die Priester tragen prächtige Gewänder. Die Kommunion ist Teil jeder Eucharistiefeier (Messe). Die Priester trinken den Wein (Blut Christi). Alle essen das Brot (Leib Christi). Das übriggebliebene Brot (Hostien) wird im Tabernakel aufbewahrt. Der Wein muß immer ausgetrunken werden.

Seiten 96/97
Aus dem Leben der Gemeinde baut sich das Haus Gottes. Lebendigkeit, Liebe, Dienst und Freude kann es sein. Kein gerades, eckiges, sondern ein rhythmisches Haus aus Menschen baut sich hier.

---

1 Jesaja 43,1.

2 In den christlichen Hymnen war die menschliche Stimme seit dem 4. Jahrhundert (Bischof Ambrosius in Mailand) über die Jahrhunderte hinweg (in manchen Klosterkirchen heute noch) das einzige Instrument.

3 Früher nahmen am Abendmahl nur Erwachsene teil. Heute können in vielen Gemeinden schon Kinder, wenn sie getauft sind, das Abendmahl erhalten.

Die Kinder erschließen die Fotos:
- Links oben: Abendmahl bei einem Gottesdienst im Freien.
- Darunter: Beratung für Asylbewerber. Wie das Gesicht des Kindes deutlich macht, kommen sie aus einem ostasiatischen Land.
- Darunter: Kinderchor, »Singet und spielet dem Herrn in eurem Herzen« (Epheser 5,19).
- Mitte oben: Gemeindefest mit Behinderten (Rollstuhlfahrer).[1]
- Darunter: Pflegedienst eines Zivildienstleistenden.
- Darunter: Konfirmandenunterricht.
- Rechts oben: Kindergottesdienst: Tanzen am Altar.
- Darunter: Trauung.
- Darunter: Altenbesuch (Gemeindeschwester).
- Darunter: Kindergarten mit ausländischen Kindern.[2]
- Daneben: Gottesdienst mit Ausländerinnen und Ausländern. Hier wird von Herzen gesungen und musiziert. Wir mit den anderen bei uns zuhause. Singen und lachen wie zu Pfingsten (S. 88/89): Alle verstehen die eine Sprache, die Sprache des Herzens.

Arbeitsmöglichkeiten:
- Die Kinder erzählen von ihren Gemeindeerfahrungen:
  Kindergottesdienst – Familiengottesdienst – Kinderpredigt – Gemeindefest – Taufe – Weihnachtsgottesdienst, dann von Erfahrungen mit Personen: Pfarrer – Vikarin – Organistin – Küster – Gemeindeschwester – Erzieherinnen im Kindergarten usf.[3]
- Die Kinder lesen und erörtern einen Gemeindebrief aus ihrer Heimatgemeinde.
- Die Kinder lesen/lernen als Motto S. 98 unten: »Ihr Menschen seid die lebendigen Steine. Baut ihr euch zusammen zum Hause Gottes« (nach 1. Petrus 2,5). Dazu singen sie das nachfolgende Lied:

Text und Melodie: Dietrich Steinwede

1 Vgl. S. 112/113.
2 Die Kinder erzählen erinnernd von ihren Erlebnissen, davon, was sie im Kindergarten von Gott und von Jesus gehört haben (u. U. behutsame Korrektur).
3 Ein Besuch, etwa bei der Gemeindeschwester, lohnt sich immer. Aber auch den Organisten kann man bitten, die Orgel zu erklären, Lieder und Orgelstücke oder auch das Wichtigste aus der Liturgie vorzuspielen.

– Eine Zeichnung »Unsere Gemeinde – ein Haus der lebendigen Steine« (oder auch »Ich träume meine Kirche«) kann die Arbeit mit und zu S. 96/97 bündeln.

Die Erzählung »Wahlgespräche« von Gerhard Büttner vertieft Gemeindeleben an einem Punkt: Ein Vater soll Mitglied des Presbyteriums (Rheinische Kirche), des Kirchenvorstandes (Hannoversche Kirche) werden. Im Gespräch mit dem Sohn klären sich die Aufgaben ab. Deutlich wird, daß in den Evangelischen Kirchen das Presbyterium (der Kirchenvorstand, Kirchengemeinderat) zusammen mit den Pfarrerinnen/Pfarrern (Pastorinnen/Pastoren) die Gemeinde leitet.

Wahlgespräche

»Papa, erzähl' mir doch noch 'ne Geschichte!«

»Nein, jetzt ist es Zeit zum Schlafen.« Gerade will Philipps Vater noch ein »Gute Nacht!« dranhängen, als das Telefon klingelt.

Philipp ist ganz Ohr, vielleicht könnte es ja irgend etwas sein, was auch für ihn wichtig ist, und außerdem verzögert der Anruf das Zu-Bett-Gehen.

»Wie sind Sie denn gerade auf mich gekommen? Bloß weil ich im Kirchenchor mitsinge und beim Gemeindefest mithelfe, muß ich doch nicht gleich Presbyter werden.«

Philipp hat so ein Gefühl, daß es sich um etwas Wichtiges handelt, das er unbedingt mit anhören muß. Das muß sein Vater ihm nachher alles erklären. Endlich hört er das »Auf Wiederhören!« seines Vaters.

»Papa, wirst du jetzt Bürgermeister oder Bundeskanzler?« stürmt Philipp auf ihn ein.

»Nein!« lacht der Vater, »Frau Müller hat nur gefragt, ob ich bereit sei, für das Amt eines Presbyters zu kandidieren.«

»Na bist du?« möchte Philipp gleich wissen.

»Das muß ich noch mit Mama und dir besprechen.«

»Ich bin einverstanden«, meint Philipp sogleich. »Was mußt du denn da machen? Kannst du dann bestimmen, daß ich immer bei Frau Huber Religionsunterricht habe und im Gottesdienst immer deine Lieblingslieder gesungen werden?«

»Setz dich erst mal hin, dann will ich dir das erklären! Alle evangelischen Christen hier im Ort gehören zur Evangelischen Kirchengemeinde, die katholischen zur Katholischen Kirchengemeinde. In manchen Orten gibt es dann noch andere christliche Gemeinden. Meistens sind diese aber kleiner, und oft kommen die Mitglieder auch von den Nachbarorten dann an einem zentralen Ort zum Gottesdienst zusammen. Aber außer dem sonntäglichen Gottesdienst gibt es ja noch andere Aufgaben einer Kirchengemeinde.«

»Jungschar und Kirchenchor«, unterbricht da Philipp.

»Das stimmt, und noch einiges mehr. Denk nur an den Kindergarten und die Veranstaltungen, die in unserem Gemeindesaal stattfinden. Das muß alles organisiert werden.«

»Dafür haben wird doch den Pfarrer!« wirft Philipp überrascht ein.

»Eigentlich sind das alles Aufgaben der Gemeindemitglieder. Da nicht alle Zeit und Lust haben, sich um all diese Sachen zu kümmern, wählen sie einige Frauen und Männer aus, die dann für eine bestimmte Zeit dafür zuständig sind, zusammen mit dem Pfarrer all die großen und kleinen Dinge zu beraten und zu entscheiden, die eben so anfallen. Das geht von Renovierungsarbeiten am Kirchengebäude, Gemeindehaus oder Kindergarten über die Anstellung zum Beispiel der Kindergärtnerinnen bis hin zu Fragen wie Konfirmation oder Gemeindefeste.«

Interessiert hört Philipp zu und meint, nun schon ein wenig müde: »Wir haben in diesem Jahr einen Klassensprecher gewählt, der darf aber nicht so viel entscheiden wie ein Presbyterium.«

»Das macht ihr ja auch, um das Wählen zu üben«, antwortet da der Vater. Doch beim Stichwort Wahlen wird Philipp wieder wacher: »Papa, gibt's da auch Parteien? Für welche bist du denn dann?«

»Nein, die brauchen wir bei der Presbyteriumswahl nicht. Weißt du, hier kennt man sich doch ganz gut und kann sich schon denken, was den einzelnen Kandidaten wichtig sein wird und wofür sie sich besonders einsetzen werden. Meist stehen ja Leute zur Wahl, die auch sonst etwas für die Gemeinde tun, z. B. im Posaunenchor dabei sind oder die Sammlungen für die Hungernden der Welt durchführen.«

»Du, wenn die Presbyterinnen und Presbyter so viele Sachen machen, wozu brauchen wir dann einen Pfarrer?«

»Den Pfarrer brauchen wir schon, für die Gottesdienste, die Beerdigungen, Trauungen und Taufen, den Religionsunterricht, die Besuche bei Alten und Kranken und für vieles andere mehr. Die Pfarrerin oder der Pfarrer werden von der Gemeinde, genau genommen vom Presbyterium, gewählt, um ihre ganze Arbeitskraft für die Aufgaben der Gemeinde zur Verfügung zu haben. Außerdem sind sie für diese Aufgaben extra ausgebildet. Die Gemeindemitglieder können das alles nur nebenher, in ihrer Freizeit machen.«

»Haben die Katholiken auch so ein Presbyterium?« Philipp wird jetzt wirklich müde.

»Ja, es hat zwar nicht das Recht, den Pfarrer zu wählen, und nach den Vorschriften hat der Pfarrer dort auch etwas mehr zu sagen. Normalerweise funktioniert es aber ganz ähnlich wie bei den Evangelischen. Aber jetzt ist endgültig Schluß, sonst fragst du mir noch ein Loch in den Bauch. Marsch jetzt ins Bett!«

»Gute Nacht Papa! . . . und, was wirst du Frau Müller sagen?«

Gerhard Büttner[1]

Zusatzmaterial

Als Einführung aber auch als abschließender Text zu S. 96/97 kann die nachfolgende Meditation verwendet werden, die auf der Basis von Epheser 2,19–22 einerseits einen Weg zum Bildwort führt, andererseits bereits den Begriff Oikoumene von S. 102/103 und Gedanken des Liedes von S. 105 vorwegnimmt.

1 Aus: ›Vorlesebuch Ökumene‹, hrsg. von S. Beck u. a., Verlage Kaufmann/Butzon und Bercker, Lahr/Kevelaer 1991, S. 69–70.

Haus der lebendigen Steine

Wie können Steine lebendig werden?
Indem du sie bemalst.
Mit einer Blume.
Mit einem Tier.
Mit einem Stern.
Mit dem Gesicht eines Menschen.
Mit einem wichtigen Wort darauf.
Zum Beispiel: ›Freundschaft‹.

Oder noch anders:
Denke dir, du hast rechteckige
Kästen, Pappschachteln,
Schuhkartons oder kleine Pakete.
Und nun bemalst du sie.
Oder du beklebst sie.

Womit?

Mit selbstgemalten Bildern.
Oder mit Fotos.

Wovon?

Von dir und deinen Eltern.
Von deinen Freundinnen und
Freunden.
Von einem Baby.
Von einer alten Frau.
Von einem bärtigen Mann.
Von einem Mädchen mit Sommersprossen und blonden Haaren.

Fotos von Menschen.
Von Menschen aus aller Welt.
Vielleicht ist auch ein Schwarzer
dabei.
Oder ein Chinese.

Von diesen Menschenbildern,
darauf gemalt, darauf geklebt,
werden deine Kastenbausteine ganz
lebendig.
Es werden lebendige Steine.

Und jetzt stelle dir vor,
du klebst noch ganz andere Bilder auf:
Das Bild von einem schöngeschmückten Erntealtar.
Das Bild von einer Taufe.
Das Bild von einem Organisten an der Orgel.
Das Bild von einer Pfarrerin auf der Kanzel.
Das Bild von einem schönen Kirchenfenster.
Das Bild von einer singenden
Gemeinde.
Dann hast du lauter
Kirchen-Bausteine.

Oder noch anders:
Du klebst Bilder auf von einem Fest im Kindergarten.
Oder von einem Schulgottesdienst.
Oder wie ein Zivi einer alten kranken Frau hilft.
Oder wie ein Kirchenchor singt.
Oder wie die Kinder im Kindergottesdienst um den Altar tanzen.
Oder wie ein Behindertengottesdienst stattfindet.
Oder wie die Gemeindeschwester eine alte Frau im Rollstuhl schiebt.
Oder wie Konfirmanden unter einem großen Regenbogen die Noah-Geschichte spielen.
Oder wie Ausländer bei uns im Gottesdienst ihre Lieder singen und tolle Musik machen.
Oder wie ein evangelisches Mädchen und ein katholischer Mann heiraten.
Und sie werden zusammen von einem
Priester und einer evangelischen
Pfarrerin getraut.

All diese Bilder
sind lebendige Bilder.
Und wenn du sie auf Pappbausteine
klebst,
hast du lebendige Steine.

Und nun stell dir vor,
du schichtest diese Steine übereinander.

Du baust daraus eine Kirche.
Dann hast du ein Gotteshaus
aus lauter lebendigen Steinen.
Alles, was in der Kirche lebendig
ist, kann man von diesen Steinen
ablesen.

Und nun stelle dir vor:
Es sind nur Menschen, die zusammenkommen, geisterfüllte Menschen.
Da ist jeder Mensch wie ein
lebendiger Stein.

So hat Jesus das gemeint, als er sagte:
»Ihr Menschen seid die lebendigen
Steine.
Baut euch zusammen zum Hause
Gottes.«

Alle in einer Gemeinde,
die erfüllt sind von Gottes Geist,
die einander lieben,
das sind lebendige Steine.
Alle zusammen bilden das unsichtbare
Haus Gottes, ein Haus, das keine
Mauern braucht.
Und doch steht es fest.
Es steht auf den Worten der Bibel.
Auf den Worten der Propheten.
Auf den Worten der Evangelisten.
Es steht auf dem Glauben der
Christen,
an ihren Herrn Jesus Christus,
an den einen unsichtbaren und starken
Gott.

Jeder ist ein Teil,
ein Stein dieses wunderbaren Hauses.
Jeder hat seinen Platz.
Und jeder hält und trägt die anderen
Steine mit.

Und oben im Gewölbe
dieser unsichtbaren Kirche,
da gibt es einen Schlußstein,
der alles zusammenhält.
Und dieser Schlußstein ist
Jesus Christus.

Ja, alle Menschen aus allen Völkern,
die an Gott glauben,
die in Gottes Namen
zusammenkommen,
die bilden eine riesige Weltenkirche,
das Welten-Haus Gottes.
Unsichtbar.
Und dennoch ganz stark.
Unzerstörbar. Ein ewiges Haus.

So steht es in der Bibel geschrieben
im Neuen Testament,
im Brief an die Gemeinde in Ephesus:
»Ihr Menschen aus den anderen
Völkern,
ihr seid nicht länger Fremde.
Ihr gehört zum Volke Gottes.
Ihr seid in die Hausgemeinschaft,
in das Haus Gottes, aufgenommen.
Ihr seid als lebendige Steine
in den großen Bau eingefügt,
dessen Fundament die Apostel
und die Propheten bilden.
Der Schlußstein aber ist Christus.
Er hält das ganze Gebäude zusammen.
Durch ihn wird es ein heiliges Haus,
ein wahrer Tempel Gottes.«

Ganz und gar von Gottes Geist erfüllt
ist dieses Haus.
Und alle darin sind glücklich.

Möchtest du auch ein Stein sein
in einem solchen Weltenhaus
des lebendigen Gottes?

Es gibt ein geheimnisvolles Wort
für dieses Haus, ein griechisches
Wort: ›oikos‹.

Dieses Weltenhaus Gottes
aus lauter lebendigen Steinen,
unsichtbar und dennoch stark,
das ist die Oikoumene.

Alle die Gott liebhaben,
alle die den Mitmenschen,
ob fern oder nah, liebhaben,
alle, die einander beistehen,

die sich die Hand reichen,
Schwester und Bruder,
alle die dahin gehen,
wo der Frieden wohnt,
die bauen mit am Welthaus
der Oikoumene.

Seiten 98/99
Hier wird der andere Kirchenbegriff – Kirche als Gemeinschaft der Heiligen, als communio sanctorum – entfaltet: Gott braucht kein Haus: Wo zwei oder drei in seinem Namen versammelt sind, da ist er mitten unter ihnen (Kanon S. 98). Das kann in irgendeinem Raum sein, das kann wie bei vielen afrikanischen Gemeinden unter einem Baum (Foto S. 98)[1] sein. Jeder Christ/jede Christin ist so etwas wie ein lebendiger Stein. Aus vielen solcher Steine baut sich das Haus Gottes (1. Petrus 2,5).
Die Betrachtung der Fotos S. 99–101 führt dann wieder zurück zur Kirche als Gotteshaus; nun gilt es, die unterschiedlichsten Formen, die in der Ökumene für solche Häuser gefunden wurden, wahrzunehmen. Glocken rufen zum Gottesdienst[2]; man kann aber auch in der Stille einer leeren Kirche zur Andacht kommen, Gottes Nähe spüren (S. 99).[3]

Arbeitsfolge:
1. Von der afrikanischen Gemeinde unter dem Baum erzählen. Dazu der Kanon mit der Zusage Jesu: »Wo zwei oder drei in meinem Namen zusammenkommen, da bin ich selbst in der Mitte« (Matthäus 18,20) = da ist Gemeinde, da ist Kirche, da ist das Haus Gottes. Tanzvorschlag von Elke Hirsch:

Aufstellung:		2 konzentrische Kreise, Front zur Mitte, V-Haltung
Schrittfolge:		*Teil A*
Takt 1	1	Schritt mit re Fuß seitwärts
	2	li Fuß beistellen
	3	re Fuß seitwärts
	4	li Fuß tippt neben dem re Fuß
Takt 2		nach links wiederholen
Takt 3–8		wie Takt 1–2
		Teil B
Takt 9–10		4 kleine Schritte zur Mitte, dabei die Arme nach oben strecken
Takt 11–12		2 Wiegeschritte (über die eigene Mitte das Gewicht nach re und li verlagern)

1 Zu sehen ist eine Herero-Gemeinde in Namibia.
2 Wer den Glocken (im Zusammenhang mit dem Thema Frieden) näher nachgehen will, sei auf den Schulgottesdienst ›Frieden – Glocken – Friedensglocken‹, aus ›Meinen Bogen setz ich in die Wolken‹, a. a. O., S. 130–142 verwiesen.
3 Henri Matisse, Dominikanerinnenkapelle in Vence, Südfrankreich.

Takt 13–14	4 Schritte zurück, dabei die Arme senken
Takt 15–16	2 Wiegeschritte
	von vorn

2. Erfahren, wie die Botschaft von dem lebendigen Christus zu den Schwarzen in Afrika kam und kommt. Dies im ökumenischen Sinne (ich versuche von dir her zu denken) aus der Sicht des schwarzen Mädchens Sombo in der nachfolgenden Geschichte von Siege Nasrin:

Die weißen Männer

Sombo lebt in einem kleinen afrikanischen Dorf im Nord-Osten Sambias an einem Nebenfluß des großen Sambesi. Hier erzählt sie von ihrem Leben im Dorf. Jeden Tag geht sie den langen Weg in die Schule. Sie liebt die Schule und bewundert den Lehrer, der so viel weiß. Sombo erzählt, wie sie für ihre Geschwister sorgen muß und wie gerne sie im kühlen Fluß badet und fischen geht. Doch Sombo hat viele Fragen, und es gibt vieles, worüber sie nachdenken muß.

Ich mag den Morgen. Ich mag die Sonne, die dann wie ein roter Feuerball über dem Fluß aufgeht. Ich mag das Feuer am Morgen. Oft bin ich die erste, die aufwacht. Ich halte meinen noch schlafenden kleinen Bruder an meinen Körper gedrückt. So geben wir einander etwas von unserer Wärme ab. In der kalten Zeit schlafe ich wenig und warte sehnsüchtig auf den Morgen. Sobald es hell ist, löse ich vorsichtig meinen Bruder von mir. Dann gehe ich Feuerholz holen und entfache das Feuer neu. Die Wärme ist nun wie eine Hand, die nach mir greift. Die Finger der Hand bedecken nicht den ganzen Körper, und mir ist warm und kalt zugleich.
Meine Geschwister werden langsam wach. Auch Mutter höre ich leise sprechen. Ich laufe zum Fluß, um Wasser zu holen. Nebel liegt auf dem Fluß, und ich kann das andere Ufer nicht sehen. Ich tauche meine Hände in das Naß und wasche mir das Gesicht. Das Wasser ist kalt und tut meinen Fingern weh. Schnell fülle ich die große Kalebasse[1] und laufe zurück zu unserer Hütte. Meine Geschwister hocken schon alle am Feuer und wärmen sich daran. Mutter liegt noch auf ihrem Lager in der Hütte. Ich setze einen Topf mit Wasser auf und tröste meine Geschwister: »Gleich bekommt ihr euren Tee, und dann wird euch warm.«
In unserem Dorf wohnt eigentlich nur meine Familie. Das sind zuerst einmal Mutter, Vater und wir vier Kinder: mein Bruder Chilombo und meine zwei Schwestern Kuvangu und Miji und ich, Sombo.
Dann wohnen hier aber auch noch Vaters ältester Bruder mit seiner Frau Li-

1 Gefäß aus einem Flaschenkürbis.

nongo und den Kindern, seine zwei jüngeren Brüder und die Großeltern.
Früher wohnten noch die Schwestern meines Vaters in unserem Dorf. Aber sie haben geheiratet, und jetzt leben sie bei ihren Männern. Nur Vaters kleine Schwester ist in die Stadt gezogen.
Mutter warnt uns jeden Tag vor der Stadt. »Dort kommt das Böse her«, sagt sie dann mit drohender Stimme.
»Das Böse ist doch im Fluß«, habe ich ihr einmal geantwortet.
Da hat sie gelacht und gesagt: »Aber das Böse aus der Stadt kennen wir nicht, und deshalb hat es Macht über uns.«
Mutter kocht uns den Maisbrei. Schon seit langem haben wir keinen Zucker mehr und müssen ihn ungesüßt essen. Statt Zucker tun wir nun etwas Salz hinein.
Vielleicht kommt Vater heute von der Jagd zurück. Dann werden wir Fleisch haben, und ich werde so viel essen, daß man mich durch das Dorf rollen kann. Bei dem Gedanken an Fleisch knurrt mir der Magen. Miji guckt sich erstaunt um und will wissen, was so laut geknurrt hat.
Vater ist schon vor vielen Tagen mit seinen Brüder und einigen anderen Männern in den Busch gegangen. Sie haben ihre Pfeile und Bogen mitgenommen. Vater ist ein guter Jäger. Immer bringt er uns Fleisch mit. Die Männer aus den umliegenden Dörfern gehen gerne mit ihm auf die Jagd.
Am Abend kommt Vater von der Jagd zurück. Er strahlt. Sie haben zwei Antilopen erlegt. Das meiste Fleisch ist noch im Lager im Busch. Die Jäger haben soviel sie tragen konnten mit ins Dorf geschleppt. Sie sind müde. Sie sagen, daß sie das restliche Fleisch später auf zwei Fahrrädern holen wollen.
Das ganze Dorf lärmt vor Freude. Nun werden wir wieder für einige Zeit Fleisch haben.
Die Männer haben auch getrocknetes Fleisch mitgebracht; es ist Fleisch von den Tieren der ersten Jagdtage. Ich schneide mir ein Stück aus einer Keule heraus und kaue darauf herum. Doch Miji läßt es mich nicht alleine essen. Mit ihren kleinen Fingerchen greift sie danach und steckt das Fleisch schließlich in ihren fast zahnlosen Mund. Vater lacht und kneift sie in die Backe.

Wime und ich gehen in die gleiche Klasse, und so haben wir denselben Lehrer. Er ist noch jung, und wir haben ihn alle gern. Wime sagt, daß sie ihn heiraten möchte.
Ich lache sie aus. »Aber er ist doch dein Lehrer«, sage ich. Ich verrate ihr nicht, daß ich ihn selber heiraten will.
Einmal hat er uns erzählt, daß er in einem anderen Land, weit weg von Afrika, studiert hat. Er hat uns Fotos aus diesem Land gezeigt. Da habe ich gesehen, daß die Menschen dort alle weiß sind.
Vater hat mir schon früher von den weißen Menschen erzählt, die in unsere Heimat gekommen sind. »Sie haben uns und unser Land beherrschen wollen«, hat er gesagt. »Die meisten von ihnen sind jetzt weg. Sie sind zurück in ihr Land oder in andere Länder gegangen.«
Ich habe dem Lehrer gesagt, daß es nur gut ist, daß er auch in ihr Land gegangen ist. Er hat mich angeschaut und gelacht. Dabei ist mir ganz warm im Bauch geworden, und ich habe mir gedacht, daß ich ihn gern heiraten würde.
Ich kenne einige weiße Menschen. In der Stadt auf der anderen Seite vom Fluß wohnen zwei Weiße. Sie sind

sehr nett. Der eine ist ein Missionar. Er kommt jede Woche in unsere Schule und möchte mit uns über Jesus sprechen. Manchmal verkauft er in seiner Mission alte Kleider aus seinem Land. Dann ist immer sehr viel los. Alle wollen etwas kaufen. Der Missionar hat einen runden Kopf ohne Haare. Ich muß immer auf seinen Kopf schauen, wenn er mit uns spricht. Weil sein Kopf so lustig aussieht und glänzt.
Der andere Weiße ist ein Arzt und arbeitet im Krankenhaus. Er hat einen roten Bart.
Vater will von den Weißen nichts wissen. Er sagt, daß die Missionare unsere Kultur verderben.
»Ich finde die Missionare nett«, habe ich Vater gesagt.
Mutter hat mir beigepflichtet. Sie hat sich ja auch vor einiger Zeit von dem Lehrer-Missionar am Fluß taufen lassen. Vater ist dagegen gewesen. Er sagt, die Religion der Weißen erzürne die Ahnen. Aber Mutter meint, die Ahnen seien ihr nicht böse. »Die Ahnen lassen dich das wissen, wenn sie dir böse sind, und ich fühle, daß sie mir nicht zürnen.«
Da hat Vater seine Axt genommen und ist in den Wald gegangen. Ich habe bis in die Dunkelheit gehört, wie er Holz geschlagen hat. Ein dumpfer, gleichmäßiger und irgendwie trauriger Ton.
Die Taufe ist ein großes Fest gewesen. Es sind viele gekommen, um sich taufen zu lassen, aber es waren auch viele da, die einfach zuschauen wollten. So wie ich. Wir haben alle zusammen gesungen, und ich hätte mich am liebsten in die Reihe der Täuflinge gestellt. Aber Mutter hatte Vater versprechen müssen, uns Kinder nicht taufen zu lassen.
Es ist kalt. In der Nacht drücke ich meinen kleinen Bruder Chilombo wieder an mich. Und trotzdem frieren wir. Hoffentlich ist die kalte Zeit bald vorbei und das Frieren in der Nacht hat ein Ende!
Uns allen läuft die Nase, und viele husten. Großmutter hat Kräuter aus dem Busch gebracht. Sie macht uns daraus einen Tee. Der Tee schmeckt scheußlich. Miji weint, weil sie ihn nicht trinken will. Sie preßt die Lippen zusammen, doch Mutter flößt ihr den Tee mit Geschrei und Drohungen ein.
Gestern hat der weiße Doktor mit dem roten Bart uns in der Schule besucht. Seine Haut ist ganz weiß mit kleinen braunen Flecken. Er ist der längste Mann, den ich bisher gesehen habe. Seine Stimme ist tief und laut. Er spricht unsere Sprache wie einer von uns. Wenn ich die Augen schließe, stelle ich mir vor, er könnte auch schwarz und klein sein, aber wenn ich sie wieder öffne, sieht er doch ganz anders aus. Das habe ich ein paarmal gemacht, und schließlich mußte ich laut kichern.
»Warum lachst du?« hat er mich da gefragt.
Ich habe noch mehr lachen müssen. Plötzlich hat die ganze Klasse gekichert und gelacht. Der weiße Doktor hat uns eine Weile ganz ruhig angeschaut und dann hat er auch gelacht: Ein Lachen wie Donner im Regen. Tief und dröhnend und irgendwie schön.
Dann hat er uns nacheinander untersucht. Er hat mit einem langen Schlauch in unsere Brust hineingehorcht. Ja, das hat er damit machen können. Dann bin ich an die Reihe gekommen. Der Schlauch zum Brustabhorchen führte an dem einen Ende in seine Ohren und an dem anderen auf meine Brust. Das Ende an meiner Brust war aus Metall und fühlte sich kalt an.

Dann hat er in meine Augen geschaut und ich in seine. Ganz blau sind sie, wie der Himmel. Ich habe noch nie solche Augen gesehen. Ob er mit ihnen gut sehen kann? So wie wir?
Er hat in meinen Mund geschaut und in meine Ohren. Und ich habe seinen Arm angefaßt. Der war warm, und auf seiner weißen Haut lagen rote Härchen. Komisch sieht er aus, hab ich gedacht. Ich hab die anderen Kinder kichern hören und habe geguckt, worüber sie kichern. Sie haben mich alle angeschaut, und dann hab ich erst gemerkt, daß der Doktor ganz ruhig geworden ist und gewartet hat. »Na, bist du jetzt fertig mit deiner Untersuchung?« hat er mich ganz freundlich gefragt. Schnell habe ich meine Hand von seinem Arm zurückgezogen. Mir ist ganz heiß geworden, und ich habe mich vor ihm und der ganzen Klasse geschämt.
Wime hat mich auf dem Weg nach Hause gefragt: »Wie hat sich seine Haut denn angefühlt?« Aber ich habe ihr nicht darauf geantwortet, weil ich mich geärgert habe.

Siege Nasrin[1]

Deutlich wird in dieser eindringlichen Geschichte etwas
- von dem ursprünglichen Leben in Afrika (Großfamilie, Stamm),
- von einem religiösen Konflikt mit der Christusbotschaft der Weißen (Stammesreligion – Ahnenverehrung),
- vom Miteinander verschiedener Religionen in einer Familie (Vater in den überlieferten Glaubens- und Lebensformen, Mutter getaufte Christin[2], Kinder dazwischen; trotzdem bleibt der Familienzusammenhalt gewahrt),
- von der ganz anderen Sicht auf weiße Männer: Das schwarze Mädchen Sombo empfindet sie (Arzt und Missionar) als komisch und aufregend fremd,
- von der Diakonie als Teil der Mission. Auch der Arzt steht unter dem Wort Christi: »Gleichwie mich mein Vater gesandt hat, so sende ich euch.«

Im Gespräch über diese Geschichte sollten die Kinder lernen, so zu sehen, wie Sombo sieht.
Dann aber ist an das Foto S. 98 oben zurückzubinden: An vielen Orten Afrikas gibt es christliche Gemeinden. Sie kommen im Freien zusammen. Häufig aber bauen sie sich auch einfache Gotteshäuser (Foto S. 100 oben links). Sie haben ihre schwarzen Pfarrer. Manche davon kommen sogar als Missionare nach Europa, um die Menschen hier die Botschaft wieder neu hören zu lehren.

Schon die Sombo-Geschichte hat deutlich gemacht, wie Mission heute verstanden wird: Nicht als ein überall durchzusetzender Absolutheitsanspruch des Christentums, sondern als Dienst am fernen Nächsten, dem, wenn er danach verlangt, auch Zugang zur Botschaft von der Rettungstat Gottes in Jesus Christus ermöglicht, wenn er es wünscht, auch die Taufe zuteil wird. Der sogenannte Missionsbefehl Christi (Matthäus 28,19) läßt sich abwandeln: Statt ›Geht hinaus in alle

1 Aus: *Siege Nasrin,* ›Sombo. Das Mädchen vom Fluß‹, Beltz Verlag, Weinheim und Basel, Programm Beltz & Gelberg, Weinheim 1990, S. 6–9 (gekürzt), 15–16, 27–28.

2 Aber auch sie glaubt wohl noch an das Böse im Fluß! Und an die Ahnen: »Ich fühle, daß die Ahnen mir nicht zürnen«.

Welt und lehret alle Völker‹ – ›Geht hinaus in alle Welt und dienet allen Völkern‹.
Höchst eindringlich und ganz kindgemäß wird Mission als Diakonie (als tätige Nächstenliebe) in der Erzählung ›Wann reitest du wieder, Mutter Gertrudis?‹ umgesetzt. Peter erfährt auf einer Missionsstation im Indianerland der Anden, was es heißt, Christentum glaubwürdig zu leben, Frömmigkeit und liebevolles Handeln am Nächsten untrennbar miteinander zu verbinden:

Wann reitest du wieder, Mutter Gertrudis?

Peter und seine Eltern lebten fünf Jahre in Südamerika. Peters Vater war Lehrer an einer deutschen Schule.
Peter war acht Jahre alt, als ihn seine Eltern für eine Woche bei Mutter Gertrudis auf der Missionsstation im Indianerland ließen. Sie mußten auf eine Tagung fahren und konnten ihn nicht mitnehmen. Er war schon öfter mit ihnen bei Mutter Gertrudis gewesen, aber noch nie allein.
»Du bist ja jetzt schon so groß«, hatte der Vater beim Abschied gesagt, »und es ist ja auch nur eine Woche.«
Aber am Abend, als Mutter Gertrudis ihm Gute Nacht gesagt hatte und er allein in einem so fremden und großen Bett lag, war ihm doch sehr elend zumute. Er konnte sich hier ja nur mit Mutter Gertrudis unterhalten, denn sie war die einzige Deutsche auf der Missionsstation. Die beiden anderen Nonnen waren Südamerikanerinnen.
Deshalb erschrak er auch, als Mutter Gertrudis am nächsten Morgen verkündete, daß sie den ganzen Tag unterwegs sein werde.
»Und ich?« fragte er ängstlich.
»Du kommst natürlich mit«, sagte sie heiter.
Er fiel ihr vor Freude um den Hals, so heftig, daß ihr Häubchen verrutschte.
»Du weißt nicht, was dich erwartet«, sagte Mutter Gertrudis lachend. Heute abend wirst du halbtot ins Bett fallen. Zieh deine Gummistiefel an.«
Nach dem Frühstück zog sich Mutter Gertrudis eine Reithose unter ihren weiten weißen Rock und schlüpfte in lederne Stiefel. Claudina, die andere Nonne, führte das Pferd vor das Haus und sattelte es. Lidvina, die dritte Nonne, packte den Proviantsack und band ihn an der einen Seite des Sattels fest. An die andere Seite hängte sie eine große lederne Tasche mit Medikamenten und Verbandszeug. Quer über den Rücken des Pferdes schnallte sie die eingerollten Regenmäntel von Mutter Gertrudis und Peter. Dann schwang sich Mutter Gertrudis in den Sattel.
»Und ich?« fragte Peter. Mutter Gertrudis zeigte hinter sich.
Schwester Claudina flocht ihre beiden Hände ineinander und winkte Peter mit den Augen. Der verstand. Er trat auf Claudinas Hände, stützte sich auf ihre Schulter und schwang sich dann hinter Mutter Gertrudis auf das Pferd.
»Halte dich nur an mir fest«, sagte Mutter Gertrudis.
Sie gab den beiden Nonnen, die zu Hause blieben, noch ein paar Anweisungen, und dann schnalzte sie mit der Zunge. Das Pferd gehorchte und trabte zum Hoftor hinaus über den Hügelhang hinunter zum Meer.
Peter schaute sich noch einmal um: Da lag die kleine Holzkirche auf der Spitze des Hügels, daneben die hölzerne Schule für die Indianerkinder, die von den beiden Nonnen Claudina und Lid-

vina unterrichtet wurden, und unter den Bäumen das Haupthaus, in dem die Nonnen wohnten und ein Krankenzimmer eingerichtet hatten. Die hohe Gartenhecke verdeckte den Stall für die Ziegen, die Schweine und das Pferd. Aber dann verschwand alles hinter der Rundung des Hügels.

Nun ging es steil hinab, und Peter mußte sich an Mutter Gertrudis festklammern, wenn er nicht fallen wollte. Am Fuß des Hanges lag der breite Strand. Dahinter wogte das Meer graugrün. Die Brandung warf sich schäumend gegen das Land.

Sie begegneten ein paar Indianerkindern, die den Hügel hinaufkeuchten. Sie gingen zur Schule. Sie liefen alle miteinander barfuß und hatten geflickte und ausgefranste Kleider an.

»Denen geht es nicht so gut wie dir«, sagte Mutter Gertrudis. »Die meisten von ihnen laufen auch im Winter barfuß.«

»Im Winter?« fragte Peter erstaunt. »Gibt's hier einen Winter?«

»Gewiß«, antwortete Mutter Gertrudis. »Schnee fällt zwar so gut wie nie, aber es regnet von morgens bis abends, und manchmal liegt Reif auf den Wiesen. Durch den Reif laufen die Kinder zur Schule.«

Als sie am Fuß des Hügels angekommen waren, sagte sie: »Wir müssen uns beeilen. Ich habe heute mehr als zwanzig Kranke zu besuchen. Halte dich jetzt fest.«

Und schon begann das Pferd zu galoppieren. Peter stieß vor Schreck einen Schrei aus. Fast verlor er das Gleichgewicht, denn der Pferderücken ging auf und ab. Aber schon nach einer Weile hatte er sich an den Galopp gewöhnt. Er machte ihm sogar Spaß. Sie galoppierten über Muscheln und braungrünen Tang.

»Von dem Tang nehmen wir uns auf dem Rückweg mit«, rief Mutter Gertrudis über die Schulter. »Davon kochen wir Gemüse. Schmeckt scheußlich, ist aber gesund.«

Sie galoppierten am Strand entlang bis zu einer Landzunge, auf der vier Holzhütten standen. Eine ganze Hundemeute kläffte ihnen entgegen, aber ein Mann in einem wollenen Poncho pfiff sie zurück und half der Nonne beim Absteigen.

»Hüpf runter«, sagte Mutter Gertrudis zu Peter. »Hier kannst du nicht mit hereinkommen, denn du könntest dich anstecken. Warte auf mich. Es wird nicht lange dauern.«

Sie löste ihre Medikamententasche vom Sattel. Der Mann band das Pferd an einen Pfahl vor der Hütte, dann verschwand er mit Mutter Gertrudis in der Tür. Von drinnen hörte Peter ein klägliches Kinderweinen. Aus den Nachbarhütten näherte sich eine Schar kleiner schmutziger Kinder. Sie starrten Peter an. Er konnte mit ihnen nicht sprechen. Er kannte ja ihre Sprache nicht, und sie konnten nicht Deutsch.

Auch drei Frauen kamen aus den anderen Hütten und schienen auf Mutter Gertrudis zu warten. Die eine von ihnen hatte einen sehr dicken Bauch. Peter sah, daß sie ein Kind erwartete. Sie trugen ihr schwarzes Haar in hochgebundenen Zöpfen und hatten Röcke an, die bis zu den Knöcheln reichten. Auch sie gingen barfuß. Sie nickten Peter zu und lächelten. Vor den Hütten lagen Boote. Daneben waren Netze aufgespannt. Peter begriff, daß die Indianer, die hier lebten, Fischer waren.

Dann erschien Mutter Gertrudis in der Tür. Sie hatte die Ärmel hochgekrempelt und trug die Tasche in der Hand. Die drei Frauen liefen auf sie zu und redeten alle gleichzeitig auf sie ein.

Sie antwortete ihnen in ihrer Sprache und schritt zwischen ihnen auf die nächste Hütte zu. Peter sah ihr erstaunt nach. Hatte sie ihn vergessen?
Aber da drehte sie sich auch schon um und rief: »Dorthin kannst du mitkommen. Es schadet nichts, wenn du dir das mal ansiehst.«
Anfangs konnte er fast gar nichts erkennen, als er in die Hütte kam. Sie bestand nur aus einem Raum und hatte ein einziges kleines Fensterloch ohne Scheiben. Es roch nach Rauch. Ein Hund beschnüffelte ihn, ein Ziegenlamm meckerte kläglich neben ihm. Allmählich gewöhnten sich seine Augen an das Halbdunkel. Er sah, daß auf einem Lager in der Ecke eine Frau lag. Sie mußte sehr alt sein. Ihr Gesicht war runzlig, ihre Augen lagen tief in den Höhlen. Sie hatte weißes Haar und weiße Brauen, und als sie den Mund öffnete, sah Peter nur noch einen einzigen Zahn darin.
Mutter Gertrudis fühlte ihren Puls, maß ihren Blutdruck und gab ihr eine Spritze. Peter schaute sich verstohlen um. Hier gab es keinen Fernseher, keine Waschmaschine, keinen Elektroherd, ja fast keine Möbel. Die Wände waren aus Brettern zusammengefügt. Ein paar Jacken hingen an Nägeln. Nicht einmal eine Uhr konnte Peter entdecken, und der Fußboden war aus glattgestampftem Lehm.
Wenn ich das meinen Freunden in Deutschland erzähle, dachte Peter, werden sie mir nicht glauben.
Mutter Gertrudis kramte in ihrer Tasche und reichte der Frau, die das Kind erwartete, ein Fläschchen mit Medizin. Dann tätschelte sie der Alten auf dem Lager die Hand, sagte etwas zu ihr und klappte ihre Tasche zu. Die Frauen und Kinder begleiteten Mutter Gertrudis und Peter zurück zur Hütte, vor der das Pferd festgebunden war. Der Mann kam mit einem Schemel gelaufen, stellte ihn neben das Pferd, half der Nonne auf den Schemel und von da auf das Pferd. Dann hob er Peter hinter sie auf den Sattel. Und schon ritten sie im Galopp in ein enges Tal hinein, das bald morastig wurde. Jetzt war es aus mit dem Galopp. Das Pferd hatte Mühe voranzukommen.
»Was hatte das Kind?« fragte Peter.
»Eitrige Angina«, sagte Mutter Gertrudis.
»Und die alte Frau?«
»Sie wird bald sterben. Sie ist schon über achtzig Jahre alt. Ihr kann niemand mehr helfen.«
Unter den Pferdehufen spritzte der Schlamm hoch. Der weiße Rock von Mutter Gertrudis wurde über und über vollgespritzt, und auch Peters Hosen bekamen Schlammspritzer ab. Dann bogen sie in ein Seitental ein, wo sie vor einer einsamen Hütte hielten. Hier galt es die eiternde Wunde eines Mannes zu säubern. Ein Stück talaufwärts versorgte Mutter Gertrudis eine junge Frau, die vor zwei Tage ein Kind bekommen hatte. Die Frau strich Peter über den Kopf und sagte etwas.
»Sie bewundert dein helles Haar«, sagte Mutter Gertrudis.
»Ich habe immer schwarzes Haar haben wollen«, sagte Peter.
Danach ritten sie zurück in das morastige Haupttal, besuchten dort zwei Kinder, die an Bandwürmern litten, und einen alten Mann mit einer geschwollenen Backe. Zu Peters maßlosem Erstaunen konnte Mutter Gertrudis sogar Zähne ziehen.
Sie ritten immer höher in die Berge hinauf. Vor zwei am Hang liegenden Hütten, wo eine ganze Schar von Kindern das Pferd umringte, griff Mutter Gertrudis nicht in die Medikamenten-

tasche, sondern in den Proviantbeutel und schenkte jedem Kind ein Brötchen und deren Müttern je ein Säckchen voll Mehl.
»Warum haben die denn alle so dicke Bäuche?« fragte Peter.
»Das sind Hungerbäuche«, antwortete Mutter Gertrudis traurig. »Hier oben gedeiht der Mais nicht gut. Und diese Kinder wohnen zu weit von der Missionsstation entfernt, als daß sie zu uns in die Schule kommen und da auch ein Mittagessen erhalten könnten.«
Als sie weiterritten und an einen Fluß kamen, fragte Peter erstaunt: »Müssen wir hier drüber? Wo ist denn eine Brücke?«
»Warte nur ab«, sagte Mutter Gertrudis.
Und ehe Peter sich's versah, trabte das Pferd auch schon in den Fluß hinein. Mutter Gertrudis hielt die Zügel lokker, damit sich das Pferd ganz allein den besten Weg durch die Furt suchen konnte. An der tiefsten Stelle schaute nur noch sein Rücken aus dem Wasser. Peter zog seine Beine hoch und kauerte wie ein Hase auf dem Pferderücken. Als sie am anderen Ufer ankamen, troff Wasser aus Mutter Gertrudis' Rock.
»Wirst du jetzt nicht krank?« fragte Peter besorgt.
»I wo«, rief Mutter Gertrudis und lachte. »Da müßte ich oft krank werden.«
Sie stieg ab, wand den Rock aus und setzte sich auf einen sonnengewärmten Stein.
»Jetzt gibt es was zu essen«, sagte sie. »Hast du Hunger?«
Und ob er Hunger hatte! Er konnte es kaum erwarten, bis sie das Tischgebet gesprochen und das Kreuz geschlagen hatte.
»Na, und du?« fragte sie, als sie den Kopf wieder hob.
»Wir beten nie beim Essen«, sagte er.
»Solange du bei mir bist«, sagte sie ernst, »möchte ich, daß du dich für das Essen bedankst. Weil es nämlich, wie du siehst, nicht selbstverständlich ist, daß man immer genug zu essen hat.«
»Danke, lieber Gott, für das Essen«, sagte Peter.
Dann aßen sie.
An diesem Tag besuchte Mutter Gertrudis noch ein paar Kinder mit Masern, half bei einer Geburt, von der sie unterwegs erfuhr, säuberte und verband mehrere Wunden, teilte Medizin gegen Bandwürmer und Durchfall aus, ebenso Salbe gegen Hautausschläge, sah nach mehreren bettlägerigen Alten und schiente einen gebrochenen Arm. Sie durchquerten noch zwei schäumende Wildbäche, mühten sich steile Hänge hinauf und hinunter und ritten geduckt durch Waldpfade, wo ihnen die Zweige um die Köpfe schlugen. Am Spätnachmittag begann es zu regnen. Sie mußten ihre Regenmäntel abschnallen und aufrollen. Mit dem Regen wurde es empfindlich kühl. Sie ritten in einem großen Bogen durch das Indianerland.
»Wieviel Kranke sind es noch?« fragte Peter müde.
»Nur noch drei«, antwortete Mutter Gertrudis.
Als sie wieder am Strand ankamen, stieg Mutter Gertrudis, ein wenig steif, vom Pferd und stopfte einen Sack, den sie mitgebracht hatte, voll Tang. Während das Pferd sich den Hügel zur Missionsstation hinaufquälte, begann es schon dunkel zu werden. Peter lehnte sich gegen Mutter Gertrudis' Rücken und schlief ein. Sogar im Schlaf klammerte er sich fest an sie. Er erwachte erst wieder, als Schwester Lidvina ihn vor der Tür des Haupthauses aus dem Sattel hob.

»An euch ist ja kein trockener Faden mehr«, rief Schwester Claudina. Eine halbe Stunde später saßen sie in trokkenen Kleidern vor einem Teller mit Bratkartoffeln und Speck und einem Becher dampfender Milch. Mutter Gertrudis sagte: »Na, Peter, jetzt hast du wohl genug von solchen Ritten, wie?«

»Nein«, antwortete Peter schlaftrunken. »Wann reitest du wieder, Mutter Gertrudis?«

»Übermorgen.«

»Ich reite mit«, sagte Peter und nieste.

Gudrun Pausewang[1]

3. Nun geht es wieder um die Kirchen als Gebäude. Dazu gehören auch die Glocken.
   Von verschiedenen Funktionen der Glocken erzählen.[2] Dazu das Foto S. 99 oben und der nachfolgende Kanon:

überliefert

Kanon

4. Die Stille der Kapelle von Vence (Foto S. 99 unten) wahrnehmen: Alles ist aus demselben warmen, leuchtenden Stein, Wände und Fußboden, Altarpodest und Altar. Alles ist ganz einfach: die sechs Kerzen und das Kreuz auf dem Altar. Die Fenster – helle Blätter auf einem leuchtenden Blau – spiegeln sich im Boden, werfen ein geheimnisvolles Licht. Ebenso geheimnisvoll ist die große, mit wenigen Strichen gezeichnete Figur mit dem Buch in der Hand. Es ist Dominikus (1170–1221), der Ordensgründer der Dominikanerinnen von Vence, für die Matisse die Kapelle gestaltete. Wunderschöne Kirchen, wunderschöne Häuser für Gott – für Christus, für die Menschen –, für Gebet, für Andacht, fürs Stillewerden gibt es. Als ob eine leise Musik erklingt, so ist es mit der Stille, mit der Schönheit dieser Kapelle von Henri Matisse, dem berühmten französischen Maler. Eintreten möchte ich in diese Kapelle, stille werden (vgl. Lied ›Fürwahr meine Seele ist still‹, Bd. 2, S. 33).[3]

1 Aus ›Erzählbuch zum Glauben. Das Glaubensbekenntnis‹, hrsg. von E. Conrad u. a., Verlage Kaufmann/Patmos, Lahr/Düsseldorf ^{2}1986, S. 353–358. © Autorin.

2 Sonntagsglocken, Hochzeitsglocken, Trauergeläut, Stundenglocke, Betglocke, Friedensglocke usf.

3 Zur Betrachtung des Bildes läßt sich auch meditative Musik spielen. – Matisse (1869–1954) arbeitete vier Jahre (1948–1951) an der Konzeption und Ausgestaltung dieser weltberühmten Kapelle. Sie ist vollkommener Ausdruck seiner künstlerischen Ideen: »Wovon ich träume, ist eine Kunst des Gleichgewichts, der Reinheit und der Heiterkeit.« Seinem Freund Pablo

Seiten 100/101
Links eine Schauseite. Soviele verschiedene Häuser Gottes gibt es in der Welt. Die Strohdachkirche in Afrika (links oben) erhält ihr Signum, das Kreuz (das Kreuz Jesu Christi macht die Kirche zum Haus Gottes). Wer zum Gottesdienst kommt, stellt sich unter das Kreuz des Auferstandenen. Am Sonntag wird Gottesdienst gefeiert, am Sonnentag, am stets sich wiederholenden Ostertag. Das Kreuz auch über der schönen alten Kirche mit Glockenturm in Peru. Das Kreuz auf dem Friedhof der uralten, strengen Kirche in Irland (irisches Hochkreuz neben fallenden Grabsteinen), das Kreuz der Wallfahrtskapelle mit den knienden Gläubigen in Polen. Vielfalt soll den Kindern vor Augen sein. Mit diesem Überblick vermittelt sich ihnen die Vorstellung, daß überall auf dem Erdball, wo Christen leben, auch Kirchen sich finden und seien sie so schlicht wie das strohgedeckte Haus der afrikanischen Gemeinde.
S. 101 wird dann die bisher nicht explizit gestellte konfessionelle Frage mit dem Hinweis auf orthodoxe und koptische Christen aufgeworfen.[1] Für die Kinder geht es nur um einen jeweiligen Ersteindruck, um das Wissen, daß die orthodoxen Christen Osteuropas mit ihren Kuppelkirchen und ihrer Ikonenverehrung sowie die koptischen Christen in den Klöstern und Städten Ägyptens andere, nicht weniger gültige Formen und Rituale der Gottes- und Christusverehrung gefunden haben. Erstbegegnung, nicht Detailwissen, ist hier der entscheidende Faktor.
Dennoch, das Außen-, vor allem aber das Innenfoto einer russisch-orthodoxen Kirche mit ihren prachtvollen Ikonen und der stehenden Gemeinde kann durch die Erzählung »Hallo Michael« zusätzlichen Anschauungshintergrund gewinnen.[2] Zwei Schwestern aus Deutschland berichten in einem Brief aus der Ukraine ihrem jüngeren Bruder Michael von ihren Erlebnissen beim Besuch eines russisch-orthodoxen Gottesdienstes:

Hallo Michael!

Wie versprochen, schicken wir Dir einen Brief aus der Ukraine.
Zur Zeit sind wir in der riesigen Stadt Kiew – und stell Dir vor, heute waren wir in einem orthodoxen Gottesdienst! Weißt Du, hier gibt es nicht wie bei uns zu Hause evangelische und katholische Kirchen. Die Leute glauben zwar an denselben Gott, und vieles ist auch ähnlich wie bei uns in der Gemeinde, aber vieles ist auch ganz anders.
Schade, daß Du nicht dabei sein konntest – es war ein ganz tolles Erlebnis! Wir sind schon kurz nach sechs Uhr aufgestanden und haben sogar auf das Frühstück verzichtet, um rechtzeitig zum Gottesdienst da zu sein.
Als wir die Kirche betraten, war es ziemlich düster. An vielen Stellen

Picasso, der ihn aggressiv anging: »Sie sind verrückt, eine Kapelle für diese Leute zu machen. Glauben Sie an das Zeug oder nicht?« entgegnete er: »Ich weiß nicht, ob ich an Gott glaube oder nicht. Vielleicht bin ich ein Buddhist. Das Wichtigste aber ist, sich in eine Art Geisteshaltung zu versetzen, die der des Gebetes nahekommt.«

1 Ein erster Berührungspunkt ergab sich mit dem Foto S. 76.

2 Stichworte: Ikonen, Ikonostase, Liturgie, Priester, Chorgesang, Kerzen, Weihrauch, Eucharistie, Fürbitte.

brannten aber Kerzen, und es roch nach Weihrauch. Dann erst haben wir gemerkt, daß da gar keine Bänke waren – stell Dir vor, Michael, die Leute stehen hier die ganze Zeit, und so'n Gottesdienst dauert zwei bis drei Stunden! Aber selbst den alten Leuten scheint das nichts auszumachen.
Übrigens, überall standen und hingen Bilder von Jesus, von Maria und von vielen Heiligen. Und vorne in der Kirche war eine richtige Wand aus Bildern. Sie war so hoch, daß man den Altar dahinter gar nicht sehen konnte. In der Mitte, links und rechts waren aber Türen, durch die der Priester einige Male zu der Gemeinde herauskam. Am besten stellst du Dir diese Bilderwand wie ein großes Scheunentor vor. Die Bilder, die man auch Ikonen nennt, zeigen hauptsächlich Geschichten von Jesus. Eigentlich ist das ganze wie eine Bibel ohne Worte!
Wir standen also mitten in der Menge und kamen uns ziemlich fremd und unbeteiligt vor. Die anderen Leute – es waren überwiegend alte Frauen – bekreuzigten sich dauernd, knieten sich hin und küßten aufgestellte Bilder. Könntest Du Dir das bei uns in der Kirche vorstellen? – Vielleicht haben die Menschen die Ikonen so lieb und beten so gern davor, weil sie das Gefühl haben, daß Gott ganz nah bei ihnen ist. Vati hat ja auch immer ein Bild von uns bei sich!
Plötzlich hat mich eine alte Frau von hinten an der Jacke gefaßt und hat mir eine kleine Kerze in die Hand gedrückt. Ich war ziemlich verwirrt und wußte zuerst gar nicht, was ich damit machen sollte. Dann bin ich aber einfach nach vorne gegangen, habe die Kerze angezündet und zu den anderen Kerzen dazugestellt. Es war richtig aufregend, in einer fremden Kirche ein Licht anzünden zu dürfen! Von da an war aber alles gar nicht mehr so fremd, und ich habe mich ein bißchen wie zu Hause gefühlt.
Sehr beeindruckend war auch der russische Kirchengesang. Hier hat nicht die ganze Gemeinde, sondern nur ein kleiner Chor gesungen, und es waren auch keine Lieder wie »Kleines Senfkorn Hoffnung«, sondern fast nur gesungene Gebete und fest vorgeschriebene Texte.
Du glaubst jetzt vielleicht, daß es langweilig war, weil wir nicht mitsingen und mitbeten konnten. Es war aber unheimlich schön, einfach nur dazustehen und dem fremdartigen und eindringlichen Gesang zuzuhören. Es hat einem dabei richtig im Bauch gekribbelt. – Der Geruch von Weihrauch, die vielen Kerzenlichter und dazu der Gesang – ja, das war eigentlich ein Gefühl wie Weihnachten! Du hättest die kleinen Kinder mit den großen erwartungsvollen Augen sehen sollen!
Vielleicht können wir Dir etwas von der Stimmung vermitteln, wenn wir Dir die Noten von den Fürbitten mitschicken. Die russischen Wörter spricht man übrigens »Gospodi pomiluj« aus; das heißt auf deutsch: »Herr, erbarme Dich«. Du kannst ja mal versuchen, die Melodie auf der Flöte zu spielen, und wenn wir wieder zu Hause sind, singen wir das Lied zusammen. Ja?
Der Ablauf des Gottesdienstes war ähnlich wie bei uns, aber manchmal auch wieder ganz anders.
Die Predigt war zum Beispiel erst gegen Ende, und den Priester haben wir vorher nur gesehen, als er das Evangelium gesungen und die Eucharistie ausgeteilt hat. Alles war viel verborgener und geheimnisvoller als bei uns.
Zum Schluß wurden noch für alle kleine, gesegnete Brote ausgeteilt. Wir

wollten diesen Teil des Gottesdienstes unbedingt auch mitfeiern und sind deshalb wie die meisten anderen nach vorne zum Priester gegangen. Obwohl man uns bestimmt angemerkt hat, daß wir keine orthodoxen Christen sind, durften wir auch ein Brot nehmen und einen Schluck Wasser trinken.
Das war ein richtiges Erlebnis von Gemeinschaft! – Wir haben übrigens schon am Anfang des Gottesdienstes viele Leute gesehen, die ganze Körbe voll mit selbstgebackenen Broten in die Kirche mitgebracht hatten. Wir haben dann erfahren, daß sie diese Brote auch vom Priester segnen lassen, um sie für Angehörige und Kranke mit nach Hause zu nehmen.
Wäre es nicht schön, wenn es so etwas auch bei uns geben würde?
Am Eingang der Kirche haben wir uns schließlich noch Kerzen gekauft. Und weißt Du was, Michael, wir durften dafür unsere beiden Namen, die Namen von Mutti und Vati und auch Deinen Namen auf einen kleinen Zettel schreiben. Sie werden dann in einem der nächsten Gottesdienste mit vielen anderen Namen zusammen bei den Fürbitten vorgelesen.
Jetzt müssen wir leider Schluß machen, weil wir gleich mit dem Bus zu einem Höhlenkloster fahren. Es gäbe noch sooo viel Interessantes über die orthodoxe Kirche zu erzählen, aber das können wir ja zu Hause nachholen! Du kannst Dir dann dabei auch unsere Bilder anschauen.
Wir freuen uns darauf, Dich bald wiederzusehen und schicken Dir ganz liebe Grüße aus Kiew!
Deine Schwestern Ursula und Friederike

Ursula Hoverath/Friederike Maier[1]

Der kleine Ägyptenpart – koptische Kirchen im Wüstenkloster Bischoi im Wadi Natrun (Wüste zwischen Kairo und Alexandria), koptische Mülljungen in Kairo – S. 101 spricht für sich. Beide Bilder werden durch die nachfolgenden Erzähltexte zusätzlich lebendig.
Das abschließende Wort aus Psalm 84 bezieht sich dann wieder auf den gesamten Text S. 94–101.

Entdeckungsfahrt mit dem Eselskarren

Auf den Straßen von Kairo ist es noch still. Erst in einer Stunde, gegen sechs Uhr, wird der Verkehr lebensbedrohlich. Noch brennt die Sonne nicht unbarmherzig auf die Stadt mit ihren vielen Menschen und auf das Häusergewirr.
Ein klappriger Eselskarren fährt durch die Straßen. Daoud ist mit seinem Vater schon unterwegs. Flink springt er von der Kutscherbank hinunter, packt die Müllsäcke, die an der Haustür lehnen, und wirft sie auf den Karren. Er sammelt auch noch alles auf, was neben den Müllsäcken liegt: Papier, Flaschen, zerbeulte Dosen und sogar Brot. Weiter geht es dann zum nächsten Häuserblock. Da liegen ja wahre Schätze herum: ein Stuhl, dem die Lehne fehlt, ein Zahnputzbecher, ein Stück Spiegel (darüber wird sich Mutter freuen) und ein großes Bündel ka-

1 Aus: ›Vorlesebuch Ökumene‹, a. a. O., S. 135–137.

putter Wäsche. Schnell verstaut Daoud alles auf dem Karren.
Heute scheint ein Glückstag zu sein. Daoud und sein Vater entdecken vieles, was sie selbst noch brauchen können. Die Sonne steigt höher, es ist heiß und staubig auf den Straßen. Daoud hat Durst. Er sucht sich eine Pumpe. Schnell verschwindet er in einem Hof und läßt sich das Wasser aus der Pumpe über Nacken und Arme laufen. Gierig trinkt er das Wasser. Da schreit eine Stimme: »He, weg da, scher dich fort, du Müllpack!« »Müllmenschen«, tönt es verächtlich hinter ihm her. Daoud ist traurig und denkt: Wie gut haben es die Menschen hier. Draußen, wo er wohnt, auf den Müllbergen, gibt es keine Pumpe und kein Wasser.
Mit dem Eselskarren ziehen sie weiter von Mietskaserne zu Mietskaserne. Jetzt ist der Vater dran, die Müllsäcke abzuholen. Daoud bleibt bei dem Eselskarren. Zeit für das Frühstück, denkt er. Er wühlt im Haufen auf dem Karren und entdeckt Tomaten, etwas angeschimmeltes Brot, eine schwarze Banane, innen aber noch gut, und sogar einen angebissenen Hühnerschenkel. Gierig verschlingt er alles. So gut kann er nicht immer frühstücken. Während des Essens schaut er aufmerksam um sich. Ja, der Vater kann sich auf ihn verlassen. Wenn ein Fremder es wagen würde, den Esel auszuspannen, wäre er mit seinem scharfen Taschenmesser sofort zur Stelle und würde laut schreien. Ohne Esel wäre die ganze Familie verloren.
Mittags holen die Mutter und die Schwestern die Ladung von dem Karren. Vor der Hütte sortiert die ganze Familie den Müll. Es entstehen Berge von Glas, Papier, Metall, Holz, Blech, Plastik und Stoff. Die Essensreste kommen in einen besonderen Eimer. Was gut ist, essen sie selbst, der Rest ist für die Schweine und den Esel. Plötzlich springt Daoud auf, sucht einen scharfkantigen Stein und wirft nach den Ratten, die pfeifend davonjagen.
Am Nachmittag muß Daoud mit seinem Vater noch einmal in die Stadt. Dann verkaufen sie die sortierten Abfälle in den Fabriken.
Daoud und seine Eltern sind Christen, koptische Christen.

Verfasser unbekannt

Im Wüstenkloster

Lisa machte es sich im Bus bequem und streckte die Beine aus. Das war gerade spannend gewesen: die Pyramiden und die Sphinx in Giza und all der Rummel drumherum. Da würde sie zu Hause einiges erzählen können. Lisa schaute noch eine ganze Weile zurück aus dem Busfenster. Schließlich drehte sie sich wieder nach vorn. Wohin ging es eigentlich jetzt? Lisa beugte sich etwas vor: »Imad!«, rief sie, »wohin fahren wir denn jetzt?«
Der Reiseleiter wandte sich zu Lisa um. Mit ihren zehn Jahren war sie die jüngste in der Reisegruppe. Das hatte er noch nicht erlebt und hatte auch anfangs gedacht: Wie kann man nur mit einem Kind eine so anstrengende Reise unternehmen. Aber Lisa war meist munter und begierig auf alles Neue, und so hatten die beiden Freundschaft geschlossen.
»Jetzt, Lisa, besuchen wir deine Verwandten«, sagte Imad. Lisa stutzte. Nein, das konnte nicht sein. Ihre Tante

und ihr Onkel, die wohnten in der Nähe von Dortmund, und da waren sie im Augenblick auch, das wußte Lisa ziemlich genau.
»Das glaube ich dir nicht«, sagte Lisa zu Imad und schüttelte den Kopf.
»Nein?« Imad mußte grinsen. »Bist du getauft, Lisa?« Lisa nickte. Aber was hatte das mit ihren Verwandten zu tun? »Siehst du«, sagte Imad, »wir fahren jetzt zu einem christlichen Kloster in der Wüste. Die meisten Menschen in Ägypten, das hast du gemerkt, sind Muslime. Aber es gibt auch Christen in Ägypten. Und die besuchen wir gleich.«
»Und wieso sind das meine Verwandten?« fragte Lisa hartnäckig.
»Ja, du kommst doch aus einem christlichen Land und bist selbst getauft. Also gehört ihr doch zusammen, oder?« Lisa begann zu verstehen, was Imad meinte.
»Wo kommen denn die Christen her?« wollte sie wissen. »Sind die von uns hierher gewandert?«
»Oh nein, Lisa! Es ist lange her, da war Ägypten einmal ein christliches Land. Das war ganz am Anfang der christlichen Zeit. Ja, es war sogar einmal für einige Zeit der Mittelpunkt der Christenheit. Damals, als die römischen Kaiser die Christen verfolgten, da war es das Land der Bekenner. Hier starben für ihren Glauben mit vielen anderen Sophia, für die später in Konstantinopel eine große Kirche gebaut wurde, und Katharina, die später in einem berühmten Kloster am Moseberg auf dem Sinai beigesetzt wurde. Hast du schon von ihnen gehört? Und in diesem Land, in Ägypten, da fing es an mit dem Mönchtum, daß Menschen in der Wüste ganz abgeschieden nur für Gott leben wollten. Und in der ägyptischen Stadt Alexandria, da gab es die ersten großen Lehrer der Kirche. Einer von ihnen war Athanasius. Der schrieb ein berühmtes Glaubensbekenntnis. Einige Sätze daraus heißen: ›Wir glauben an einen Gott, den Vater, den Allmächtigen, den Schöpfer alles Sichtbaren und Unsichtbaren. Und an den einen Herrn Jesus Christus, den Sohn Gottes, Gott aus Gott, Licht aus Licht‹.«
»Schön!« Das mit dem Licht gefiel Lisa. Dann, nach einer Pause, fiel ihr noch etwas ein: »Sind die Christen hier auch evangelisch und katholisch?«
»Nein, sie heißen Kopten. Das bedeutet: ›Ägyptische Christen‹.«
»Hm.« Lisa dachte weiter nach. »Aber: Wenn hier einmal soviele Christen lebten, wo sind die denn heute? Warum sind es denn jetzt nur noch so wenige?«
»Ach, Lisa, das ist eine lange Geschichte. Erst gab es Streit zwischen der ägyptischen Kirche und Kirchen in anderen Ländern. Dann kamen die Muslime und wurden Herren im Lande. Dann gab es Schwierigkeiten mit der Regierung, und das immer wieder bis heute. Ja, und dann muß man wohl auch sagen, daß die Christen in manchen Zeiten benachteiligt wurden. Und dann wurden es immer weniger. Heute sind es in Ägypten noch etwa 10%.«
Imad schwieg. Lisa auch. Der Bus war von der Wüstenautobahn auf eine schmale Seitenstraße abgebogen. Plötzlich zeigte Imad aus dem Fenster: »Schau, da vorne liegt schon das Kloster, von dem ich gesprochen habe: St. Bischoi. Gleich sind wir da.«
Lisa hielt die Augen offen. Nun war sie gespannt, worauf sie hier treffen würde. Ihre Verwandten . . . Das Kloster, fand sie, sah aus wie eine Festung. Hinter hohen Mauern ragten

mehrere Kirchtürme auf. Imad erklärte, das St. Bischoi sei seit alten Zeiten eine Zufluchtsstätte gewesen. Die Mönche hätten sich immer schützen müssen, vor allem vor räuberischen Beduinen.
Aber heute stand das schmale und niedrige Eingangstor offen. Viele Menschen drängten hinein und heraus. Es waren nicht nur ausländische Touristen, wie Lisas Gruppe, sondern auch ägyptische Familien, die an diesem arbeitsfreien Tag aus Kairo und von anderswoher schon früh zum Kloster gekommen waren. Alle Besucher wurden am Tor von einem schwarzgekleideten Mönch mit schwarzer Kappe freundlich begrüßt.
Innen im Hof war ein Gedränge wie bei einem Fest. Die Mönche gingen zwischen den Besuchern fast unter. Aber sie wurden mit Respekt betrachtet, das sah Lisa wohl. Und worüber sie sich besonders wunderte, alle ägyptischen Besucher bewegten sich wie in ihrem eigenen Haus und in ihrem eigenen Garten. Sie wunderte sich, aber es gefiel ihr.
Durch offene Türen sah Lisa in Räume, in denen anscheinend ganze Nachbarschaften an einfachen Holztischen beim Frühstück zusammensaßen. Helfer verteilten im Kloster gebackene dunkle Brötchen und Gläser mit Tee. Im Hof wurde Suppe gekocht. Kinder kamen auf Lisa zu und versuchten, ihr etwas zu sagen. Aber Lisa verstand nichts. Sie schüttelte den Kopf, lächelte vorsichtig und schaute sich um. Sie sah noch, daß eine von den Müttern auf dem rechten Unterarm ein kleines Kreuz eintätowiert hatte, dann merkte sie, daß die Erwachsenen aus ihrer Reisegruppe schon weitergegangen waren. Imad winkte sie zu sich: »Komm, Lisa, wir gehen in die Kirche.«
Die Hauptkirche lag inmitten des Klosters. Der Gottesdienst hatte schon angefangen. Doch die Tür stand offen. Lisa trat vorsichtig ein. Der Raum war nicht allzugroß. Er war sehr dunkel und geheimnisvoll, von Weihrauchduft erfüllt. Überall hingen kostbare silberne Lampen herab, und man schaute auf eine große mit Bildern bedeckte Wand. In einigen Nischen beteten Frauen. In der Mitte stand die Gemeinde, vor allem Männer. Unter ihnen viele von den schwarzgekleideten Mönchen. Jetzt konnte Lisa sich die Mönche in Ruhe betrachten.
Ein Priester las aus der Bibel, und die Gemeinde antwortete mit Gesang. Aber was sie sagten und sangen, das konnte Lisa nicht verstehen.
Imad beugte sich zu Lisa hinunter: »Das sind ganz alte Gebete und Gesänge« flüsterte er ihr zu. »Haben die Christen das hier schon immer gesungen?« fragte Lisa flüsternd zurück. Imad nickte.
Und da erinnerte sich Lisa daran, was Imad erzählt hatte von den Kriegen und Raubüberfällen und den Christenverfolgungen. Und durch all diese Zeiten hatten also die ägyptischen Christen diese Gesänge gesungen. Lisa fand, daß sie sich traurig und hoffnungsvoll zugleich anhörten. Wenn ich mich jetzt mit ihnen besser unterhalten könnte, dachte Lisa, das wäre schön, wenn ich mitsingen könnte, das wäre noch schöner – sie sind doch meine Verwandten . . .

Kerstin Lüdke[1]

1 Bearbeitung der Geschichte ›Die Wüste lebt‹ von Roland Schuster, in: ›Vorlesebuch Ökumene‹, a. a. O., S. 309–311.

Seiten 102–105

Hier kommen wir zum Zentrum des Religionswerkes Oikoumene, zur Darstellung der ökumenischen Bewegung. Es werden beide Schreibweisen gebraucht. Oikoumene (von griechisch oikos = Haus) für das Haus aller Menschen, das alle Völker und Religionen einschließt, und Ökumene für die Bewegung, die die christlichen Kirchen der Welt zusammenführt, die in ihren Vollversammlungen etwa alle 7 Jahre (Vancouver/Kanada 1983, Canberra/Australien 1991) als Ort der Begegnung, des Austausches von Erfahrungen, des Miteinander- und Voneinanderlernens, der gottesdienstlichen Feier und des Gebetes zur spirituellen Erneuerung beiträgt, die die Kirchen dem ökumenischen Ziel der ›sichtbaren Einheit‹ näherbringt, die die ›Zeichen der Zeit‹ wahrnimmt und dazu Stellung bezieht vor dem Gott des Lebens, der Gerechtigkeit und des Friedens. Vorbereitet und geleitet werden die Vollversammlungen von dem Ökumenischen Rat der Kirchen (ÖRK) in Genf, dem die vorausschauende Planung, die sorgfältige Durchführung und die notwendige Konzentration auf die wesentlichen und vorrangigen Fragen obliegt. Doch ist der Geist einer Konferenz nicht machbar, er bleibt unverfügbar, ist Ereignis. Das hat sich in Vancouver ebenso wie in Canberra erwiesen.[1]

Philip Potter aus der Karibik, von 1972–1984 Generalsekretär des ÖRK[2], sagt: »Auf's Ganze gesehen, haben wir im Rat versucht, eine Gemeinschaft zu sein, die auf jeden einzelnen hört, und Wege findet, gemeinsam zu arbeiten.« Für die gesamte Bewegung, vor allem aber für die Vollversammlung erhofft Potter sich immer wieder den Geist von Pfingsten[3]: »Wir sehnen uns danach, daß die Menschen eins werden, geeint in der Fülle, der Kreativität, Sensibilität, Spiritualität, Freudigkeit.«

Die Tendenz zum Hören aufeinander, zum Miteinander im Geiste der Offenheit und Liebe kommt in der Schlußbotschaft der Vollversammlung von Vancouver eindringlich zur Sprache: »Unsere Verkündung muß in jede Sprache und Kultur gekleidet werden. In jeder Umgebung, unter Menschen verschiedener Religionen und solchen ohne Religion erinnern wir uns daran, daß Gott uns nicht mehr liebt als die anderen. Wir haben keine reservierten Plätze beim Gastmahl. Jesus Christus wurde für das Leben aller hingegeben. So ruft er alle, die hungrig sind, und die Nahrung, die er gibt, ist unbegrenzt.«

1 In Canberra sind z. B. tiefgreifende Spannungen zwischen den orthodoxen Kirchen, die eine stärkere Betonung des Liturgischen, des Spirituellen fordern, und protestantischen Kirchen, die sich stärker für soziale und wirtschaftliche Belange engagieren, deutlich geworden. Indes gilt weiterhin die zukunftsorientierte Hoffnung des südafrikanischen Erzbischofs Tutu: »Die Zeit der Wunder ist noch nicht vorbei.«

2 Nähere Information über den ökumenischen Lebensweg Philip Potters in: ›Unbeirrbar. Lebensbilder von Frauen und Männern des 20. Jahrhunderts‹, hrsg. von Dietrich Steinwede und Renate Schupp, Verlag E. Kaufmann, Lahr 1991, S. 123–128.

3 Vgl. das Geist-Lied der Frauen von Canberra S. 89!

Arbeitsfolge:

1. Sich das Ganze unserer Situation in der Welt vergegenwärtigen.[1] Dazu läßt sich ein kleines Bild der Erdkugel auf die große leere Tafel in der Klasse kleben.[2] Die Kinder erzählen von der Weite des Weltraums (vgl. das Gedicht von Michael Kumpe im Werkbuch 1/2, S. 52).
   Das Lied ›Erde, kleines Schaukelschiff‹ läßt diese Geworfenheit in die Unendlichkeit des Alls dann aufklingen. Dieses Schaukelschiff Erde – im Bild der 14-jährigen Greta Moder wird es dann zum Menschenschiff (Mutterschiff) – bedarf eines Lotsen, der einsteigt und die Richtung weist. Für den Glaubenden kann dieser Lotse nur einer sein. Die Kinder werden, wenn sie das Lied singend erarbeiten, die Antwort finden.
2. Das Menschenschiff[3] im Bild hat einen Namen: ›terra‹ (›Erde‹). Als Galionsfigur am Bug ist die Erdkugel zu sehen. Im Schiff fahren Kinder aller Hautfarben, Rassen und Religionen mit (Chinesenkind oben rechts, muslimisches Mädchen mit Pluderhosen und Schnabelschuhen rechts, dunkelhäutiges Kind an den Rudern vorn, an der Fahnenstange ein indisches Mädchen, Mitte links ein südamerikanisches Kind mit Poncho, oben links ein europäisches Mädchen).[4]
   Alle sind miteinander in diesem Boot. Alle sind aufeinander angewiesen. Es ist eine fröhliche Gemeinschaft. Sie haben die Friedenstaube auf ihrer Fahne. Sie verwirklichen die Oikoumene der Hautfarben und Religionen. Das ist an dem kleinen aber hinreichend deutlichen Bilde zu erarbeiten. Mit dem Begriff (der Sprachform) **Oikoumene** (griechisch).
3. Im Hinblick auf die Gemeinschaft aller christlichen Kirchen in der Welt wird jetzt (S. 102–104) von **Ökumene** (lateinisch) gesprochen. Die Kinder können das Zeichen in seinen Entwicklungsstadien nachzeichnen (jeweils etwas dazu schreiben), sie können das Schiff auf den Wellen mit dem Kinder-Oikoumene-Schiff auf dem rückwärtigen Umschlag vergleichen. Sie hören von der Entstehung der ökumenischen Bewegung, des Ökumenischen Rates der Kirchen und von den ökumenischen Vollversammlungen (Sachtext S. 103). Sie finden das Ökumene-Symbol auf der Weltkugel im Arm des Menschen S. 103 oben wieder, erinnern sich an das Zeichen aus Bd. 1, S. 19 (›Ich habe die Erde lieb‹). Sie machen sich an dem Kinderbild S. 103 unten deutlich, daß das ökumenische Haus immer noch im Bau (im Entstehen) begriffen ist. Alle Menschen (Christen) der Welt arbeiten daran mit, bauen zusammen die eine weltweite Kirche.

---

1 »Bedenke ich das bißchen Raum, das ich einnehme, die unendliche Weite der Räume, von denen ich nichts weiß und die von mir nichts wissen, dann erschaudere ich . . . Wer hat mich hier eingesetzt? Durch wessen Anordnung und Verfügung sind mir dieser Ort und diese Stunde bestimmt worden?« (Blaise Pascal).

2 In einem dunklen Klassenraum kann man die Kleinheit der Erde auch mit einem Leuchtglobus demonstrieren.

3 Statt ›Haus‹ wird hier ›Schiff‹ zum Symbol: Wir alle miteinander im Schiff der Welt, in der Arche Gottes (vgl. das Oikoumene-Symbol).

4 Das Bild läßt sich als Plakat anfordern bei Kindernothilfe e. v., Postfach 28 11 43, 47241 Duisburg.

4. S. 104 erfahren sie, daß auch Kinder sich an dem ökumenischen Prozeß beteiligt haben. Das ist einmalig. Kinder verbreiten den ökumenischen Geist, den Geist von Gerechtigkeit, Frieden und Bewahrung der Schöpfung (vgl. Bd. 4). Sie haben in Canberra am 13. Februar 1991 aus Sorge um die Welt in zwei Abschnitten – Kinder sind wichtig, die gemeinsame Kirche ist wichtig – eine Botschaft verlesen (s. Foto).
   Die Acht- und Neunjährigen im dritten Schuljahr sehen sich durch diese Botschaft ernst-, aber auch in Anspruch genommen. Sie lesen und besprechen den Text nachhaltig, stellen fest, wo sie eine Aussage besonders überzeugt oder wo sie etwas anders schreiben würden. Vielleicht entwickeln sie auch eine ganz eigenständige Botschaft (Aufgabe S. 104). Die Schlußworte der Canberra-Botschaft »Zusammen können wir . . .« mögen sie ins Religionsheft eintragen und lernen. Entdecken können sie auch, daß das Foto S. 104 eine andere Form des Kinder-Oikoumene-Symbols auf dem rückwärtigen Umschlag darstellt.
5. Das große Lied aus der Oikoumene S. 105 bindet zurück an den umfassenden Begriff, der Rassen und Religionen einschließt. Weite, große Melodiebögen spannen sich über einen Text von großer Wärme. Schwester und Bruder – alle Menschen sind Schwester und Bruder – reichen einander auf dem Weg zum Frieden die Hand; sie reichen Gott die Hand, um von ihm Schutz ihrer Seelen, auf daß sie nicht irregehen, zu erflehen. Wieder lebendig werden die Symbole ›Hand‹ und ›Weg‹ aus Bd. 2. Frieden, in Bd. 3 schon gelegentlich aufgeklungen, hier wieder angesprochen, wird dann zum Leitthema von Bd. 4.
   Das noch wenig bekannte Lied – man kann es auch tanzen[1] – ist es wieder wert, als Memoriergut in den Schatz der Kinder einzugehen. Es atmet zutiefst oikoumenischen Geist.

Um den Kindern exemplarisches Erleben von Ökumene zu ermöglichen, sei hier der ›Brief an Ulrike‹, der von der ökumenischen Vollversammlung 1983 in

---

1 Tanzvorschlag von Elke Hirsch:
Dieses Lied lädt ein, sich in Bewegung zu setzen, sich »auf den Weg zu machen«. Wir singen oder summen es mehrfach hintereinander; schweigen und lassen unsere Füße »singen« . . .

1. Einzeln hintereinander gehen wir mit Pilgerschritten verschiedene Wege durch den Raum.
2. Wenn wir im Kreis beginnen, reichen wir uns zunächst die Hände und bewegen uns in Tanzrichtung (TR) nach rechts. Nun öffnen wir den Kreis an einer Stelle, verlassen seine Geborgenheit und gehen durch den Raum. Zum Schluß schließen wir den Kreis wieder.

Schrittfolge/Pilgerschritt (während des Liedes wiederholen):

Takt 1	1	Mit dem rechten Fuß einen Schritt nach rechts (TR)
	2	Mit dem linken Fuß einen Schritt nach rechts
	3	Mit dem rechten nach rechts
	4	Gewicht auf den linken Fuß zurückverlagern (3–4 = Wiegeschritt)
oder:		
Takt 1		3 Schritte (re-li-re) in TR
		1 Schritt (li) neben den re Fuß tippen
Takt 2		3 Schritte (li-re-li) in TR

Vancouver berichtet, angefügt. Das Plakat (S. 103 oben) wird darin angesprochen (Gott hält die Welt fest) ebenso das pfingstliche Sprachengewirr unter den vielen so ganz unterschiedlichen Menschen (Vergleich mit Bild und Text S. 87). Notsituationen der Welt (Trockenheit und Kindersterblichkeit in Indien, Krieg, Gefängnis, Atomangst überall) werden in Einzelszenen bedrängend. Wichtig aber bleibt der Briefschreiberin das ›Sehen mit den Augen der anderen‹ (vgl. die Intention von Bd. 1 und Bd. 2), wichtig bleibt ihr die Hoffnung (Luftballons als Hoffnungssymbole), wichtig sind ihr die Kinder, die auch hier mit einer Botschaft hervorgetreten sind.

Ein Brief an Ulrike

Liebe Ulrike,
vor einiger Zeit hast du mich gefragt, ob ich Dir einmal von der großen Kirchenversammlung in Vancouver erzählen würde. Die sei, so hast Du gemeint, sicher wichtig gewesen, sonst hätte ich doch bestimmt nicht so viele Vorträge darüber gehalten.
Besonders gefallen hat Dir das Plakat von dieser Konferenz, das Du in meinem Büro gesehen hattest. Du erinnerst Dich: Ein Mensch mit langen Armen und großen Händen. Ganz fest halten sie eine Kugel umschlossen: die Erdkugel. Den Kopf hat der Mensch an die Erde gelehnt, so als horche er in sie hinein. Oben auf der Weltkugel, im Norden, steckt eine Fahne, darauf ein Schiffchen, das auf den Wellen dahinschwimmt. Ganz unten auf dem Plakat steht: »Jesus Christus – das Leben der Welt«, 6. Vollversammlung des Ökumenischen Rates der Kirchen in Vancouver 1983.
Du hast recht, diese Versammlung war für mich ein wichtiges Erlebnis. Ich will versuchen, Dir so davon zu erzählen, daß Du verstehen kannst, warum. Nach Vancouver waren Frauen und Männer aus vielen Kirchen gekommen. Von allen Enden der Welt waren sie nach Kanada gereist, aus Afrika, den Ländern in Asien, Nord- und Südamerika, Australien, Ost- und Westeuropa, von den Inseln im pazifischen Ozean und in der Karibik. Sie waren von ihren Kirchen geschickt worden, um an der Konferenz teilzunehmen und gemeinsam mit allen anderen darüber nachzudenken, was das denn bedeutet, daß Jesus Christus das Leben der Welt ist. Viele waren als Besucher gekommen, sie wollten einfach dabei sein. Journalisten von Zeitungen und Fernsehleute waren natürlich auch da. Die Sprachen schwirrten nur so durcheinander. Englisch, Spanisch, Russisch, Griechisch, Französisch, Schwedisch, Holländisch, Suaheli – das ist eine afrikanische Sprache – und andere, die so fremd waren, daß ich nicht einmal erraten konnte, wo sie denn gesprochen werden. Aber auch sonst war es ein buntes Bild. Inderinnen mit farbenprächtigen Saris, Afrikanerinnen mit bunt leuchtenden langen Kleidern, orthodoxe Bischöfe mit hohen schwarzen Hüten, Menschen mit heller Hautfarbe, Alte und Junge. Wir waren wirklich sehr verschieden.
Neben diesen äußerlichen Verschiedenheiten gibt es noch andere Dinge, die Menschen voneinander unterscheiden. Doch die entdeckt man nicht gleich auf den ersten Blick. Dazu muß man miteinander sprechen, muß zuhören, was andere einem erzählen von dem Leben in den Dörfern und Städ-

ten, in denen sie wohnen. Weißt Du, wenn Dir jemand erzählt, wie es bei ihm oder bei ihr zu Hause ist, dann behältst Du das meist viel besser, als wenn Du es nur in Büchern liest.
Ich erinnere mich an ein kurzes Gespräch mit einer Inderin. Es war an dem Tag, an dem wir angekommen waren. Wir standen im Waschraum und wuschen uns die Hände. Mit einem Mal sagte sie: »Ich mache mir Sorgen um meine Kinder. Als ich in der vergangenen Woche wegfuhr, da hatten wir nur noch ganz wenig Wasser im Brunnen. Ich fürchte, er ist jetzt ganz ausgetrocknet . . . ja, wenn meine Kinder sähen, daß man hier jederzeit Wasser hat, ohne Mühe, man braucht nur den Hahn aufzudrehen, dann fließt es, so viel, wie man braucht.«
Seit dieser Zeit denke ich öfter an die Frau aus Indien, wenn ich den Wasserhahn aufdrehe. Wie selbstverständlich ich das tue. Das Wasser fließt, immer.
Eines Abends gingen viele von uns zu einem Vortrag einer australischen Ärztin. Sie sprach über die entsetzlichen Folgen eines Atomkrieges. Kein Arzt kann, wenn wirklich eine Atombombe gezündet wird, den Menschen mehr helfen, sie werden qualvoll sterben. Zum Schluß rief sie uns alle auf, überall in der Welt gegen die Atomwaffen zu protestieren. Sie rief vor allem die Mütter und Väter auf, nicht gleichgültig zu sein, sondern an ihre Kinder und deren Zukunft zu denken. Dann sagte sie: »Wir wollen nicht, daß unsere Kinder in einem solchen Krieg sterben. Wir wollen, daß unsere Kinder achtzig Jahre alt werden und einen natürlichen Tod sterben!« Darauf gab es einen lang anhaltenden Beifall. Was sie da gesagt hatte, das dachten wir auch, das wünschten wir. Noch während wir klatschten, kam eine Inderin auf das Podium zum Mikrophon und sagte mit einer ruhigen und sehr klaren Stimme: »Bei uns in Indien haben die meisten Kinder kaum das Glück, achtzig Jahre alt zu werden. Bei uns werden die meisten Kinder nicht einmal fünf Jahre alt. Sie sterben wie die Fliegen, weil sie unterernährt und krank sind.« Dann ging sie wieder an ihren Platz. In dem großen Saal war es mit einem Mal totenstill geworden. Wir waren beschämt. Warum? Aruna, so heißt sie, hatte uns die Augen geöffnet für etwas, was wir gar nicht gesehen hatten. Nicht nur Atomwaffen können töten. Krankheit und Hunger töten schon jetzt viele tausend Kinder, jeden Tag. In unserer Sorge hatten wir nur an uns gedacht, an die Menschen in Europa, an unsere Kinder, nicht aber an die Kinder in Indien. Damit Du das richtig verstehen kannst, muß ich Dir noch sagen, daß wir damals in dem Jahr 1983 sehr große Angst hatten, daß in Europa immer noch mehr Atomraketen aufgestellt würden. Darum war uns das ein so wichtiges Thema.
In Gesprächen mit Aruna und anderen Frauen und Männern habe ich gelernt, daß es nicht reicht, die Dinge nur mit meinen Augen zu sehen. Ich brauche auch die Augen anderer Menschen, um wirklich zu verstehen, denn sie sehen Wichtiges, was ich gar nicht wahrnehme. Mit Menschen aus anderen Ländern zu sprechen, ihnen zuzuhören und auch von mir zu erzählen, das tue ich seit Vancouver, wo immer ich dazu Gelegenheit habe.
All die Menschen, die zu dieser Konferenz gekommen waren, brachten – das kannst Du Dir sicher jetzt ganz gut vorstellen – viele Sorgen und Probleme mit. Es war eine ernste Konferenz. Und weil die Menschen von sich sprachen, von Kindern in ihrem Dorf, die

hungern, den Brüdern und Vätern, die im Krieg im Libanon oder in Nicaragua gefallen waren, und eigenen Erlebnissen im Gefängnis in Südafrika oder in Korea, war das ganz nah, anders, als wenn Du es in den Nachrichten im Fernsehen siehst. Manches, was Du hörst, vergißt Du nie mehr.
Nun sollst Du aber nicht meinen, es hätte nicht auch Freude und Fröhlichkeit gegeben. Wir haben gelacht, gefeiert und miteinander gesungen. Wir haben uns verpflichtet, füreinander dazusein.
Vielleicht fragst Du jetzt, was uns denn bei der Konferenz den Mut und die Hoffnung gegeben hat, nicht zu verzweifeln, nicht aufzugeben, wenn sich doch so wenig ändert. Zweierlei will ich nennen. Einmal die Zusage, daß Gott die Welt festhält, so wie auf dem Plakat. An vielen Stellen in der Bibel steht, daß Gott die Welt liebt. Er will, daß alle Menschen leben können, nicht nur einige wenige. Er hat uns die Erde gegeben, damit wir sie bewahren und beschützen, nicht, daß wir sie ausplündern. Er hat auch gesagt, daß Krieg, Ungerechtigkeit, Hunger und Armut gegen seinen Willen sind. Und dann ist es wichtig zu wissen, daß man nicht allein für eine Sache arbeitet, sondern daß da viele sind, an vielen Orten in der Welt. Gemeinsam können wir etwas gegen Ungerechtigkeit und Krieg tun. Denn beides ist ja nicht vom Himmel gefallen, sondern von Menschen gemacht. Und darum sind wir auch dafür verantwortlich. Zuallererst natürlich wir, die Erwachsenen. Das haben uns die Kinder, die in Vancouver mit dabei waren, auch deutlich gesagt, als wir einen Friedensgottesdienst feierten. »Wir haben hier 14 Tage miteinander gelebt und über manche Dinge gesprochen, über die auch ihr in der Konferenz beraten habt. Wir Kinder haben die Hoffnung, daß es möglich sein muß, ohne Feindschaft zu leben. Wir bitten euch auch, sorgt dafür, daß die Welt bewohnbar bleibt.« Am Ende des Gottesdienstes ließen sie viele Luftballons in den Abendhimmel aufsteigen. Luftballons kennen keine Grenzen, sie fliegen einfach darüber hinweg.
Die ganze Nacht über haben wir diesen Gottesdienst für Gerechtigkeit und Frieden gefeiert. Wir haben uns gegenseitig und vor Gott versprochen, daß wir, wenn wir nach Hause kommen, in unseren Ländern dazu beitragen wollen, daß die Natur bewahrt wird, Menschen nicht mehr hungern müssen und die Atomwaffen abgeschafft werden.
Dies ist nun ein langer Brief geworden. Ich hoffe, ich habe Dir deutlich machen können, was für mich an dieser Konferenz wichtig war und immer noch wichtig ist. Mit vielen Grüßen.
Deine Johanna

Johanna Linz[1]

1 Aus: ›Vorlesebuch Ökumene‹, a. a. O., S. 511–514.

Teil 11: Muslime – Das Miteinander der Religionen (Seiten 106–109)

Absichten

Die Kinder sollen:

- eine genauere Kenntnis von Lebens- und Glaubensformen des Islam gewinnen,
- dadurch ein größeres Verständnis für die monotheistische Nachbarreligion entwickeln,
- dieses Verständnis in gemeinsamen Gesprächen, Besuchen, Feiern mit muslimischen Kindern in Handlung umsetzen – S. 106–109

Seiten 106–109

Auch die Muslime sind in der Oikoumene der Rassen und Religionen unsere Schwestern und Brüder. Zu den Prioritäten auf der Tagesordnung der ökumenischen Vollversammlung von Canberra gehörte auch der Dialog mit dem Islam.[1]
Die ›christlichen‹ Kinder in den Schulen neben den muslimischen Kindern sollen diese in ihren religiösen Lebensäußerungen besser verstehen, indem sie mehr von ihnen erfahren.[2] Darum das Spiralcurriculum Islam in Bd. 1–4. Darum in Bd. 3 die ausführliche Information über die fünf Grundlagen des Islam.
Die Erzählung S. 106–109 ist so breit angelegt, daß es keiner zusätzlichen Informationen bedarf.
Sie sollte in Abschnitten (etwa aufgeteilt nach den Grundlagen) vorgelesen und besprochen werden. Wer einen Koran mit Namensverzeichnis besitzt, wird feststellen, daß eine überraschend große Zahl alt- und neutestamentlicher Namen, verbunden mit kürzeren oder längeren Erzählpassagen – oft in sprachlicher Abwandlung (Ibrahim statt Abraham, Isa statt Jesus) – im Koran auftaucht. Darauf weist der einleitende Abschnitt S. 106 hin.
Der Text kann auch im Deutschunterricht, wenn alle muslimischen Kinder der Klasse anwesend sind[3], Unterrichtsgegenstand werden. Dann empfehlen sich folgende Arbeitsgänge:

1. Die muslimischen Kinder erzählen von ihrem Glauben.[4] Sie zeigen ihre Gebetshaltungen, sprechen ein Gebet oder das Bekenntnis.
2. Die christlichen Kinder erzählen von ihrem Glauben. Sie beten das Vaterunser oder das Glaubensbekenntnis, erzählen von den 10 Weisungen usf.
3. Gemeinsam hören christliche und muslimische Kinder den Erzähltext S. 106–109. Die muslimischen Kinder bestätigen, ergänzen. Gespräch über die fünf Grundlagen.

---

1 Dies bei vollem Wissen darum, daß nicht nur im Nahen Osten, sondern auch in Afrika und Indonesien die Spannungen zwischen Islam und Christentum (das vielerorts mit »kapitalistisch« und »westlich« gleichgesetzt wird) groß sind, daß fundamentalistische Gruppierungen den Graben nur noch vertiefen.

2 Sie sollen sich damit auch in dem Gegenüber, in dem, was ihr Eigenes ausmacht, nachhaltiger profilieren.

3 Alternative: Die muslimischen Kinder in den Religionsunterricht einladen!

4 Vgl. Bd. 2, S. 38/39, Werkbuch 1/2, S. 176 f.

4. Gemeinsames Blättern in der Bibel (einer Kinderbibel). Die christlichen Kinder erzählen Geschichten, die sie kennen, zeigen Bilder und erläutern sie.
5. Gemeinsames Blättern in einem mitgebrachten Koran. Staunen über die arabische Schrift. Die muslimischen Kinder rezitieren eine Sure. Bilder im Koran gibt es nicht. Auch einen Kinder-Koran kennen die Muslime nicht.[1]
6. Gemeinsamer Besuch einer Kirche. Die muslimischen Kinder sagen, was ihnen seltsam vorkommt, z. B. das Kruzifix[2]. Die christlichen Kinder erklären. Der Pfarrer/die Pfarrerin erzählt.
7. Gemeinsamer Besuch einer Moschee (sofern möglich). Alle ziehen ihre Schuhe aus. Die muslimischen Kinder erklären. Manches kennen die christlichen Kinder schon (Gebetsteppiche, Mihrab, Minbar). Der Imam erzählt.
8. Gespräch über Gemeinsamkeiten. *Ein* heiliges Buch, Glaube an *einen* Gott, *ein* Bekenntnis, Friedenswunsch.
9. Gespräch über Unterschiede: Verschiedene Feste; für die Muslime ist das tägliche Gebet und die damit verbundene Reinigung sehr wichtig; sie halten den Ramadan; sie haben die Armenabgabe; jeder Muslim/jede Muslimin denkt an die Wallfahrt einmal im Leben.
10. Die muslimischen Kinder malen ein christliches Bild, z. B. christliche Symbole, oder eine Kirche, oder das Innere einer Kirche mit Altar, Kanzel, Orgel, Taufstein. (Sie kennen weder Taufe, noch ein Abendmahl, noch Musik im Gottesdienst.)

Text: Diethard Zils, Melodie: aus Israel

2. Er ist Gott, Gott für uns,
er allein ist letzter Halt.
Überall ist er der Helfer,
Höhen, Tiefen, sie sind sein.

3. Ja, er heißt: Gott für uns;
wir die Menschen, die er liebt.
Darum können wir ihm folgen,
können wir sein Wort verstehn.[3]

---

1 Zu Kinderbibel und Koran vgl. die Erzählung ›Die Hauptsache‹ von Jutta Modler in: ›Neues Vorlesebuch Religion 1‹, a. a. O., S. 376.
2 Erinnerung an die Erzählung ›Kruzifix‹, in diesem Werkbuch S. 120–121.
3 Aus: ›Schulgottesdienst‹ (BE 811), © 1975 Gustav Bosse Verlag, Kassel.

11. Die christlichen Kinder malen ein muslimisches Bild, z. B. Waschung und Gebet zu Hause (Gebetsteppich), oder Lernen beim Hoça, oder der Muezzin ruft, oder Moschee mit Freitagsgottesdienst. Nur die Kanzel haben Muslime und Christen in ihrem Gotteshaus gemeinsam.
12. Christliche und muslimische Kinder gestalten eine Andacht mit christlichen und muslimischen Gebeten, mit einem Bibeltext (z. B. über Jesus und die Fremden – ›Der Hauptmann von Kafarnaum‹, S. 26), mit einem Korantext, mit einem Lied (für die muslimischen Kinder ungewohnt), das von beiden Religionen gesungen werden kann. Das voranstehende Beispiel erscheint dafür geeignet.
13. Muslimische und christliche Kinder sprechen über die Oikoumene der Religionen: Ein ›gemeinsames Haus‹, in dem alle sich verstehen und gegenseitig achten. Warum wäre das gut? Was könnte schwierig sein?

Ein Erzähltext kann das Vorangegangene in Einzelaspekten vertiefen. In ›Die Einladung‹ bittet Murad seine Klasse, die 8d, zum Fest des Fastenbrechens in die Moschee (alle wollen kommen).

Die Einladung

Jeden Donnerstag frühstückte die Klasse 8d in der großen Pause zusammen mit ihrem Klassenlehrer. So war es auch an diesem Tag. Das Pausenzeichen war kaum verklungen, als jeder zu seiner Tasche griff, um das Mitgebrachte hervorzuholen. Herr Pähler, der Klassenlehrer, hatte diesen Brauch mit der Klasse abgesprochen. Und es machte allen Spaß. Manche tauschten sogar ihr Frühstück.

»Hallo Murad«, rief Karin durch die Klasse. Sie saß nämlich in der letzten Reihe, und Murad hatte seinen Platz vorn in der zweiten.

»Hast du wieder Fladenbrot dabei?«

»Nee«, antwortete Sven für seinen Freund. »Murad ißt nichts. Es ist Fastenmonat, Rama . . ., Rama . . . dingsbums.«

Herr Pähler sah zu den Jungen hinüber. Tatsächlich, während auf allen Tischen Brotpapier oder Obst zu sehen war, sah man bei Murad eine blanke Tischplatte. Ortwin nahm spontan seine Banane und reichte sie hinüber, aber Murad schüttelte nur den Kopf.

»Danke. Ich möchte nicht.«

Paul hielt ihm die Tetrapacktüte Kakao hin. Aber Murad wehrte erneut ab.

»Idiot.« Paul reagierte verärgert. Wie konnte jemand so blöd sein! Nun schaltete sich Herr Pähler ein, indem er sich an Murad wandte: »Hat der Fastenmonat, der Ramadan, heute begonnen?«

»Nein, gestern. Und ich darf in diesem Jahr zum erstenmal mit meinen Eltern zusammen fasten.«

»Den ganzen Tag?«

»Von Sonnenaufgang bis Sonnenuntergang; danach dürfen wir das Fasten brechen.«

Inzwischen war es in der Klasse still geworden. Alle kauten oder tranken und hörten interessiert zu.

»Hör' mal«, Peter war aufgestanden und ging zu Murad hinüber, »wenn dich dein Vater dazu zwingt, kannst du es ja zu Hause tun, aber hier doch nicht. Von uns verrät dich keiner.«

Einige der Jungen und Mädchen schauten fast mitleidig zu Murad hinüber, der aber schüttelte den Kopf.

»Guck mal, Kenan ißt doch auch. Ihr seid doch beide Türken«, fügte Peter hinzu.
Jetzt reagierte der sonst eher zurückhaltende Murad scharf: »Ich bin Muslim. Ich faste.«
»Na«, beruhigte ihn Herr Pähler. »Wenn du deine Pflichten erfüllst, dann ist es gut; und niemand darf dich deswegen angreifen. Aber du mußt verstehen, daß die meisten von uns von deinem Glauben, dem Islam, nicht viel wissen. Ich habe daher eine Bitte. Während des nächsten Frühstücks erzählst du uns allen etwas über den Ramadan. Geht das?«
»Klar.«
Murad zögerte einen Augenblick.
»Willst du noch etwas?« Der Lehrer sah seinen Schüler fragend an.
»Tja, hm . . . Ich habe einen Vorschlag.«
»Und welchen?«
»Also, bei uns in der Moschee lädt immer eine Familie die anderen zum Fastenbrechen am Abend ein. Wer Lust hat, der kommt dann in die Teestube. Für den nächsten Donnerstag hat mein Vater uns in die Liste der Gastgeber eingetragen; und er hat mich gefragt, ob ich meine Klasse einladen will.«
»Alle?« Peter schaute Murad erstaunt an.
»Unsere Moschee liegt am Ende der Gneisenaustraße am Nordring.«
Herr Pähler sah in die Runde. Als er überall auf den Gesichtern freudige Zustimmung sah, wandte er sich an Murad.
»Sag deinen Eltern, daß wir grundsätzlich gerne kommen. Aber vorher fragt jeder zu Hause, ob er Donnerstag abend in die Moschee kommen darf. Am Montag sind wir wieder hier zusammen, dann sagt jeder, wie seine Eltern entschieden haben, so daß du deiner Mutter mitteilen kannst, wie viele von uns kommen.«
Murad strahlte über das ganze Gesicht. Ungläubig fragte er: »Ihr kommt wirklich?«
Sven nahm Murad am Arm: »Klar. Du hast es ja gehört. Erstens kocht deine Mutter prima und zweitens wird sich euer kleiner dicker Hoça wundern, wie voll die Teestube wird.«
In dem wieder aufbrechenden normalen Lärm der Frühstückspause hörte schon niemand mehr, wie Murad sagte: »Danke.«
Er war glücklich.

Wolf D. Aries[1]

Teil 12: Not im Menschenhaus (Seiten 110–125)

Absichten
Die Kinder sollen:
- mit Bethel eine der großen diakonischen Einrichtungen Deutschlands kennenlernen – S. 110–111
- über behinderte (geistig behinderte) Mitmenschen nachdenken – S. 112–113
- die Not im Menschenhaus (Hunger) reflektieren – S. 114–115
- den Teufelskreis in seinen bitteren Aspekten bedenken – S. 116–117

1 Aus: ›Neues Vorlesebuch Religion 1‹, a. a. O., S. 177–178. © Autor.

- über Asylsuchende und ihre Lebenssituation sprechen – S. 118–119
- das Annehmen von Menschen, die anders sind, üben – S. 120–121
- über Traurigkeit und Schmerz im alltäglichen Leben sprechen – S. 122–123
- in der Rückschau auf das Buch und sein Leitthema zusammenfassend die Situation im ›Haus der Welt‹ erwägen – S. 124

Seiten 110/111
Bethel bei Bielefeld ist nicht nur gewählt, weil die NW-Richtlinien dieses Thema vorschlagen, sondern auch weil ›Bet-El‹, ›Haus Gottes‹, sich dem Jahresthema zuordnet. In Bethel sind in der Tat neben dem Ursprungshaus eine Unzahl von Gottes-Häusern für die verschiedensten diakonischen Zwecke entstanden. Es genügt, wenn die Kinder anhand des Hauses S. 110 einen Überblick gewinnen, sowie die Begriffe Diakonie und Epilepsie füllen können. Auf S. 111 werden sie dann über eine Kurzbiographie mit Vater Bodelschwingh (Foto) bekanntgemacht, angeregt, an der Briefmarkenaktion Bethels teilzunehmen und mit Genesis 28 an den Traum Jakobs in Bet-El erinnert.

Arbeitsfolge:
1. Die Zeichnung S. 110 betrachten:
   Giebel:
   - Kronenkreuz, das Wahrzeichen Bethels.
   - Bet-El = Haus Gottes; heute viele Häuser als Krankenhäuser, Schulen, Werkstätten, Wohnungen.
   - Diakonie = Dienst. Viele Menschen haben ihr Leben lang im Haus Gottes den Kranken gedient: Ärzte, Ärztinnen, Schwestern, Pfleger, Heimleiter, Lehrerinnen/Lehrer und Schwestern in einer besonderen Tracht: Diakonissen (von Diakonie).
   - Epilepsie (altertümliche Übersetzung: Fallsucht). Gehirnkrankheit, weithin heilbar.

   Vorderseite:
   - Haus der offenen Tür, erleuchtet. Freundliches Licht, hier darf man eintreten. Hier können Kranke sich wohlfühlen.
   - Fachwerkhaus: So sah im Jahr 1867 das erste Haus für epileptisch Kranke aus, ein Bauernhaus. Es ist noch heute renoviert zu sehen. 15 Kranke wurden dort anfangs behandelt.
   - Über der Tür: Wahlspruch dessen, der Bethel zu einer Stadt der Barmherzigkeit gemacht hat. Es war der Pastor Friedrich von Bodelschwingh. Sie nannten ihn ›Vater‹ Bodelschwingh. Barmherzigkeit ist das wichtigste Wort für Bethel. Eine andere Übersetzung für den Wahlspruch: »Gott hat sich über mich erbarmt und mir den Auftrag gegeben. Darum verliere ich nicht den Mut« (2. Korinther 4,1)[1]. Obwohl ihm innerhalb von 14 Tagen alle seine vier Kinder starben, hat Vater Bodelschwingh den Mut nicht verloren. Er hat sein Leben ganz den Kranken und den Obdachlosen, den »Brüdern von der Landstraße«, gewidmet.

1 Übersetzung ›Die gute Nachricht‹.

2. Das Foto S. 111 betrachten: Der alte Bodelschwingh. Als das Foto gemacht wurde, gab es schon 5000 Menschen in Bethel. Aufzählen, was Bodelschwingh alles gebaut hat. Aufzählen, wie er war, was er konnte (S. 111 linke Spalte).
3. Aus der Lektüre von S. 111 eine kleine Niederschrift entwickeln: ›Das Wichtigste von Vater Bodelschwingh‹.
4. Vom Sohn Fritz (ein Kind, das nach dem Tode der vier Geschwister noch geboren wurde) erzählen, von seinem Widerstand gegen die Nazis, die epileptisch Kranke als lebensunwertes Leben töten wollten.
5. Die biblische Grundlage, auf der das Haus Gottes am Teutoburger Wald steht (Jakobs Traum, Genesis 28,10–22; Bd. 2, S. 76), erinnern und erzählen. Kurztext S. 111 lesen.
6. Die biblische Geschichte vom fallsüchtigen Knaben (Markus 9,14–28 – S. 111, Aufgabe 2) hören und besprechen (s. nachfolgenden Erzählvorschlag).
7. Das Haus S. 110 mit Kronenkreuz, verkürzter Giebelinschrift und Text über der Tür noch einmal groß malen. Aber jetzt sieht man viele Menschen: Rollstuhlfahrer, epileptisch Kranke mit Kopfschutz (Kinder und Erwachsene), einen Arzt, Schwestern (Diakonissen), einen Pfarrer, Zivildienstleistende usf.[1]

Vertrauen – Glauben

Es gibt eine Krankheit: Fallsucht,
Epilepsie.
Wer diese Krankheit hat,
der wird plötzlich umgerissen.
Schaum steht vor seinem Mund.
Er knirscht mit den Zähnen.
Er wälzt sich hin und her.
Er ist wie besessen.

In der Zeit von Jesus glaubte man:
Solche, die so umgerissen werden,
die haben einen bösen Geist. . .

Es gibt Glauben, Vertrauen unter den Menschen:
»Ich glaube dir, was du sagst.
Ich will auf dich hören.
Ich vertraue dir.«

Es gibt Vertrauen zu Gott:
»Ich traue dir etwas zu, Gott.
Ich gebe mich ganz in deine Hand.
Ich will mich ganz und gar auf dich verlassen.«

Oft ist es schwer zu glauben.
Menschen haben Zweifel:
»Herr, ich glaube!
Hilf meinem Unglauben!«

Markus hat davon erzählt,
von der Fallsucht und vom Glauben:

Jesus kommt von einem Berg.
Mit drei Jüngern.
Sie gehen zu den anderen Jüngern.
Eine große Menschenmenge ist dort.
In der Mitte einige Gesetzeslehrer.
Sie streiten sich mit den Jüngern.

Jesus geht auf sie zu.
Da kommen die Menschen gerannt.
Sie grüßen Jesus.

»Worüber streitet ihr euch hier?«
Jesus fragt es.

Da: einer aus der Menge, ein Mann:
Er spricht zu Jesus:
»Herr, ich habe meinen Jungen hier.

1 Weiteres Material über Bethel in: ›Wirkungsgeschichte Heft 1‹ (Religionsunterricht Primarbereich), zu beziehen über den Ev. Presseverband, Postfach 10 41 53, 40032 Düsseldorf.

Er hat einen bösen Geist.
Er ist besessen.
Er kann nicht sprechen.
Der Geist macht ihn stumm.
Aber der Geist packt ihn auch.
Er reißt ihn hin und her.
Schaum steht vor seinem Mund.
Er knirscht mit den Zähnen.
Er fällt hin. Sein Körper wird steif.
Er ist dann wie tot.
Herr, ich habe zu deinen Jüngern gesagt:
›Treibt ihn doch aus, den Geist!‹
Sie können es nicht.«

Jesus sieht die Jünger an:
»Ihr habt keinen Glauben,
kein Vertrauen.
Ihr traut Gott nichts zu.
Wie lange soll ich noch hier sein bei euch?
Wie lange soll ich das noch aushalten?
Wann begreift ihr endlich,
worum es geht!«

Und Jesus sagt:
»Bringt mir den Jungen!«

Sie bringen den Jungen.

Da: Der Junge wird zu Boden gerissen.
Er zuckt.
Er hat Schaum vor dem Mund.
Er wälzt sich.

Jesus fragt:
»Wie lange hat er das schon?«

»Von klein auf«, sagt der Vater.
»Oft wäre er fast ums Leben gekommen.
So hat ihn der Geist gerissen.
Er ist ins Wasser gefallen.
Sogar ins Feuer.
Hilf uns doch, Jesus! Hilf uns!
. . .Wenn du es kannst.«

Jesus sagt: »Was heißt hier ›wenn. . .‹?
Wenn du glaubst, wenn du vertraust. . .
du kannst es mit Gott.
Alles ist möglich dem, der glaubt.«

Da schreit der Vater.
Tränen laufen über sein Gesicht:
»Ich glaube ja. Ich vertraue ja.
Hilf meinem Unglauben, Herr!«

Er schreit und schreit.
Die Menschen laufen zusammen.
Immer mehr. Immer mehr. . .

Da: Jesus bedroht den bösen Geist:
»Fahre aus!
Du stummer, du tauber Geist,
fahre aus von diesem Kind!
Ich befehle es dir!
Fahre aus
und niemals wieder hinein!
Hinaus! Hinweg mit dir!«

Der Junge wird geschüttelt,
hin- und hergerissen:
Ein furchtbarer Schrei: Zucken, Krämpfe.
Da ist er ausgefahren, der böse Geist.
Der Junge ist frei von der Krankheit.
Aber er liegt am Boden – wie tot.
Die Menschen sagen: »Er ist tot.«

Nein, er ist nicht tot.
Jesus faßt seine Hand. Da steht er auf.

Später, es ist im Haus:
Die Jünger sehen Jesus an.
Sie fragen ihn.
»Warum konnten wir das nicht,
solch einen bösen Geist austreiben?«

Jesus sieht seine Jünger an:
»Das kann nur der,
der betet und glaubt.«

So glauben, das ist wie ein Wunder.

Ich glaube dir, Gott, ich glaube ja.
Aber hilf mir, hilf mir in meinem Zweifel.
Nach Markus 9,14–29[1]

1 Aus: *Dietrich Steinwede,* ›Was ich gesehen habe‹. Thematische Bibelerzählungen für Kinder, Eltern und Lehrer, Verlag Vandenhoeck und Ruprecht, Göttingen 1976, S. 119–123.

Seiten 112/113

Schwer epileptisch Kranke gelten als Behinderte. Es gibt viele Arten von Behinderungen (Aufgabe 1, S. 113). Als Beispiel für das Nachdenken der Kinder über behinderte Mitmenschen wurden die Geistigbehinderten gewählt. Weniger wichtig für Kinder des Alters ist es, den Ursachen für geistige Behinderungen nachzuspüren[1], als vielmehr zu einem ungezwungenen Umgang mit (geistig) Behinderten zu finden.

Die beiden Fotos auf S. 112 zeigen die bei geistig Behinderten häufig anzutreffende Lebensfreude: »Ich habe einen Fotoapparat. Ich kann Bilder knipsen.« – »Ich tanze so gern. Wenn mich einer hält, und wir uns drehen, das ist schön.«

Defizite spricht der Sachtext S. 112 an, aber eben auch, daß bei stetiger guter Betreuung ein geistig behindertes Kind soweit zu fördern ist, daß es eine sinnvolle Tätigkeit (meist in einer beschützenden Werkstatt) ausüben kann.

Arbeitsfolge:

1. Mit dem Vorlesen der Geschichte S. 113 läßt sich ein unbefangener, zugleich überführender[2] Zugang zu der Problematik gewinnen. Benjamin schlägt den Vater mit dessen eigenen Argumenten. Das läßt aufhorchen. Lehre: Man kann durchaus gut mit geistig behinderten Kindern spielen. Man kann sogar von ihnen lernen (»Der Josef sieht mehr«). Vor allem aber kann man ihnen ein Freund sein, an dem sie sich »nach oben« orientieren.
2. Von Erfahrungen mit behinderten (geistig behinderten) Menschen erzählen und wie man sich zu ihnen verhalten hat bzw. verhält[3].
3. Lehrerin/Lehrer erzählt von Schwerstmehrfachbehinderten.
4. Die Fotos S. 112 betrachten. ›Auch wer nicht sprechen kann, hat viel zu sagen.‹[4]
5. ›Auch wer nicht zählen kann, zählt mit.‹ Die Geistigbehinderten sind unsere Mitbewohner/innen im Hause Gottes.
6. Die zweite Seligpreisung von S. 22 in Erinnerung bringen.
7. Von dem schwer kranken, geistig behinderten Thomas hören, der mit seiner Lebensfreude ein Licht in seinen Mitmenschen anzündete (Hinweis in den Schlußsätzen S. 112):

Markus 9,14–29 ist die wohl ausführlichste antike Schilderung eines Anfallsgeschehens. Friedrich von Bodelschwingh ist der aufgrund dieses Textes bis ins 19. Jahrhundert vertretenen Ansicht, Epilepsie sei Besessenheit von einem bösen Dämon und deshalb nicht heilbar, energisch entgegengetreten: »In den weitaus meisten Fällen darf man Epilepsie als eine gewöhnliche Krankheit, und zwar als eine Nervenkrankheit ansehen.« Damit war endlich wiedergewonnen, was bereits 400 Jahre vor Christus der griechische Arzt Hippokrates erklärt hatte: »Epilepsie ist eine ›normale‹ Krankheit, deren Ursache im Gehirn zu suchen ist.«

1 Häufig Hirnschädigungen durch Sauerstoffmangel bei der Geburt oder durch Erbfehler (Down-Syndrom).

2 Die Kinder werden sich vermutlich mit Benjamins Freundschaftstreue identifizieren, gut über geistig Behinderte, sofern sie Erfahrungen mit ihnen haben, sprechen.

3 Sollte eine GB-Schule in erreichbarer Nähe sein, lohnt sich ein Besuch.

4 Die meisten Geistigbehinderten können verständlich sprechen.

So einer war Thomas

Heute haben wir Thomas beerdigt. Das ganze Dorf ist mitgegangen. Kinder und Erwachsene. Alte und junge Leute. Viele haben Blumen mitgebracht. Und die Kränze, die die Leute auf den kleinen Sarg legten, trugen alle leuchtende Blumen, gelbe und weiße, blaue, rote und violette.
Heute haben wir Thomas beerdigt, und es fällt uns so schwer, Abschied von ihm zu nehmen. Jetzt spüren wir immer deutlicher, wie lieb wir ihn hatten und wie lieb er uns alle hatte. Mit sechs Jahren ist Thomas gestorben. Sechs Jahre ist er nur alt geworden. Aber jeder im Dorf hat ihn gekannt.
Unser Dorf ist klein. Da kennt jeder jeden. Aber den Thomas, den haben alle ganz besonders gut gekannt. Vielleicht sogar besser als den Bürgermeister und den Pfarrer. Das sagt sogar die Zeitungsfrau, die auch zur Beerdigung gekommen ist. Von der Klinik in Göttingen sind auch die Schwestern gekommen. Sie haben einen großen Strauß Tulpen mitgebracht.
»Er war immer froh, obwohl er so krank war!« sagt Schwester Ilse.
»Mit seiner Fröhlichkeit hat er den anderen in seinem Zimmer Mut gemacht!«
»Dabei war er doch so stark behindert!« fügt Schwester Claudia hinzu.
Ja, daß Thomas behindert war, das wußten alle im Dorf. Nicht nur körperbehindert. Er war so stark geistig behindert, daß er ganz spät erst angefangen hat, überhaupt etwas zu sprechen. Oft konnte man ihn nicht richtig verstehen. Und in eine richtige Schule hätte er auch nie gehen können. Ja, in eine Tagesbildungsstätte der Lebenshilfe oder in eine Sonderschule für geistig Behinderte. Aber lachen konnte Thomas. Und er freute sich mit jedem, dem er begegnete, wenn er an der Hand seines Vaters oder seiner Mutter langsam durch das Dorf ging. Später lernte er sogar, auf dem Dreirad zu fahren. »Wirklich, dann glaubte man gar nicht, daß er so schwer behindert war!« sagt der Briefträger und lächelt ein bißchen, als er sich daran erinnert.
»Im letzten Jahr hat er immer bei uns die Milch geholt!« erzählt Frau Scheibner, die zwei Kühe in ihrem Stall hat. »Es war ja nicht weit zu uns, und er konnte mit seinem Dreirad auf dem Bürgersteig fahren. Die Milchkanne hatte er immer an der Lenkstange hängen. Er fuhr sehr vorsichtig. Nicht einen einzigen Tropfen hat er verschüttet. Und oft hat er mir ein Blümchen mitgebracht. Manchmal war es auch nur ein Gras oder ein Unkraut, das er auf dem Weg zu uns gefunden hatte. Aber er schenkte es mir mit so viel Freude, daß ich sein Geschenk gern angenommen habe. Ich habe ihm zuliebe sogar das Unkraut in die Blumenvase gestellt!« sagt sie.
»Er hat immer mit seiner Mutter bei uns das Brot und die Brötchen geholt!« sagt der alte Bäcker Martens. »Und er war nicht zufrieden, wenn man ihn einfach nur so bediente. Ich mußte immer um die Theke herumkommen und ihm die Hand geben. Ohne das ging es nicht!« Herr Martens greift in seine Hosentasche und zieht sein Taschentuch heraus. Nachdem er sich gründlich geschneuzt hat, fügt er hinzu: »Später, als er dann von der Klinik wieder nach Hause kam, damals, als er so schwach war und wieder im Wagen gefahren werden mußte, da wehrte er sich, wenn ihn sein Vater in den Laden hineintragen wollte.

›Zum Bäcker Martens will ich gehen!‹ sagte er. Da mußte ihn sein Vater herunterlassen. Er stützte ihn und führte ihn zu mir. Und Thomas war erst richtig zufrieden, wenn ich ihm die Hand gedrückt hatte. Dann erst durfte ihn sein Vater wieder auf den Arm nehmen.«

»Gott hat ihn einschlafen lassen, bevor seine Schmerzen noch schlimmer wurden«, sagt sein Vater. »In Göttingen in der Klinik waren viele kranke Kinder. Viele waren aus dem Harz dort hingebracht worden. Leukämie. Blutkrebs. Jetzt sind es fast acht Monate her, daß Thomas an Leukämie erkrankte. Er hat alle Untersuchungen über sich ergehen lassen. Er lernte sogar die vielen fremden Namen der Untersuchungen und der Krankheit. Er nannte sie so wie all die anderen Dinge, deren Namen er kannte. Dann wurde er schwächer und schwächer. Seine Heilung wurde immer aussichtsloser!«

»Es war richtig, daß wir ihn dann nach Hause genommen haben!« sagt seine Mutter. »Ja, es war richtig. Über zwei Monate lang haben wir ihn noch bei uns haben dürfen. Und seine Fröhlichkeit ist zurückgekommen. Nicht mehr so wie vorher, aber er hat wieder lachen können. Und Musik hat er gehört. Immer wieder dieselben Kassetten. Das Lied von der dicken Raupe. Dann hat er sich hingestellt und gespielt, wie sich die dicke Raupe in einen Schmetterling verwandelt. ›Gleich fliege ich!‹ hat er gesagt und seine Arme weit ausgebreitet.«

»Es war richtig, daß Sie ihn wieder nach Hause geholt haben!« sagt Frau Krüger, die Nachbarin. »Sie waren ja so lange Zeit mit ihm im Krankenhaus. Und Ihr Mann hat während dieser ganzen Zeit neben seinem Beruf noch Ihre drei Kinder versorgt. Was Sie für den kleinen Thomas alles getan haben! Sie, Ihr Mann und Ihre Kinder!«

»Was Thomas für uns getan hat. . .«, sagt sein Vater leise. »Obwohl er so krank war, hat er uns getröstet, wenn wir traurig waren. ›Mir geht's gut‹ hat er immer gesagt. ›Und einmal ist die Krankheit zu Ende!‹ So einer war Thomas!«

Heute haben wir Thomas beerdigt. Das ganze Dorf ist mitgegangen. Und die Erzieher aus der Kindertagesstätte, die er nur kurz besucht hat. Und die Schwestern von der Klinik.

»Ich bin so glücklich, daß so viele Blumen auf seinem Grab sind!« sagt sein Vater. »Thomas hatte Blumen so gern. Deshalb haben wir ihn immer Tommy Tulpe genannt.«

»Er hat ein Licht in uns angezündet!« hat der Pfarrer bei der Beerdigung gesagt. »Ein Licht auf unserm Weg.«

»Ja, so einer war Thomas!« sagt seine Mutter.

Rolf Krenzer[1]

Zusatzmaterial: Andere Behinderungen

Wie sich ein blindes und ein gelähmtes Kind gegenseitig helfen, davon erzählt Elfriede Becker sehr eindringlich:

1 © Autor.

Es geht nur zu zweit

Alice und Alain leben in einer kleinen Stadt an der Nordsee. Sie sind Nachbarskinder, beide sind elf Jahre alt und kennen einander von klein auf. Heute sitzen sie wie so oft auf einer Bank am Kaiufer. Obwohl Dezember ist, wärmt die Sonne durch den Anorak und den Pullover. Das Kaiufer hinauf und hinunter radeln Kinder, laufen, spielen Ball, lachen und schreien. Alice schaut ihnen zu. Alain hört sie.
Da fährt ein Freund mit dem Fahrrad heran. Uiii! Die Bremsen quietschen. Alain erkennt den Freund an seiner Bremskunst. Er lacht.
»Steig auf!« sagt der Freund und zieht Alain auf den Gepäckträger. Sie sausen davon.
Alice freut sich für Alain. Sie weiß, wie gern er radfährt. Aber er kann es nicht. Alain ist blind. Sein großer Wunsch – ein Fahrrad – wird nie in Erfüllung gehen!
Weit draußen kehrt der Freund um und bringt Alain zurück. Alice steht auf, greift nach den zwei Krücken und schwingt sich den Freunden entgegen. Der Freund bremst, aber sanft, und läßt Alain absteigen. Alain legt seine Hand auf die Schulter von Alice. Sie gehen zur Bank.
Als Alice fünf Jahre alt war, blieben nach einer Krankheit ihre Beine gelähmt. Mit Krücken kann sie erst seit einem Jahr wieder gehen. Laufen und radfahren wird Alice nie können!
Der Freund schreit: »Ich komm' bald wieder!« Er braust davon. Alain wendet lächelnd den Kopf. Alice winkt.

»Ah, da seid ihr«, sagt plötzlich eine bekannte Stimme hinter ihnen. Es ist Onkel Justin. Eigentlich ist er der Onkel von Alice. Er lebt mit Alice, ihrer Mutter und ihrem Großvater zusammen. Das Weihnachtsfest werden die Familien von Alice und Alain zusammen feiern.
Onkel Justin sieht die anderen Kinder herumtollen. Er sieht auch die Gesichter von Alice und Alain.
»Die können alle radfahren. . .«, sagt Alain leise und seufzt. Onkel Justin sagt nichts. Er denkt nach.
»Was sagst du, Onkel Justin?« fragt Alice und schaut den Onkel an.
»Ach, ich hab' nur laut gedacht«, sagt Onkel Justin und reibt sein Kinn. Die Kinder lachen. So ist er, der Onkel Justin. Sie mögen ihn.
Am nächsten Tag ist Onkel Justin nicht zu finden. Den ganzen Tag lang ist er weg. Er erzählt auch nicht, wo er gewesen ist.

Am Weihnachtstag gehen Alice, die Mutter, der Großvater und Onkel Justin hinüber zu Alain und seiner Familie. Alain zeigt seine Geschenke: drei Bücher in Blindenschrift, ein Spiel zum Tasten, ein Xylophon, drei Musikkassetten und ein Pullover. Für Alice liegt auch etwas da: zwei Bücher und eine Jeanshose. Sie schenkt Alain eine Sprechkassette.
Die Kinder wollen gleich das Spiel ausprobieren. Aber Onkel Justin sagt: »Ihr habt noch nicht alles gesehen. Dazu müßt ihr allerdings vor das Haus gehen.« Alle gehen hinaus. Und alle staunen!
Bevor Alice etwas sagen kann, hält ihr der Onkel den Mund zu. Er führt Alain allein ein Stück weit vor. Da steht ein seltsames Ding.
»Schau es an«, sagt der Onkel. Alain ertastet eine Griffstange, eine Klingel, ein Rad. . .

»Was soll ich mit einem Fa. . .«, murmelt Alain und läßt die Hand sinken. Da kommt Alice, stützt sich auf die eine Krücke und führt seine Hand weiter.
»Zwei Fahrräder! Zusammengekoppelt!« ruft Alain. Zwei Fahrräder sind durch Querstangen miteinander verbunden! Ein Doppelrad!
Alain hilft Alice auf den linken Sattel, er selber schwingt sich auf den rechten. An den nächsten Tagen fahren die beiden mit den Kindern am Kaiufer um die Wette. Alain tritt die Pedale, Alice lenkt. Er hat gesunde Beine, und sie kann sehen.

Elfriede Becker[1]

Seiten 114/115
Gesine vor dem Fernseher, die sich nicht mehr rühren kann angesichts der großen Augen hungernder afrikanischer Kinder, Gesine, die plötzlich hemmungslos losweinen muß, als sie am Abendbrottisch die vielen guten Sachen sieht.
Und das Indiokind aus den Anden. Ein Bild von Armut (Sackleinwand als Kleidung) und Hunger (Schüssel), kein ausgemergeltes Kind, wie in der Geschichte, doch flehend um Erbarmen.
Daß jeden Tag 50 000 Kinder[2] in der Welt an Hunger, an nicht behandelten Krankheiten dahinsterben, sollten wir das nicht unablässig vor Augen haben? Kinder erschrecken noch – wir auch?
Dieser Gegensatz: »Wurst und Käse, Vollkornbrot – manche Kinder sind schon tot.« Dieser Zusammenhang: »Wär ich nicht arm, wärst du nicht reich.«
Die Elenden, die tausendfach, zehntausendfach dem Tode nahe auf der Erde liegen, verhungern, vergehen, sterben. . . Welch eine Welt, die weiter Panzer baut und Kanonen, Flugzeugträger und Raketen, statt alles, aber auch alles daran zu wenden, daß die Not gelindert werde, die übergroße Not.
Die Situation wird eindringlich gemacht auf den Seiten 114/115. Auswege werden aufgezeigt.

Arbeitsfolge:
1. Die Geschichte S. 114 hören. Darüber sprechen. Von ähnlichen Erfahrungen/Empfindungen berichten.
2. Das Foto meditativ betrachten. Sich in die Lage dieses Kindes versetzen: Was fühlt es? Was denkt es? Was wünscht es sich?
3. Das Gedicht S. 115 lesen (lernen), in Korrespondenz zur Gesine-Geschichte erörtern. Die Not im Menschenhaus ist unfaßlich groß. Jeden Tag 50 000 Kinder! So viele wie Einwohner einer Stadt.
4. Sachtext S. 115: Ein Bild dazu malen: Weltkugel! Wir darauf! Die Hungernden darauf!
5. Das Foto S. 115 (berühmte Fotomontage von Brot für die Welt) betrachten: Was geschieht hier? Welcher von beiden Tischen ist der Gottes-Tisch? Die Gaben und Reichtümer der Welt lassen sich gleichmäßig verteilen. Wenn wir verzichten. Wenn wir uns neben die anderen setzen. Wenn wir nicht mehr auf unseren Teller tun als auch die anderen auf ihren Teller tun können. Tun wir es nicht, machen wir uns schuldig (›Vergib uns unsere Schuld‹ rechts oben).

1 Aus: ›Neues Vorlesebuch Religion 1‹, a. a. O., S. 287.
2 Im Buch heißt es noch 40 000 Kinder. Die Zahl nimmt zu.

6. ›Armer Mann und reicher Mann. . .‹: Es besteht ein Zusammenhang zwischen dem Überfluß bei uns und der Armut in den zwei Dritteln der übrigen Welt. Stichwort: Ausbeutung.
7. ›Dem Hungrigen dein Brot brechen‹ (Bildzuschrift, Aufgabe 1): Wie kann das aussehen?: Jeder Erwachsene gibt regelmäßig seinen 20-, 50- oder gar 100-DM-Schein. Das ist unsere Armenabgabe, die bei den Muslimen zu den fünf Grundlagen gehört. Jedes Kind legt regelmäßig 20 oder 50 Pfennig in die von der Lehrerin bereitgestellte Spardose. Taschengeld opfern! Damit das Teilen einüben! Auch Gesine aus der Geschichte ist dazu aufgerufen. Die Adresse einer Hilfsorganisation findet sich S. 117. Es geht nicht anders. Wir müssen es tun.
8. Jesus erzählt die Geschichte vom reichen Mann, der alles nur für sich wollte (S. 27). Der ist nicht im Hause Gottes.
9. Zum Thema ›Ungerechte Verteilung der Ressourcen‹ kann folgende Geschichte – u. U. auch gespielt – einen eindringlichen Beitrag leisten:

Ist das gerecht?

Manchmal besuchte Tina mit ihren Eltern den Gottesdienst. Zuerst spielte immer die Orgel, und alle sangen gemeinsam ein Lied. Der Pfarrer ging zum Altar, sprach ein Gebet und las aus der Bibel vor. Dann stieg er auf die Kanzel und hielt die Predigt. Tina verstand nicht viel.
Einmal aber war alles anders. Viele Eltern waren mit ihren Kindern gekommen. Ein größeres Mädchen trat vor und begrüßte die Gemeinde.
Später brachten zwei Jungen ein großes Tablett herein mit vielen bunten Schokoladentäfelchen. Tina riß die Augen auf. Die Kinder in den ersten Reihen aber riefen »oh« und »ah« und nahmen sich, was sie kriegen konnten. Als die Jungen bei der dritten Bankreihe ankamen, war das Tablett schon fast leer. Tina und alle, die weiter hinten saßen, bekamen nichts. Wie enttäuscht war Tina! Da rief ein Mädchen aus der letzten Bank: »Das ist nicht gerecht! Ihr da vorn stopft euch die Taschen voll, und wir hier hinten bekommen nichts!«
Und auf der anderen Seite stand ein Junge auf und rief:
»Das lassen wir uns nicht gefallen! Los, kommt mit! Wir wollen auch was!«
Da kamen auf einmal von hinten Kinder und stürmten durch den Mittelgang nach vorn. Tina bekam Herzklopfen vor Schreck! Sie würden doch wohl nicht eine Rauferei anfangen! Aber dann begriff sie: Es war ja nur ein Spiel. Die Kinder spielten den Leuten vor, wie ungerecht es ist, daß die einen alles haben und die anderen nichts.
Darüber sprach auch der Pfarrer in seiner Predigt. Heute verstand Tina, was er sagte.
Nach der Predigt gingen einige Kinder herum und verteilten die Schokolade gerecht.
Zuletzt sprach der Pfarrer das Schlußgebet und den Segen. Tina wunderte sich, wie rasch ihr die Zeit vergangen war.

Renate Schupp[1]

1 Aus: Vorlesebuch ›Erzähl mir vom Glauben‹, Verlage Kaufmann/Gütersloher Verlagshaus, Lahr/Gütersloh 1989, S. 175–176 (Originaltitel: »Kirche ist auch für Kinder da«).

10. Die gesamte Einheit könnte man auch mit dem nachfolgenden Text beginnen:
    a) Tafelanschrift »Als ich einmal großen Hunger hatte.«
    Die Kinder reagieren, tragen Beispiele zusammen (oder finden keine). Gespräch darüber.
    Alternativ: Zum Tafelimpuls einen kleinen Aufsatz schreiben und auswerten.
    b) Den Text vorlesen und erörtern: Wann sind deutsche Kinder je richtig hungrig? Wann werden indische Kinder je wirklich satt?

Welt-Themen

»Schreibt einen Aufsatz
zu dem Thema:
›Als ich einmal großen Hunger hatte!‹«
sagte ein Lehrer
zu Kindern
einer Schulklasse
in Bonn.
Die Kinder sahen sich an,
überlegten
und kauten an ihren Füllfederhaltern.
Niemand schrieb.

»Schreibt einen Aufsatz
zu dem Thema:
›Als ich einmal so richtig satt war!‹«
sagte der Lehrer
zu Kindern
einer Schulklasse
in Bombay.
Die Kinder
überlegten
nicht lange.
Sie schrieben,
und ihre Augen glänzten.

Ingrid Kötter[1]

11. Wie schwer es ist, wirklich zu teilen, macht die nachfolgende kleine Geschichte deutlich:

Teilen ist schwer

Die Schülerinnen und Schüler der dritten Grundschulklasse diskutierten über die Armut in den Ländern der Dritten Welt und wie man sie beheben könnte.
»Das ist doch nicht so schwer«, meldete sich Benedikt. »Wenn jeder die Hälfte von dem abgibt, was er hat, dann ginge es uns noch nicht schlecht und den anderen allen besser.«
»Ein guter Vorschlag«, sagte Frau Kluge, die Lehrerin, und die ganze Klasse nickte zustimmend.
»Also wenn ich vier Häuser hätte, würde ich zwei abgeben«, versicherte Stefan.
»Ich auch«, rief Sebastian.
»Nimm an, du hättest vier Autos, Peter. Würdest du zwei davon herschenken?« wollte die Lehrerin wissen.
»Na klar«, rief Peter.
»Michael, und wenn du zwei Mopeds hättest. . .«
»Dann würde ich garantiert eins abgeben an einen, der keins hat«, ließ sich Michael vernehmen.
»Wenn ich vier Wintermäntel hätte«,

1 Aus: ›Das Vaterunser. Erzählbuch zum Glauben 3‹, hrsg. von E. Conrad u. a., Verlage Kaufmann/Patmos, Lahr/Düsseldorf, S. 221–222. © Autorin.

meldete sich Verena, »würde ich zwei abgeben.«
»Und wenn du vier Pullover hättest, würdest du auch zwei abgeben?«
»Auf keinen Fall!«
»Aber warum nicht?«
»Ich habe vier Pullover, aber die brauche ich alle ganz dringend.«

Ursula Berg[1]

Zusatzmaterial
Meditation zu dem Jesajatext auf dem Foto S. 115

Brich mit dem Hungrigen dein Brot

Jesaja ist ein Prophet.
Ein Prophet, wer ist das?
Das ist einer, der Gottes Wort sagt, nicht sein eigenes Wort.
Das ist einer, dessen Rede anfängt: »So spricht Gott. . .«
Das ist einer, der von Gott berufen ist, der für Gott ruft, der ins Volk hineinruft, daß alle es hören.
Solch ein Prophet ist Jesaja.

Heute redet Jesaja vom Fasten.

Fasten, was ist das?
Nichts essen, nichts trinken, hungern, Durst haben, den ganzen Tag.
Man kann einen Tag lang fasten.
Man kann mehrere Tage lang fasten.

Jesaja, der Prophet, soll rufen für Gott, laut tönend soll er rufen, tönend wie eine Posaune.
Und er soll dem Volk etwas zurufen über das Fasten.
Die vom Volk Israel sagen:
»Wir fasten ja.
Wir halten Fastentage.
Wir hungern und dürsten.
Gott aber achtet nicht darauf.
Darum:
Es hat ja keinen Sinn, für Gott zu fasten.«

Denen, die so reden, zu denen spricht Gott durch seinen Propheten Jesaja.
Jesaja ruft es aus.
Jesaja erklärt es:
»Euer Fasten, ihr vom Volk Israel, ist ein falsches Fasten.
Denn ihr fragt zwar nach Gottes Gebot, aber ihr haltet es nicht.

Was tut ihr denn an euren Fastentagen?
Ihr treibt eure Geschäfte.
Ihr beutet eure Arbeiter aus.
Ihr unterdrückt sie.
Ihr seid streitsüchtig.
Ihr schlagt sofort mit der Faust drein.

Nein, das sind keine Fastentage, wie Gott sie liebt.

Und im übrigen:
Nichts essen, nichts trinken, den Kopf hängenlassen, in Sack und Asche gehen, das ist kein Fasten, wie Gott es möchte. Nein, Fasten wie Gott es haben will, das sieht ganz anders aus:
Laßt die frei, die ihr unterdrückt.
Löst die Fesseln der Gefangenen.
Gebt den Hungernden zu essen.
Nehmt die Obdachlosen in euer Haus.
Wenn ihr einen nackt seht, dann kleidet ihn.
Helft allen, die Hilfe brauchen!
Das ist ein Fasten, wie Gott es will.
Das ist ein Fasten nach Gottes Herzen.
Das ist ein Gottes-Fasten.

Wenn ihr aufhört, es anderen schwerzumachen, wenn ihr aufhört, spöttisch

1 Aus: ›Neues Vorlesebuch Religion 1‹, a. a. O., S. 253.

mit dem Finger auf sie zu zeigen, wenn ihr aufhört, schlecht über sie zu reden, wenn ihr den Hungrigen zu essen gebt und den Notleidenden helft, dann wird eure Dunkelheit hell werden. Rings um euch herum wird das Licht strahlen wie am Mittag.

Und was seit langer Zeit in Trümmern liegt, das werdet ihr wieder aufbauen.«

So spricht der Prophet Jesaja.
Er spricht Gottes Wort.
Er ruft es ins Volk,
tönend wie eine Posaune.

Nach Jesaja 58,1–12

Seiten 116/117
Die Doppelseite verknüpft die Problematik der Kinderarbeit in vielen Ländern der Dritten Welt mit dem Teufelskreis der einander bedingenden Negativpositionen, die für unzählige Menschen (Familien, Kinder) ein Ausbrechen unmöglich machen.
». . .wär ich nicht arm, wärst du nicht reich!« Diesen Zusammenhang beklagt das Gedicht von Hans-Martin Große-Oetringhaus in vielen Beispielen (S. 116): »Knoten um Knoten für den weichen Teppich, über den du gehst, haben wir geknüpft, wir Kinder aus den Ländern der Armut für dich, das Kind aus einem Land des Wohlstandes. In härtester Arbeit! Ohne Lohn! Dafür um so mehr Schläge!« – »Wofür unser Vater sich quält und kaum genug zum Essen verdient, das nimmst du zur Hand und ißt es gedankenlos auf, die Banane!« Das ist bittere Anklage, das ist ein Aufschrei, das soll an unserem Gewissen rütteln, an dem Gewissen der Kinder.
Kinderarbeit, harte quälende Kinderarbeit, die Kräfte oft übersteigend – das Foto mit der schweren Steinlast auf dem Kopf des indischen Jungen macht es deutlich –, das gibt es an vielen, vielen Orten auf unserem gemeinsamen Planeten.[1] Das darf nicht sein. Die Rechte der Kinder, verbürgt von den Vereinten Nationen (Bd. 4, S. 68 f.) lassen das nicht zu.
»Wir müssen mithelfen. Darum können wir keine Schule besuchen.« Dieser Satz von S. 116 führt hinüber zu der Darstellung des Teufelskreises S. 117.
Im Welthaus können viele Kinder nichts lernen, weil sie keine Schule besuchen. Deshalb bekommen sie keine Arbeit, kein Geld, keine Wohnung. Sie sind arm und bleiben im Elend. Bis sie erwachsen sind. Bis sie selbst wieder Kinder

---

1 Kinderarbeit ist in Asien, Afrika, Lateinamerika und zunehmend auch wieder in Europa an der Tagesordnung. Weltweit müssen zwischen 100 und 200 Millionen Kinder unter 15 Jahren ihren Lebensunterhalt selbst verdienen. Ob in Pakistan, Indien oder Nepal, wo Kinder zum Teil unter unmenschlichen Bedingungen Teppiche knüpfen, oder auf den Tabak- und Teeplantagen in Indonesien, China und Sri Lanka – Kinder werden schon früh zu schwerer körperlicher Arbeit eingesetzt. Sie formen Ziegelsteine in der glühenden Sonne des Sahel, sie nähen Billigtaschen und T-Shirts in Bangkok und Seoul, fertigen Fußbälle in Peshawar, sie verkaufen sich in Lima, Bogotá oder Quito als Laufburschen, Prostituierte, Müllsammler und Schuhputzer. Oft zerbrechen sie körperlich und seelisch unter der Last dieser Arbeit. Es sind Kinder, die Verantwortung für sich und ihre Geschwister tragen müssen. Solange den Eltern der gerechte Lohn für ihre Arbeit verwehrt bleibt, werden sie weiterhin ihre Kinder in die Fabrik statt in eine Schule schicken, damit sie durch ihre Arbeit zum Überleben der Familien beitragen (Aus dem ›UNICEF Jahresbericht 1995‹).

haben. Und diese Kinder stochern dann den ganzen Tag über in den riesigen Müllhaufen der Großstädte, um nur eine Winzigkeit, die sich verwerten läßt, eine Winzigkeit, die sich verzehren läßt, zu finden. Damit bringen sie ihre Tage zu. Eine Schule besuchen sie nicht. So schließt sich der fatale Kreis.
Andere müssen ihren Eltern bei der kärglichen Landarbeit, die so gut wie nichts einbringt, helfen. Sie können keine Schule besuchen. Andere lungern nur herum, weil ihre Eltern sich um nichts mehr kümmern. Sie besuchen keine Schule. Andere suchen sich von klein auf als Schuhputzer durchzubringen. Sie besuchen keine Schule.
Schulbesuch, lesen und schreiben können, ist das Sprungbrett für bessere Verdienstmöglichkeiten, für Wohnung, angemessene Kleidung, für ausreichende Nahrung und einen Arzt im Krankheitsfall. Wer keine Schule besucht, bleibt im Elend. Das ist den Kindern anhand ihrer eigenen Situation unter dem Gesichtspunkt ›Lernen dürfen ist ein Geschenk‹, eindringlich klarzumachen.

Arbeitsfolge:
1. Das Gedicht S. 116 lesen und bedenken. Mit der nachfolgenden Erzählung an einer Stelle – Kinderarbeit Teppichknüpfen – vertiefen. In der Geschichte wechseln zwei Orte des Geschehens – eindrucksvoll kontrastiert – miteinander ab: Hier das reiche Weihnachten in Deutschland mit Berberteppich – dort die schmerzhafte Kinderarbeit für einen Hungerlohn in der marokkanischen Teppichfabrik.

»O du fröhliche, o du selige. . .«

Es war ruhig geworden in der kleinen Halle, in der die Mädchen hockten. Nach zehn Stunden Arbeit hatte man sich nichts mehr zu erzählen. Nur gelegentlich unterbrach eine laute Stimme die Stille, wenn eine Meisterin ein Mädchen anfuhr, nicht einzuschlafen, und sie antrieb, schneller zu knüpfen.
Aischa hörte nicht mehr hin. Sie spürte nur noch ihren Rücken und den Schmerz in den Fingern. Aischa war erst neun Jahre alt, wie die meisten der anderen Mädchen auch, aber ihre Hände und Finger sahen aus wie die einer alten Frau. Am Morgen waren die Finger noch flink und kräftig, doch am Abend gehorchten sie nicht mehr, griffen den falschen Faden, waren kraftlos und konnten die Knoten nicht mehr richtig zurren. Aischas Fingerkuppen waren wundgescheuert und schmerzten. Gelegentlich steckte sie ihre Finger in den Mund, um sie zu kühlen.
Jeden Tag ging das so, zwölf Stunden lang. Wenn die Meisterin nur nicht so treiben würde. Aber sie wurde ja selber von Abu Batuta angefahren, wenn er am Abend nicht zufrieden war und meinte, daß sie zu wenig Meter geknüpft hätten. Zudem zahlte er die Meisterin schlecht, so daß sie auch nur wenig an die Mädchen weitergeben konnte. Zwanzig Dirham bekam sie für ein Stück von einem mal einem Meter. Und was sie davon den Mädchen am Abend auszahlte, reichte oft nicht einmal für ein Stück Brot. Aischa spürte in ihrem Magen ein Gefühl der Leere. Schon seit Stunden hatte sie großen Hunger, aber sie würde erst wieder etwas zu essen bekommen, wenn sie zu Hause war.

Durch den Spalt der angelehnten Tür fiel der Schein der Kerzen. Sabine und Karsten stürzten herein.
»He! Nicht so eilig!« lachte der Vater. »Wollen wir nicht erst einmal ein Weihnachtslied singen?«
Doch sein Vorschlag ging in dem »Ahh« und »Ohh« unter. Auch seine Frau hatte es sofort gesehen: da lag er mitten im Zimmer, flauschig, weich und weiß, ein echter Berberteppich. Lange starrte sie ungläubig zu Boden, und die Röte stieg ihr ins Gesicht.
»Aber Liebling«, brachte sie nur hervor und fiel ihrem Mann um den Hals. Dann kniete sie sich auf den Boden und nahm eine Kante des Teppichs prüfend zwischen die Finger:
»Der ist sehr sorgfältig geknüpft. Das ist eine ausgezeichnete Qualität!«
»Eben«, strahlte ihr Mann. »Extra für dich.«
»Aber der muß doch unwahrscheinlich teuer gewesen sein?« Die Mutter sah fragend auf.
»Ganz billig war er nicht gerade«, antwortete der Vater, »aber es war ein günstiges Angebot. Da mußte man einfach zugreifen. Und du hattest dir doch schon immer einen echten Berber gewünscht.«
Die Mutter nickte und schaute dabei noch immer ungläubig zu Boden.
»So, jetzt laßt uns erst einmal singen«, schlug der Vater vor, »und dann schauen wir nach, was in den Päckchen unter dem Baum ist.«
Die Mutter stimmte »Stille Nacht, heilige Nacht« an. Sabine, Karsten und der Vater fielen ein. Während sie sangen, blickten sie in den glänzenden Schein der Kerzen, der sich in den silbernen Kugeln spiegelte.

Es war schon längst dunkel geworden, und das Licht der Glühbirnen, die nackt von der Decke hingen, erleuchtete nur notdürftig den Raum. Aischas Augen brannten und konnten kaum noch die Knoten erkennen. Von Zeit zu Zeit fielen ihr die Lider zu, aber dann gab sie sich jedesmal wieder einen Ruck und versuchte, sie weit aufzureißen.
»Schlaf nicht ein!« hörte sie hinter sich die Stimme der Meisterin.
»Ihr kommt nicht eher nach Hause, bis das Soll erfüllt ist. Abu Batuta wird sonst Ärger machen. Und dann zahlt er noch weniger. Und ich muß euch dann auch weniger geben.« Aischa bekam einen Schrecken. Ihre Eltern brauchten das Geld doch. Wie würden sie schimpfen, wenn sie mit weniger Geld nach Hause käme.

»O du fröhliche, o du selige, gnadenbringende Weihnachtszeit!«
Das letzte Lied hatten sie schon ganz schnell gesungen, und Karsten hatte dabei überlegt, ob in dem großen Päckchen wohl das ersehnte Flugzeugmodell sei.
Und was war wohl in all den anderen Paketen?
Dann ging es ans Auspacken. Karsten sah den Aufdruck bereits durch das Papier schimmern. Zu oft hatte er sich das Modell schon im Schaufenster angesehen, als daß er nicht das Bild auf dem Karton genau gekannt hätte. Und Sabine packte eine richtige Puppenstubeneinrichtung aus. Da war der Kühlschrank und der Herd. Zwar war keine Waschmaschine dabei, aber dafür eine kleine Kaffeemaschine.
Der Mutter fiel ein, daß sie das Kaffeewasser aufsetzen und den Kakao heißmachen wollte. Während Sabine und Karsten ihre Geschenke bestaunten und ausprobierten und Vater in seinem neuen Buch blätterte, hantierte

Mutter in der Küche. Dann trug sie auf einem Tablett die gefüllten Tassen herein, und der Duft von Kakao und Kaffee vermischte sich mit dem des Tannengrüns und der Süßigkeiten.
Die Mutter sah zufrieden auf ihre Kinder und stellte ihnen die Kakaotassen hin. »Paß doch auf!« konnte sie gerade noch hervorstoßen. Doch da war es auch schon passiert. Karsten war mit dem rechten Flügel seines Flugzeuges an die Tassen gestoßen. Sie kippten um, und der Kakao sickerte in den weichen Teppich ein. Mutter lief gleich in die Küche, kam mit einem Schwamm und einem Schüsselchen Wasser zurück und versuchte, den braunen Fleck herauszureiben.

Aischa mußte sich mehr und mehr anstrengen, ihre Augen offenzuhalten. Immer häufiger bekam sie einen Faden nicht zu fassen. Ihre Finger waren kraftlos, aufgerissen und wund. Die Kuppe des rechten Zeigefingers schmerzte besonders. Und plötzlich war es geschehen! Ein Blutstropfen quoll auf die weißen Wollfäden und wurde von ihnen sofort gierig aufgesogen. Ein kleiner roter Fleck, aber unübersehbar. Was würde die Meisterin sagen? Und was erst Abu Batuta? Würde er toben? Und würde die Meisterin ihr den Lohn kürzen? Oder sie gar vor die Tür setzen?
Aischa blickte sich scheu um. Die Meisterin stand am Ende des Ganges. Hastig steckte Aischa die Finger ihrer linken Hand in den Mund, befeuchtete sie und versuchte, den roten Fleck zu verreiben. Dann kam die Meisterin auf sie zu.

Hans-Martin Große-Oetringhaus[1]

Über die Erzählung sprechen.

2. Andere Kinderarbeiten aus dem Text S. 116 aufschreiben (Fabrik, Zinnbergwerk – in Südamerika – Arbeit auf dem Feld). Dazu auch die Arbeit auf dem Foto: Der Junge arbeitet bei der Ziegelherstellung in Indien. Die Steine, die er auf dem Kopf trägt, sind viel zu schwer für ihn. Die Mühsal, die Qual, die ihm diese Arbeit bereitet, zeichnet sich auf seinem Gesicht schmerzlich ab.
3. Den Text »Wie es ist, wenn Kinder arbeiten« wahrnehmen, darüber sprechen, u. U. selbst eine ähnliche Aktion versuchen.

Wie es ist, wenn Kinder arbeiten

Eine Klasse geht auf die Straße

1989 wurde der Autor Hans-Martin Große-Oetringhaus in Bochum-Langendreer zu einer Lesung mit einer vierten Klasse der dortigen Stiftsschule eingeladen. Er berichtete über das Selbsthilfeprojekt der »Kleinen Menschen« in Peru, das terre des hommes unterstützt, und las aus dem Buch »Pancho und die Kleinen Menschen« vor. Kurz darauf erhielt er von der Lehrerin Hildegunde Busch folgenden Brief:
»Meine Kinder waren derart von Ihrer Lesung begeistert, daß sie unbedingt einmal selbst erleben wollten, wie schwer Pancho sein Geld verdienen

1 Aus: ›Vorlesebuch Ökumene‹, a. a. O., S. 305–307. © Autor. Vgl. auch ›Der Teppich aus Schiras‹, von Elfriede Becker in ›Vorlesebuch Religion 2‹, a. a. O., S. 312–313.

mußte. Die 22 Jungen und Mädchen hatten es auf unserem Wochenmarkt gar nicht so leicht, Kunden zum Schuheputzen zu finden; sie mußten manche Beschimpfung über sich ergehen lassen. Sie haben aber unermüdlich weitergeworben und argumentiert und waren letztlich stolz, den Betrag von genau 99,25 DM eingenommen zu haben. Sind sie so lieb, das Geld an die ›Kleinen Menschen‹ weiterzuleiten?«

Die Schülerinnen und Schüler berichteten in Briefen selbst von der Aktion. So schreibt zum Beispiel Natascha: »An einem Schultag sind wir, die Klasse 4a aus der Stiftsschule, zu Ihnen in die Stadtbücherei gekommen. Dort haben Sie aus einem sehr traurigen Buch von den Menschen aus Peru vorgelesen. Die Kinder aus armen Familien mußten arbeiten. Daß Kinder arbeiten müssen, konnten wir uns nicht vorstellen. Deswegen sind wir auf den Wochenmarkt gegangen und haben es dort einmal mit Schuheputzen versucht.«
Julia hat dabei folgende Erfahrung gemacht: »Wir wollten mal ausprobieren, wie das ist, wenn Kinder arbeiten müssen. Dabei haben wir ganz schön viel gelernt. Viele Leute waren sehr unhöflich, manche aber auch sehr freundlich.«
Astrid schreibt: »Heute waren wir mit unserer Lehrerin auf dem Markt in Langendreer. Wir hatten uns Schuhputzzeug mitgenommen, um den Menschen für eine kleine Spende die Schuhe zu putzen. Wir wollten uns in die Lage versetzen, wie es den Kindern in Peru ergeht, die auch durch Schuheputzen sich Geld verdienen müssen, wenn die Eltern keine Arbeit finden. Mit Herzklopfen sprach ich eine ältere Dame an. Ich erklärte ihr auch, daß die Spende für Kinder in der Dritten Welt sei. Doch sie sagte: ›Nein danke. Ich habe mir schon die Schuhe geputzt.‹ Dann versuchte ich es bei einer anderen Frau. Ich hatte Glück, sie ließ sich von mir die Schuhe putzen und gab mir eine Spende dafür. . . Wir haben bei dieser Sache viel gelernt, vor allen Dingen haben wir freundliche und unfreundliche Menschen angetroffen.«[1]

Zusatzinformation: Rugmark

Allein in der Teppichindustrie von Indien, Nepal und Pakistan arbeiten zwischen 750 000 und einer Million Kinder im Alter von acht bis 14 Jahren, schlecht bezahlt und meist unter schlimmsten Bedingungen. Ihr Arbeitstag dauert oft 16 Stunden, ohne Ruhezeiten. Die meisten Kinder stammen aus Familien verarmter Landarbeiter. Die Arbeitsplätze sind dunkel, schmutzig und verursachen schwere gesundheitliche Schäden: Augenleiden, Lungen- und Hautkrankheiten, Gelenk- und Wirbelsäulenschäden. Rund ein Drittel der indischen und 80 Prozent der nepalesischen Teppichproduktion wird in Deutschland verkauft.
Die Bekämpfung der Kinderarbeit ist ausgesprochen schwierig, denn Kinderarbeit ist ein fester Bestandteil der Wirtschaft armer Länder. Dort können Familien mit niedrigen Einkommen ohne die Arbeitskraft ihrer Kinder nicht überleben. Deshalb ist die Hoffnung unrealistisch, Kinderarbeit unter den gegebenen Ver-

1 Aus: *Hans-Martin Große-Oetringhaus,* ›United Kids‹. Spiel- und Aktionsbuch Dritte Welt, Elefanten Press, Berlin 1991.

hältnissen von heute auf morgen abzuschaffen. Aber es gibt Möglichkeiten, die schlimmsten Auswüchse der Ausbeutung anzugehen und den Kindern zu helfen, ihre Rechte auf Bildung und Erholung wahrzunehmen.

Rugmark-Siegel gegen Kinderarbeit
Ein wichtiger Schritt im Kampf gegen die Kinderarbeit in der Teppichindustrie war die Einführung des »Rugmark-Siegels«.
UNICEF Indien gehört dem Vorstand der indischen »Rugmark Foundation« an, die im September 1994 gegründet wurde und deren Engagement von der deutschen »Kampagne gegen Kinderarbeit in der Teppichindustrie«, von den Hilfswerken Brot für die Welt, Misereor, terre des hommes und dem deutschen UNICEF-Komitee begleitet wird. Die Rugmark-Foundation zeichnet mit ihrem Siegel Teppiche aus, die nicht von Kinderhand geknüpft wurden. Dieses Warenzeichen ist eine Orientierungshilfe für Importeure und Verbraucher. Die Teppichproduzenten, die das Warenzeichen beantragen, verpflichten sich, keine Kinder unter 14 Jahren zu beschäftigen. Stichprobenartig und unangemeldet prüfen Inspektoren in den Knüpfbetrieben, ob die Auflagen eingehalten werden.
UNICEF erarbeitet zusammen mit erfahrenen Entwicklungsorganisationen Strategien, um den ehemaligen Teppichkindern die Eingliederung in das bestehende Schulsystem zu erleichtern. Und es besteht die Hoffnung, daß das Rugmark-Siegel – seit 1995 in Deutschland als Gütezeichen gültig – als Zertifikationssystem gegen Kinderarbeit auch in anderen Ländern eingeführt wird.[1]

4. Den Teufelskreis von Arbeitslosigkeit, Analphabetentum und Armut S. 117 erarbeiten. Das Zwangsschema an die Tafel zeichnen. Dazu den Sachtext lesen und bedenken. Gründe für Existenzverlust: Zu geringe Ernteerträge, Ausbeutung durch Großgrundbesitzer, Landvertreibung. Folgen: Verelendung in den Slums der Großstädte. Aufgabe 3.
5. Erneut über Hilfsmöglichkeiten nachdenken (vgl. zu S. 113/114). Aktiv handeln: Aufgaben 1 und 2.
6. Sich in Dreiergruppen Pantomimen ausdenken: Schwere Steine tragen (wie auf dem Foto S. 116), einen Teppich knüpfen, einen Kaffeesack schleppen, Baumwolle ernten, aber auch: eine Banane schälen, sich am Kakao erlaben, Milchreis mit Zimt essen, Musik aus dem Kassettenrecorder hören. Bei dem einen sieht man die Anstrengung, bei dem anderen das Vergnügen. Die Pantomimen jeweils den übrigen Gruppen vorspielen.

1 Aus: ›UNICEF Jahresbericht 1995‹. – Die Aktion greift: Eine wachsende Zahl von Käufern erkundigt sich vor dem Kauf, ob der Teppich von Kindern geknüpft wurde.

7. Wie es ist, wenn einer aus dem Teufelskreis ausbricht, zeigt die spannende Erzählung ›Alle sollen leben!‹:

Alle sollen leben!

Die Indios, die in dem winzigen Gebirgsdorf leben, hatten Mühe, die strengen Winter zu überstehen. Sie waren arm. Sie hatten nicht genug Geld, um sich sattessen zu können. Ihnen fehlten warme Mäntel, Decken und Schuhe. Sie verdienten nicht genug, um ihren Kindern Schulbücher, Stifte und Hefte zu kaufen. Und wenn sie auch diese Sachen hätten kaufen können – es wäre doch sinnlos gewesen. Denn sie besaßen nicht einmal eine Schule. Sie hatten auch keinen Arzt und keine Apotheke. Wer krank wurde, mußte sehen, wie er wieder gesund wurde, oder er starb. Wer hätte denn Arzt und Medikamente bezahlen können, bei so großer Armut?

Früher hatten die Männer in einem Bergwerk gearbeitet, weiter oben im Gebirge. Aber das Bergwerk war geschlossen worden. Nun bekamen sie nur noch ab und zu tageweise Arbeit auf einer großen Farm in der Nähe. Der Farmbesitzer zahlte ihnen einen elenden Lohn. Aber sie mußten damit zufrieden sein, denn es gab weit und breit keine andere Möglichkeit, Geld zu verdienen. Niemand setzte sich für sie ein. Niemand half ihnen.

Im Winter wurde die Not fast unerträglich. Da wuchs kaum Gras für die Schafe und Lamas, die den Dorfbewohnern gehörten. Da gaben die kleinen Gärten nichts zu essen her. Wer nicht für den Winter vorgesorgt hatte, mußte fürchten zu verhungern. Wohl waren die Leute guten Willens, einander zu helfen, aber sie besaßen allesamt nicht viel. Und so konnten sie nicht verhindern, daß eine Frau starb, eine Witwe. Sie hinterließ vier Kinder. Das älteste war neun, das jüngste ein halbes Jahr alt.

Die Dorfbewohner verteilten die Kinder der Toten unter sich und fütterten sie mit durch. Aber der Älteste, der Pablito, faßte einen Plan. Mit seiner Schwester Anita, die ein Jahr jünger war als er und nun am Ende des Dorfes wohnte, kroch er in einen halb verfallenen Stall und vertraute ihr an, daß er fortgehen wolle, um Hilfe zu holen.

»Damit wir wieder zusammen sein können«, sagte er. »Und damit wir nicht auch verhungern müssen.«

»Aber wo willst du Hilfe holen?« seufzte Anita.

»In Lima«, sagte Pablito.

»Lima ist voll von Armen, hat die Mama immer gesagt. Denen hilft dort auch niemand. Bleib hier. Laß uns nicht allein.« »Ich will's wenigstens versuchen«, sagte Pablito. »Und verlaß dich darauf: Ich vergesse euch nicht. Kümmere du dich um die Kleinen, damit sie wissen, daß wir zusammengehören. Hab Geduld, es kann lange dauern. Denn ich will erst zurückkommen, wenn ich euch helfen kann.«

Anita gab ihm noch ihren Poncho, der wärmer als der seine war, und stand Schmiere, als sich Pablito aus dem Dorf fortschlich. Sie weinte eine ganze Weile hinter dem Stall, weil sie sich so verlassen fühlte ohne den großen Bruder.

Pablito brauchte vier Tage, bis er in der Hauptstadt Lima ankam. Um unterwegs nicht zu verhungern, stahl er ein Brot von einem Bäckerwagen und bezog Prügel. Aber der Bäcker über-

ließ ihm das Brot, weil Pablito schon hineingebissen hatte. In Lima bot er von Haus zu Haus an, gegen Lohn zu arbeiten. Aber er war zu jung. Niemand wollte etwas von ihm gearbeitet haben. Außerdem liefen unzählige andere Kinder herum, die Arbeit suchten. Da begann er zu betteln. Er bettelte von morgens bis abends. Nachts schlief er unter Parkbänken oder in Treppenhäusern oder Innenhöfen. Nach drei Monaten hatte er etwa so viel wie fünfzig Mark zusammen. Aber in einer Nacht, als er im Kreuzgang eines Klosters schlief, stahl ihm jemand das Geld aus der Hosentasche. Als er am nächsten Tag bestürzt bemerkte, daß das Geld weg war, hängte er sich an den Glockenstrang in der Klosterkapelle und brachte die kleine Glocke zum Läuten.
»Helft meinen kleinen Geschwistern!« schrie er. »Helft meinem Dorf!« Die Nonnen liefen zusammen und schüttelten vorwurfsvoll die Köpfe. Sie gaben ihm einen Teller Suppe zu essen, aber er wollte sie nicht. Traurigkeit, Empörung und Wut hatten ihm den Appetit genommen. Die Nonnen schoben ihn aus dem Klosterhof.
Mit gesenktem Kopf trottete er die Straße entlang und war verzweifelt. Drei Monate lang hatte er vergeblich gebettelt! Und niemand wollte helfen! Seine Geschwister warteten sicher schon sehnlichst auf ihn, aber er konnte nicht kommen – obwohl es hier in der großen Stadt Lima und in der ganzen Welt so viele Leute gab, die sicher reich genug waren, um Pablitos Dorf helfen zu können.
Als er an einem großen, langgestreckten Gebäude vorüberkam, hob er einen Stein auf und warf ihn über den hohen Zaun mitten in eine Fensterscheibe, daß es nur so klirrte. Er rannte nicht weg. Er blieb stehen, auch als hinter den Resten der Scheibe viele blonde und dunkle Kinderköpfe sichtbar wurden. Er flüchtete auch nicht, als ein Mann aus dem Gebäude trat und zu ihm sagte: »Komm doch herein. Meine Schüler möchten wissen, warum du das getan hast und wieso du nicht wegläufst.«
Und nun tat Pablito etwas, was sogar diesen Lehrer erstaunte. Er ging tatsächlich mit. Er ging mit ihm durch den Gang bis in den Saal, wo die Kinder auf ihn warteten. Pablito hatte noch nie eine Schule von innen gesehen. Aber er war nicht dumm. Er begriff schnell, wo er war. Und nun stand er neben dem Lehrer vor der Klasse und konnte es kaum erwarten, den sauber gewaschenen und gekämmten, satten und gutgekleideten Kindern ins Gesicht zu schreien: »Weil sich niemand um uns kümmert! Keinen von euch juckt's, ob meine Geschwister verhungern, ob unser Dorf verhungert. Hauptsache, *ihr* habt ein schönes Leben. Aber *alle* wollen leben – auch wir! Deshalb!«
Da war es in der Klasse so still, daß man eine Stecknadel hätte fallen hören können. Alle Kinder starrten den drekkigen, mageren, zerlumpten kleinen Jungen an, bis der Lehrer sagte: »Erzähl uns von deinen Geschwistern. Erzähl uns von deinem Dorf.«
Oft mußte er mit Fragen nachhelfen. Aber schließlich kam alles nach und nach zutage, auch die Sache mit dem gestohlenen Bettelgeld. Zuletzt starrte Pablito nur noch auf die Bonbons, die auf dem vordersten Tisch lagen.
»Na?« sagte der Lehrer und sah das Kind an, dem die Bonbons gehörten. Das nickte ihm zu und reichte die Bonbons dem Pablito. Aber der aß sie

nicht, sondern versenkte sie in seiner Hosentasche.
»Die heb ich auf für Anita und Gilda und Juan«, sagte er. »Wir haben doch Geld in der Klassenkasse«, rief ein Mädchen. »Damit könnten wir ersetzen, was ihm gestohlen wurde.«
»Ein guter Vorschlag«, meinte der Lehrer, »aber ein bißchen wenig. Seinen Geschwistern wird er damit auch nicht weiterhelfen können. Und dem Dorf schon gar nicht. Was meint ihr – wäre das nicht mal ein ganz tolles Unternehmen, so eine Hilfe für dieses ganze Dorf? Sicher würden auch eure Eltern mithelfen, und Freunde, und Bekannte, wenn ihr sie darum bittet.«
Da ging die Tür auf. Der Hausmeister kam herein.
»Wer hat das Fenster eingeschlagen?« rief er aufgeregt.
»Ich«, sagte der Lehrer ruhig.
»Wir alle«, rief die Klasse.
»Wir bringen das schon in Ordnung«, sagte der Lehrer, und als der Hausmeister kopfschüttelnd wieder hinausgegangen war, fügte er hinzu: »Ich nehme den kleinen Burschen erst mal mit nach Hause.«
In diese Schule gingen Kinder aus aller Welt. In allen Hauptstädten gibt es solche Schulen, in denen Kinder aus vielen Ländern, auch deutsche, zusammen unterrichtet werden. Ihre Eltern sind meistens ziemlich reich, jedenfalls im Vergleich zu den Leuten aus Pablitos Dorf. Und so war nicht verwunderlich, was nun geschah: Der Lehrer und die Klasse bezahlten zusammen die zertrümmerte Scheibe. Sie ersetzen Pablito auch das gestohlene Geld. Sie sammelten ganze Berge von Kinder- und Erwachsenenkleidung, von Schuhen und Decken, sie trugen Säcke und Pakete mit Reis, Mais, Milchpulver und Zucker, Bohnen, Trockenfleisch und Fett zusammen. Ein Vater, der eine große Fabrik besaß, borgte ihnen zwei Lastwagen mit Fahrern. Diese Lastwagen beluden sie mit all den Spenden.
Fast die ganze Klasse begleitete die Lastwagen hinauf ins Gebirge. Es war ein richtiger Konvoi: In der Mitte die beiden hochbeladenen Lastwagen, am Ende ein kleiner Bus mit den Schulkindern und ein paar Eltern. Vorn aber, im Jeep des Lehrers, saß Pablito und platzte fast vor Stolz. Er hatte ein sauberes T-Shirt und neue Jeans an. Er trug Schuhe, die dem Jungen des Lehrers zu klein geworden waren. Anitas Poncho war frisch gewaschen. Als das Dorf in Sicht kam, sprang Pablito auf und winkte und jubelte und lachte und weinte vor Glück.
Den nächsten Winter konnte Pablitos Dorf gut überstehen. Und die Hilfe riß nicht ab: Die Schulkinder hatten Verwandten und Bekannten von Pablitos Dorf erzählt. Aus Nordamerika, aus England, aus Japan und Holland, aus Deutschland und der Schweiz kamen Pakete und Geldspenden an.
»Also dieser Pablito«, sagten die Leute im Dorf. »Wie hat er das nur geschafft?«
Aber alle diese Spenden hätten dem Dorf nicht auf Dauer helfen können. Pablito war es wieder, der half – Jahre später. Er war das Patenkind der Klasse geworden, war wieder nach Lima gekommen, hatte bei dem Lehrer gewohnt und eine Schule besucht. Die Ferien hatte er bei seinen Geschwistern im Dorf verbracht. Er hatte alle Prüfungen glänzend bestanden und war schließlich Lehrer geworden. Das war schon immer sein Traumberuf gewesen.
Heute ist er kein Pablito mehr, sondern ein großer Pablo. Er lebt als Lehrer in

seinem Dorf. Er hat eine Frau und zwei kleine Töchter. Er ist nicht reich, aber er hat alles, was er für sich und seine Familie zum Leben braucht. Auch seinen Geschwistern geht es gut. Anita ist schon verheiratet. Pablo hat eine Schule für die Dorfkinder eingerichtet. Er bringt auch den Großen das Lesen und Schreiben bei. Er berät die Dorfleute, er liest mit ihnen die Zeitungen, die er kommen läßt, er erzählt ihnen, was in der Welt vorgeht, er hilft ihnen, bessere Ernten aus ihren kleinen Feldern und Gärten herauszuholen, er macht, daß sie auf Ideen kommen, wie sie auch ohne den Farmbesitzer Geld verdienen können. Die Schafherden und Lamaherden haben sich vermehrt. Ein kleiner Wald wurde neben dem Dorf angepflanzt. Eine Töpferei und eine Poncho-Weberei wurden eingerichtet. Das Dorf hat jetzt eine richtige Wasserleitung. Einmal in der Woche kommt ein Arzt aus der nächsten Stadt herauf und hält Sprechstunden ab, und die Leute können ihn bezahlen.

Pablo hat Freunde in vielen Ländern. So kommt es, daß nun ein holländischer Samenzüchter in dem Dorf wohnt, um zu untersuchen, ob neugezüchtete Getreidesorten in dieser Gebirgshöhe gedeihen. Ein englischer Töpfer hat vor kurzem festgestellt, daß der Ton, den sich die Dorfleute zum Töpfern aus der Mulde hinter den letzten Hütten herausgraben, ganz erstklassig ist. Nun versuchen sie, ihn in Lima an große Töpfereien zu verkaufen. Drei Töpfereien haben schon Lehm bestellt. Pablo ist zuversichtlich. »Wir leben wieder«, sagen die Leute im Dorf. »Das haben wir Pablitos Stein zu verdanken – und denen, die begriffen haben, warum er ihn warf.«

Gudrun Pausewang[1]

Seiten 118/119

Asyl wird in unserem Land denen gewährt, die ihr Heimatland aus Gründen politischer Verfolgung verlassen mußten. In einer Welt, in der die Menschen immer mehr zusammenwachsen, ist es notwendig, mit den Kindern zusammen auch dieses Thema zu erörtern: Die Not eines Menschen, der vergeblich um Asyl nachsucht, kann in dem aus Versen des Psalmes 56 zusammengestellten Gebet erkannt werden: »Ich suche Hilfe und finde sie nicht. Gott, zähle die Tage meiner Flucht. Sammle meine Tränen in deinen Krug.«

So wie viele Kirchengemeinden Familien, die abgeschoben werden sollen, Asyl gewähren, ist es für den Religionsunterricht selbstverständlich, daß er zur Solidarisierung mit allen Asylbewerbern aufruft: Auch sie sind in Gottes Herzen. Auch sie gehören mit in Gottes Haus.

Arbeitsfolge:

1. Das Wort ›Asyl‹ an die Tafel schreiben. Die Kinder vermuten, erzählen.
2. Asyl, das ist ein sicherer Ort, an dem ich geschützt bin, an dem mir kein anderer, kein feindlich Gesinnter, etwas anhaben kann.
3. Den Sachtext S. 118 lesen. Viele Menschen verlassen ihr Land aus Not. Darüber sprechen.

1 Aus: »Neues Vorlesebuch Religion 1«, a. a. O., S. 257–261. © Autorin.

4. Die Fotos S. 118 (Was mögen Asylbewerber hinter sich haben?) und S. 119 (Wie müssen sie oft bei uns leben, bis sie anerkannt werden?) erörtern.
5. Psalm 56: Ein Lied aus der Bibel. Genauso könnte eine Asylbewerberin/ein Asylbewerber heute sprechen – in Angst, im Ausgestoßensein, in der Einsamkeit.
6. Die Bibel kennt das, daß Menschen fliehen müssen, daß sie sich fremd fühlen in einem anderen Land. Biblische Flüchtlingsgeschichten erinnern (S. 119 oben).
7. Die Bibel ruft uns zur Solidarität auf: »Jeder von euch soll seinen fremden Mitbürger lieben wie sich selbst« (Levitikus 19,33–34).
8. Lieben heißt helfen, heißt teilen. Das Lied ›Wir teilen die Äpfel aus‹ erzählt davon, daß uns das Teilen oft so schwerfällt.
9. In der Geschichte ›Früher, später, jetzt‹ gewinnt eine alte Frau, die Asylbewerbern zunächst ablehnend gegenüberstand, durch die kluge Vermittlung ihrer Enkelin Zutrauen zu ihnen.
10. Über Asylbewerber im Nahbereich sprechen. Überlegen, wie man ihnen eine Freude machen kann.

Früher, später, jetzt

Oma erzählt gern aus früheren Zeiten. Sie hat uns erzählt, daß sie als Kind lange Zöpfe trug und ein Knöpfleibchen mit Strumpfbändern und daß sie den ganzen Sommer über barfuß lief, sogar in der Schule, weil Schuhe so teuer und ihre Eltern so arm waren. Und daß sie Zwiebeltunke gehaßt hat, so wie ich Spinat hasse. Und sie hat im Wald immer Reisig sammeln und im Bollerwagen heimfahren müssen, für den Winter. Vor dem hatten alle Angst. Damals.

Sie hat uns auch vom Krieg erzählt: Wie sie und ihre Familie aus Ostpreußen fortmußten, Hals über Kopf. Sie war jung verheiratet, ihr Mann war Soldat, und unterwegs auf der Flucht, im Planwagen, hat sie ihr erstes Kind bekommen, das war Onkel Gerhard. Und ihre Mutter ist kurz danach gestorben, weil sie die Strapazen nicht ausgehalten hat.

Sie hat uns auch von der Zeit nach dem Krieg erzählt: Wie sie in Hamburg mitgeholfen hat, die Trümmer wegzuräumen, und wie sie sonntags hinaus auf die Dörfer gefahren ist und bei den Bauern um Brot und Kartoffeln gebettelt hat. Ja, über Omas vergangene Zeiten wissen wir gut Bescheid.

Aber Oma redet auch gern über die Zukunft. Sie jammert und klagt: »Wer weiß, was noch alles auf uns zukommt! Die Zeiten werden wieder schlechter, die Arbeitslosigkeit und die Kriminalität nehmen zu, und wer weiß, was das noch gibt, wenn immer mehr Ausländer ins Land kommen. Die Rente werden sie uns kürzen!« Sie trägt immer wieder Geld auf die Bank, und in ihrem Keller hat sie Mehl und Zucker und ein paar dicke Salamis »für Notzeiten, denn der Zukunft darf man nicht trauen. . .«

»Du sprichst von dem, was längst gewesen ist und von dem, was irgendwann mal sein wird, Oma«, hat meine Schwester Karin kürzlich zu ihr gesagt, als wir beide übers Wochenende bei ihr waren. »Aber von dem, was gerade geschieht, sprichst du nie.«

»Das ist der Alltag«, antwortete ihr Oma. »Vom Alltag gibt's doch nichts zu reden.«

»Das läßt sich ändern«, meinte Karin,

zog sich den Mantel an und verkündete, sie treffe sich mit ihren Freundinnen.
»Sei aber zum Kaffee wieder da«, sagte Oma.
»Darf ich meine Freundinnen zum Kaffee mitbringen?« fragte Karin.
»Natürlich«, sagte Oma. »Sind's zwei oder drei?«
»Ich weiß es noch nicht genau«, kicherte Karin. Ich verstand nicht, was es da zu kichern gab.
Pünktlich um vier war Karin wieder da – mit Mirjam aus dem Asylbewerberheim. Mirjam geht in dieselbe Klasse wie Karin. Sie hat krauses schwarzes Haar und ganz dunkle Haut. Und Mirjams Mutter und drei Schwestern waren auch dabei. Mirjams Mutter hatte ihre vier Töchter hübsch angezogen, und sie selbst sah auch sehr nett aus. Ihre Zähne blitzten.
Oma war sprachlos, als die Tür aufging und Karin alle fünf ins Wohnzimmer schob. »Das sind meine Freundinnen, Oma«, sagte sie.
Das war nicht gelogen. Denn Karin ist oft bei den Bawungus im Asylbewerberheim, und die Bawungu-Mädchen sind auch schon bei uns gewesen. Aber bisher hatten wir sie nie mit zu Oma genommen, weil die was gegen Asylbewerber hat.
»Nehmt Platz!« rief Karin munter und verteilte die Bawungus rund um den Kaffeetisch. Was sollte Oma da anderes tun, als den Kaffee aufzutragen und ihren Marmorkuchen anzubieten? Die Bawungu-Mutti war zwar zuerst ein bißchen schüchtern, denn sie kann noch nicht viel Deutsch, aber ihre Töchter sprechen schon richtiges Hamburger Platt außer der jüngsten, denn die ist erst zwei Jahre alt.
Na ja, anfangs war unsere Oma auch ziemlich schweigsam, aber als sich Karin mit Mirjam so unterhielt, wie das eben zwei Schulfreundinnen tun, und als ich mit der zweitältesten Fingerhakeln machte und die dritte sehr stolz das Lied »Steht im Wald ein kleines Haus« vorsang, das sie im Kindergarten gelernt hatte, da wurde sie bald gesprächig und fragte Mirjams Mutter dies und das, und Mirjam übersetzte. Es wurde richtig gemütlich. Aber als sie erfuhr, daß Herr Bawungu daheim in Afrika im Gefängnis gesessen hatte und schlimm behandelt worden war, bevor er hatte fliehen können, fing die Tasse in ihrer Hand an zu zittern.
»Kommen Sie doch bald wieder«, sagte sie, als sich die Bawungus verabschiedeten und, eine nach der anderen, Oma die Hand schüttelten und sich bedankten. Und sie versprach Frau Bawungu, ihrer Jüngsten Schal und Mütze zu stricken. Rosa – das stehe ihr sicher gut.
»Ich stricke so gern«, erklärte sie den Bawungus, »und meine beiden Enkeltöchter habe ich schon mit allem versorgt, was strickbar ist. . .«
»Na sowas«, murmelte sie, als sich die Tür hinter den Bawungus schloß, und ließ sich auf den nächsten Stuhl fallen. »Na sowas. . .!«
»Siehste, Oma«, sagte Karin, »was du da eben erlebt hast, das war nichts von früher und auch nichts von später. Das war jetzt!«
»Nette Leute«, murmelte Oma. »Solche Leute kannst du öfter mitbringen. . .«

Gudrun Pausewang[1]

1 Aus: ›Menschenzeit-Gotteszeit‹, Verlag E. Kaufmann, Lahr 1992, S. 45–47. © Autorin. Vgl. ›Ob die auch Weihnachten feiern?‹ von Gudrun Pausewang in: ›Neues Vorlesebuch Religion 1‹, a. a. O., S. 276–277.

Zusatzmaterial:
1. Vom Schicksal eines Asylbewerberkindes (Vorlage für eine freie Erzählung):

Tadesse, warum?

Tadesse, ein kleiner äthiopischer Junge mit einem großen Herzen, lebte fünf Jahre in einem deutschen Dorf, bis er sich 1981 in seinem Kinderzimmer erhängte. Geboren wurde er 1970 irgendwo in der Provinz Wollo, im Nordosten des äthiopischen Vielvölkerstaates. Eine seiner frühesten Erinnerungen, von denen Tadesse sprach, war die Ermordung seines Vaters, wahrscheinlich im Jahre 1974, zu Beginn der revolutionären Umstürze in Äthiopien. Tadesse wuchs mit Mord und Krieg, Hunger und Elend auf, ehe er im Jahre 1976 als Sechsjähriger durch ein mit viel bürokratischem Aufwand betriebenes Adoptionsverfahren in eine deutsche Familie kam. Die Eltern wollten, wie so viele, wenigstens einem Kinde aus der Dritten Welt helfen und ihm ein Flüchtlingsschicksal ersparen.
Jeden Tag begann sich Tadesse mit Niveacreme dick einzuschmieren in der Hoffnung, doch endlich weiß zu werden und damit nicht mehr verächtlich und spöttisch als »Schwarzer Mann« oder als »Niggerle« bezeichnet zu werden. Einmal war er auf dem Weg zur Schule, erzählt seine Pflegemutter, aber kaum fort, kam er schon wieder schluchzend zur Tür herein. »Auf meinem Schulweg, da steht es geschrieben!«, brachte er unter Tränen hervor. »Was steht auf deinem Schulweg geschrieben, Tadesse?«, fragte ihn seine Adoptivmutter. »Auf dem Bürgersteig haben sie geschrieben, ganz groß mit weißer Kreide steht da: Tadesse ist braun wie Scheiße. Buchstaben so groß wie ich, einen Meter zwanzig«, sagte er leise.
Trotz liebevoller Aufnahme in seiner neuen Familie hat Tadesse Ablehnung vor allem aufgrund seiner Hautfarbe erfahren. Es ist jene Ablehnung, die heute viele der Flüchtlinge tagtäglich erfahren müssen und die ein zentrales Merkmal der inneren Lebensverfassung von Flüchtlingen bei uns geworden ist.

Am 12. Mai 1989, acht Jahre nach seinem Tod, erschien in der ZEIT ein von Tadesse handgeschriebener Brief. Er ist ein Signal, zugleich Vermächtnis und Auftrag:

Ich bin aus Äthiopien,
10 Jahre alt,
und mit 6 Jahren in eine deutsche
Familie adoptiert.
Ich weiß noch von viel Polizei in
Äthiopien.
Daß immer auf den Straßen
geschossen wurde
und daß wir alle Angst hatten.

Und wenn ihr die Asylanten
jetzt hier nicht behalten wollt,
haben sie diese Angst noch lange
in sich drin.
Und wenn ihr die Asylanten
nicht haben wollt,
fühlen sie sich zu niemand hingezogen,
und das ist schlimm.
Wenn einer von einem Land ins andere
flüchtet
und zu beiden Seiten nicht mehr
gehört,
dann kann er nicht mehr leben.

Das ist so eine kleine Vorahnung
wie bei den Juden.

Darum sollen wir eigentlich da sein,
um zu helfen.
Tadesse Söhl, Michelbach[1]

2. Meine Nachbarn sind weg.
Sie wohnten nur drei Monate in unserem Haus.
Ihre Heimat hatten sie verlassen müssen.
Sie hofften, das Leben ihrer vier kleinen Kinder
hier in Deutschland sichern zu können.
Sie hofften auf ärztliche Hilfe für ihre behinderte Tochter.

Vergangene Woche wurden die Frau und ihre Tochter
vor der Kaufhalle im Kiez festgehalten und bedroht.
Einer von denen verfolgte sie bis zur Wohnung.
Am nächsten Tag lag eine tote Taube vor ihrer Wohnungstür.

Aus Angst um ihr Leben haben meine Nachbarn die Wohnung verlassen.
Ich glaube, sie kommen nicht zurück.
Ich würde es auch nicht tun.

Dieser Text, vervielfältigt auf weißen Zetteln, lag am Morgen des 13. März 1993 in Hauseingängen des Wohngebiets Alt-Treptow in Berlin.[2]

3. Spiel: Stell dir vor, du mußt fliehen. Du hast nur fünf Minuten Zeit, dein Haus zu verlassen. Du darfst nur fünf Gegenstände mitnehmen. Welche sind es? Schreibe auf. Vergleiche mit dem, was die anderen geschrieben haben.

Zusatzmaterial:
Meditation (Andacht) zur Asylproblematik.

Keine Angst – gebt euch die Hand

»Die aus dem anderen Land,
was gehen die mich an?
Die sollen doch zu Hause bleiben.
Was wollen die hier bei uns?
Wir brauchen unsere Häuser selbst
und unsere Arbeitplätze
und unsere Schulen
und unsere Gärten und Felder
und Fabriken.
Nachher sind hier mehr Fremde als Einheimische.
Dann gewinnen die die Überhand.
Dann machen die mit uns,
was sie wollen.
Dann sind wir nicht mehr Herr
im eigenen Haus.
Und all die komischen Sitten,
die die haben.
Und wie die angezogen sind.
Und was die essen.
Und viele sind so schmutzig.
Wollen die das alles bei uns hier einführen?
Ihre Sitten und ihren Glauben?

1 Aus: Irmhild Söhl, ›Tadesse, warum?‹ Das kurze Leben eines äthiopischen Kindes in einem deutschen Dorf, (Herder/Spektrum, Bd. 4005) Herder Verlag, Freiburg ^{6}1995.
2 Aus: ›Samsolidam‹ 32, März '94.

Dürfen wir nicht mehr wir selbst sein?
Hier ist doch unser Land.
Hier haben wir zu sagen.
Das soll hier doch kein Völkergemisch werden.
Wir sind wir.
Und das wollen wir auch bleiben.
Nein, mit denen wollen wir nichts zu tun haben.
Mit denen setzen wir uns auch nicht an einen Tisch!
Nein! Da sei Gott vor.
Die sollen gefälligst in ihrem Land bleiben,
diese Asylsuchenden,
dieses Asylantenpack.
Warum sind die denn weggegangen?
Die mußten das doch gar nicht.
Die wollen hier nur mehr Geld verdienen.
Die wollen nur was abhaben von unserem sauer verdienten Wohlstand.«

So sagen viele.
Das kann man überall hören.
Manche sind sogar mit Gewalt vorgegangen
gegen Asylsuchende in ihren Heimen.
Sie haben sie bedroht.
Ihnen die Fenster eingeworfen.
Sie verjagt.
Böse Gewalt hat es gegeben
in unserem Land.
Gegen Asylbewerber.
Das ist schlimm.
Dessen müssen wir uns schämen.
Es ist ja nicht so,
wie gesagt wird.
Es ist alles ganz anders.
Die mit Kind und Kindeskind,
nur mit ein paar Koffern,
und mit dem, was sie auf dem Leibe tragen, hier ankommen,
die mußten fliehen aus ihrem Land,
weil sie dort verfolgt wurden,
beschimpft, bedroht, unterdrückt,
manchmal gepeinigt und gefoltert,
des Lebens nicht mehr sicher.
Weil sie das nicht mitmachen wollten,
weil sie sich das nicht gefallen lassen wollten,
die Gemeinheiten der Reichen, die Ausbeutung,
die Ungerechtigkeiten der Mächtigen,
den Terror von Polizei und Militär,
die Verletzungen der Menschenrechte.
Darum sind sie in ein anderes Land geflohen,
in ein Land, wo sie frei atmen können,
wo sie denken und sagen können,
was sie für richtig halten,
ohne daß ihnen Gefangenschaft droht
oder Schlimmeres.

In unser Land sind sie gekommen.
Hier wollen sie leben.
Hier wollen sie arbeiten.
Hier wollen sie frei und glücklich sein
bei uns, mit uns.
Ja, sie sind anders,
sind sie doch in einem anderen Teil der Welt geboren.
Als Vietnamesen.
Als Bosnier.
Als Liberianer.
Als Iraker.
Als Kurden.
Als Tamilen.
Sie haben andere Lebensgewohnheiten.
Sie haben eine andere Kultur.
Sie haben einen anderen Glauben.
Aber sind sie deshalb schlechter?
Sind sie deshalb weniger wertvolle Menschen?
Sollen wir sie deshalb verachten?
Nein!

Denk einmal,
du wärst selbst ein Asylbewerber.
Mit deinen Eltern und Geschwistern vertrieben.
Heimatlos.

Voller Angst, was werden soll.
Angewiesen auf die Hilfe von anderen!
Angewiesen auf das Land der anderen!

In der Bibel, im Alten Testament,
steht es schon geschrieben:
»Unterdrückt nicht die Fremden,
die in eurem Land leben,
sondern behandelt sie genau wie euresgleichen.
Jeder von euch soll seinen fremden Mitbürger
lieben wie sich selbst.«

Und genau dasselbe hat Jesus gesagt:
»Die Fremden sind deine Nächsten.«

Der fremde Samaritaner
hat dem Juden, der in Not war,
geholfen.
Ohne Angst.
»Liebe deinen Nächsten«,
hat Jesus gesagt,
»Liebe den Fremden,
deinen Nächsten,
genauso wie dich selbst.«

Das ist nicht leicht. . .
Aber ein wenig Freundlichkeit
genügt schon,
ein wenig Aufmerksamkeit,
offene Augen, ein offenes Herz.
Keine Angst!
Gib deine Hand!

Seiten 120/121
Das angeschnittene Thema wird unter einem weiteren Aspekt bearbeitet: Urteile gibt es und Vor-Urteile (vorweggenommene Fehlurteile). Man kann es mit den Kindern probieren: Die Schuhe ausziehen und dann versuchen, einen Weg in den Schuhen des Nachbarn/der Nachbarin zu gehen. Sinnenhafte Erfahrung legt so den Grund für das Verstehen des indianischen Wortes: »Großer Geist (Gott), bewahre mich davor, daß ich über einen Menschen urteile, ehe ich nicht einen halben Monat lang in seinen Mokassins gegangen bin.«

Die Mokassins im Bild leiten hinüber zur Möglichkeit, sich als Indianer zu verkleiden und dann über indianische Lebensgewohnheiten, Lebensmöglichkeiten (Leben mit und in der Schöpfung) nachzudenken (vgl. S. 35). Ein weiterer Schritt in dieser Richtung kann zu hautnaher Auseinandersetzung führen, nämlich wenn die Jungen sich als Mädchen, die Mädchen sich als Jungen verkleiden (wenige Utensilien genügen) und entsprechend zu handeln und zu denken versuchen. Die Kurzerzählung von Gloria Swanson führt solche Gedanken dann mit dem Satz »Aber um Gottes willen, das bin ja ich« einem Höhepunkt zu.

Arbeitsfolge:

1. In den Schuhen eines anderen gehen: »Das könnt ihr spielen. Die eigenen Schuhe ausziehen. Die Schuhe des Nachbarn/der Nachbarin anziehen. Eine Weile darin gehen. Jetzt einmal mit Schuhen von jemandem aus der Klasse, den du nicht so gern magst. – Nachher darüber sprechen: Wie habe ich mich gefühlt? Was habe ich gedacht?« (Aufgabe 3, S. 121).
2. Gespräch: Wenn ich in seinen/ihren Schuhen gehe, lerne ich etwas von ihm/ihr kennen. Andere Menschen sind anders. Sie kleiden sich anders. Sie essen anders. Sie denken anders. Sie leben anders. In der ganzen Welt. Man muß etwas Gleiches tun, wie sie, um sie genau kennenlernen zu können, um sie richtig beurteilen zu können.

3. Andernfalls kommt es leicht zu Vor-Urteilen.
4. Die Indianer bitten Gott (den großen Geist), ihnen zu helfen, daß sie nicht eher über einen anderen Indianer ein Urteil fällen, ehe sie nicht einen halben Monat lang in seinen Mokassins gegangen sind, d. h. ehe sie sich nicht intensiv mit ihm beschäftigt haben (Plakat S. 120).
5. Dieses Plakat nachzeichnen, nachschreiben.
6. Aufgabe 1 und Foto S. 121: »In den Mokassins eines Indianerkindes: Wie wäre das? Wie würdest du leben?« Die Kinder tragen zusammen, was sie über die Lebensweise der Indianer wissen. Die Indianer lebten ganz im Einklang mit der Natur. Dazu noch einmal S. 35 lesen und besprechen.
7. Wie die Indianer, leben überall in der Welt die Menschen auf ihre ganz eigene Weise. Weil wir immer von uns, von unserer Lebens- und Denkweise ausgehen, kommen wir oft zu Vor-Urteilen. Vorurteile gibt es gegen Italiener, gegen Türken, gegen Araber, gegen Russen, gegen Juden, gegen Schwarze. Vor-Urteile gibt es auch gegenüber Menschen, mit denen wir nahe zusammenleben, gegen Mädchen (Aufgabe 1, S. 121), gegen Alte, gegen Dicke, gegen Rothaarige, gegen ›Dumme‹, gegen Behinderte (S. 112/113), gegen Strafentlassene, gegen Asylbewerber (S. 118/119) usf. Solche Vorurteile benennen und besprechen.
8. Einübung gegen Vorurteile: Die Geschichte ›Aber um Gottes willen, das bin ja ich.‹
9. Einen kleinen Aufsatz schreiben: ›Ich bin als Schwarzer nach Deutschland gekommen‹ oder ›Mein Vater war im Gefängnis‹.
10. Verdichtung am Beispiel ›Juden‹. Von antisemitischen Parolen (›Juda verrekke‹) und Taten (Grabschändungen, Anschlägen auf Synagogen) erzählen. Zur Judenverfolgung in der Hitlerzeit die Erzählung ›Im Schwimmbad‹.

Im Schwimmbad

Es war heiß. Wer nicht mußte, ging nicht auf die Straße. Nur wenige Menschen schlichen schwitzend durch den Schatten. Wir hatten uns verabredet. Draußen vor der Stadt, wo der Wald anfing, wollten wir uns treffen, um gemeinsam zum Waldbad zu fahren. Mutter hatte mir ihr Fahrrad geliehen. Es sah zwar nicht mehr schön aus, aber es fuhr noch sehr gut. Friedrich kam mit seinem neuen blauen Rad. Er hatte es dazu auch noch blank geputzt. Das glänzte und spiegelte.

Auf dem Weg zum Waldbad sangen wir: »Waldeslust. . .« und »Das Wandern ist des Müllers Lust. . .« Friedrich ließ die Lenkstange los. In großen Bogen lief das Rad von einem Wegrand zum andern. Plötzlich kam uns ein Mann mit einem silberglänzenden Rad entgegen. Dieses Rad funkelte in der Sonne. Damit konnte man nicht einmal Friedrichs Rad vergleichen.

Trotz der Hitze schien es der andere Radfahrer sehr eilig zu haben. Schon auf weite Entfernung klingelte er, weil Friedrich noch immer zwischen den Wegseiten hin und her pendelte.

Friedrich faßte wieder nach der Lenkstange, aber sonst kümmerte er sich nicht um den Herankommenden. Er zwang den Mann zu bremsen.

Das tat der Fremde auch. Dabei fluchte er ziemlich laut.

Im letzten Augenblick erst gab Friedrich die Fahrbahn frei. Der andere Radfahrer stellte sich schimpfend in die Pedale. Friedrich pfiff auf den Fingern hinter ihm her. Statt sich umzuschauen, trat der andere nur noch fester und raste über den Waldweg davon.

Eine Viertelstunde später langten wir im Waldschwimmbad an. Wir schlossen unsere Fahrräder an einen Baum. Nachdem wir uns ausgezogen hatten, gaben wir unsere Sachen ab und erhielten dafür ein Armband mit einer Nummer. Friedrich band sich die Nummer um das Fußgelenk und sprang ins Wasser. Er konnte viel besser schwimmen als ich, und er war ein sehr guter Taucher.

Bis zum späten Nachmittag tobten wir im Wasser herum oder ließen uns von der Sonne braten. Als ich auf die große Uhr über dem Eingang schaute, hatten wir unsere Zeit schon überschritten. Wir wollten unsere Kleider abholen – da vermißte Friedrich seine Nummer. Er lief noch einmal zurück und tauchte über den Boden des Beckens, aber das Armband fand er nicht. Schulterzuckend stellte er sich zu den übrigen, die auf ihre Sachen warteten.

An der Ausgabe ging es sehr langsam. Der Bademeister hatte viel zu tun.

Ich erhielt meinen Bügel mit den Schuhen, der Hose und dem übrigen zuerst. Rasch zog ich mich um. Als ich frisch gekämmt aus der Zelle kam, stand Friedrich noch immer in der Reihe. Ich wrang meine Badehose aus und wickelte sie in mein Handtuch.

Endlich wandte sich der Bademeister auch Friedrich zu. Er schimpfte, als er hörte, was geschehen war. Dann ließ er Friedrich aber doch durch die Absperrung. Frierend suchte der nasse Friedrich, vom mürrischen Bademeister begleitet, zwischen den Kleidern auf den Haken seine Sachen.

Der Bademeister wollte ihn schon sitzenlassen, bis alle anderen bedient wären, als Friedrich rief: »Da sind sie!«

Der Bademeister nahm den Bügel. Er trug ihn zur Absperrung. Dort hängte er ihn auf. Friedrich schickte er vor das Gitter.

»Wie heißt du?« fragte er ihn.

»Friedrich Schneider«, antwortete Friedrich.

»Wo steckt dein Ausweis?« wollte der Bademeister wissen.

»In der rechten hinteren Hosentasche. Der Knopf ist lose«, erklärte Friedrich.

Der Bademeister suchte die Tasche, knöpfte auf und zog das Mäppchen mit dem Ausweis hervor. Dann nahm er den Ausweis und besah ihn.

Friedrich stand noch immer schnatternd vor der Absperrung. Er blickte zu Boden und schämte sich.

Auf einmal pfiff der Bademeister laut zwischen den Zähnen durch. Von der anderen Seite, wo sie die Frauen und Mädchen bediente, kam die Bademeisterin gerannt.

»Guck dir das an!« sagte der Bademeister. »So etwas bekommst du nicht oft zu sehen.« Alle konnten es hören, wie er laut erklärte: »Das ist einer von den Judenausweisen. Der Kerl hat mich belogen. Er behauptet, er hieße Friedrich Schneider – Friedrich Israel Schneider muß er sich nennen. Ein Jude ist er! Pfui! Ein Jude in unserer Badeanstalt!« Er machte ein ekelverzerrtes Gesicht.

Alle, die noch auf ihre Kleider warteten, blickten Friedrich an. Angewidert

warf der Bademeister Friedrichs Ausweis und das Mäppchen über die Absperrung. »Judensachen zwischen den Kleidern anständiger Menschen!« schrie er. Da schleuderte er auch den Bügel mit Friedrichs Sachen auf den Boden, so daß alles weit auseinanderflog.
Während Friedrich seine Kleider vom Boden aufsammelte, verkündete der Bademeister: »Bah! Jetzt muß ich mir erst die Hände waschen, ehe ich weitermache!« Er verließ die Absperrung. Einen von Friedrichs Schuhen trat er dabei in ein verstopftes Fußwaschbekken. Noch bevor Friedrich alles wiedergefunden hatte, kehrte der Bademeister zurück: »Sieh zu, wo du dich ankleidest«, schnauzte er Friedrich an, »in unsere Zellen kommst du nicht!«
Hilflos und naß umklammerte Friedrich seine Sachen. Er suchte nach einer Gelegenheit, sich abzutrocknen und anzukleiden. Da er keine geschützte Ecke fand, rieb er sich notdürftig mit seinem Handtuch ab und zog seine Hose über die nasse Badehose. Aus den Hosenbeinen tropfend, verließ er die Badeanstalt. Der Bademeister brüllte noch hinter ihm her, aber das verstanden wir nicht mehr.
Ich hatte die Räder schon losgeschlossen.
Friedrich verstaute seine Sachen auf dem Gepäckhalter. Er wagte nicht, mir in die Augen zu schauen. Leise sagte er: »Im Wald ziehe ich mich richtig um.«
Da wurde es hinter uns laut. »Hier hat es gestanden«, sagte ein großer Junge. »Ich weiß es ganz genau. An dieser Stelle hatte ich es festgemacht. Überall habe ich nachgesehen; es ist nicht mehr da. Ganz silbern war es; ich hatte es gerade frisch geputzt.«
Viele Neugierige versammelten sich um den Jungen. Sie gaben kluge Ratschläge: »Du mußt die Spuren verfolgen!«, »sofort die Polizei verständigen!«
Friedrich horchte auf. Er ließ sein Rad stehen und ging zu dem Kreis, der sich um den Bestohlenen gebildet hatte. »Du, hör mal«, sagte Friedrich, »ich weiß, wer dein Rad gestohlen hat. Ich habe den Mann gesehen; ich kann ihn genau beschreiben.«
Alle schauten Friedrich an. Zwischen ihm und dem Bestohlenen öffnete sich eine Gasse.
Der Junge trat einen Schritt auf Friedrich zu. »Sag mal«, fragte er, »du – du bist doch der Jude von vorhin da drinnen?«
Friedrich wurde wieder rot und senkte die Augen zu Boden. »Denkst du denn«, fuhr der Junge fort, »denkst du denn, wenn du das der Polizei erzählst, die glauben dir?«

Hans Peter Richter[1]

11. Zum Schwarzweiß-Problem das Gedicht ›Wenn ich einen Wunsch frei hätte. . .‹ und die Geschichte ›Alle geht das an‹ von Gudrun Pausewang, in der ein Afrikaner, der nicht Deutsch spricht, auf der Post vom Schalterbeamten ausländerfeindlich behandelt wird. Couragiert erhebt die Ich-Erzählerin Einspruch.

1 Aus: *Hans Peter Richter,* ›Damals war es Friedrich‹, dtv-junior Nr. 7800. © Leonore Richter-Stiehl.

Wenn ich einen Wunsch frei hätte. . .

. . . dann würde ich
mir wünschen,
wenn ein Schwarzer an
mir vorbeigeht,
nicht mehr denken
zu müssen:
»das ist ein Schwarzer«.

Stephanie Schofer (15)[1]

Alle geht das an!

Gestern war ich auf der Post. Vor dem Schalter stand eine lange Schlange. Ich stand hinter einem Ausländer. Einem Afrikaner. Er hatte krauses Haar und eine sehr dunkle Haut. Einmal drehte er sich um und schaute zu mir herunter. Er lachte, nickte mir zu und zwinkerte mit dem einen Auge. Dann zog er ein Bonbon aus seiner Jackentasche, ein Karamelbonbon in braunem Papier, und reichte es mir. Das ist die Sorte, die ich so gern esse. Er sagte auch was, aber das verstand ich nicht.
Als er drankam, reichte er dem Mann am Schalter einen Brief und erklärte was. Er erklärte immer schneller und lauter. Der Schaltermann starrte den Afrikaner finster an, schob den Brief wieder zurück und knurrte: »Wenn du hier was willst, dann lern' gefälligst Deutsch!«
Und schon winkte er mir und wollte mich drannehmen. Da sagte ich extra laut, so, daß es alle in der Schalterhalle hören konnten: »Warum duzen Sie ihn?«
Hinter mir in der Schlange wurde es ganz still. Der Schaltermann starrte mich jetzt genauso finster an, wie er vorher den Afrikaner angestarrt hatte, und sagte: »Was geht das *dich* an?«
»Alle hier geht das an«, rief ich, »wie Sie mit ihm umgehen!«
Jemand hinter mir applaudierte.
»Glaubst du, ich hab Zeit, mich mit so einem – mich mit so jemandem herumzuplagen?« rief der Schaltermann erbost.
»Wenn's ein Amerikaner gewesen wäre, hätten Sie mehr Geduld mit ihm gehabt«, sagte eine junge Frau in der Nebenschlange.
»Eigentlich sollten wir Sie alle duzen«, sagte ich, »damit Sie sehen, wie das ist.«
Jetzt applaudierten schon zwei Leute, und eine Stimme sagte hinter mir: »Recht hat sie, die Kleine.«
Jetzt wurden auch die Leute von den übrigen Schaltern aufmerksam und schauten herüber.
»Weiter, weiter«, rief der Schaltermann ungeduldig: »Sag, was du willst, oder der Nächste kommt dran.« Und dann schnaubte er noch wütend hinterher: »Ich werd' mich doch nicht mit so einer Göre herumärgern.«
»Ich will, daß erst mal dieser Herr drankommt«, sagte ich und zeigte auf den Afrikaner, der neben dem Schalter stand und sich ratlos umsah. »Aber seien Sie höflich zu ihm!«
»Jawohl«, riefen ein paar Leute, »erst er!«
»Ich laß mir doch nicht von so einem Kind vorschreiben«, rief der Schalterbeamte und bekam einen ganz roten Kopf, »was ich zu tun habe! Typischer Fall von heutiger Jugend!«
»Sie ist Postkundin, genauso wie die-

1 Aus: ›Neues Vorlesebuch Religion 1‹, a. a. O., S. 267.

ser Ausländer«, sagte ein Mann aus der Nachbarschlange. »Und sie hat recht.«
Der Schaltermann warf einen giftigen Blick auf den Afrikaner und schimpfte: »Da sieht man's wieder mal deutlich: Nix wie Unruhe stiften sie, diese –, diese –«
»*Sie* stiften hier Unruhe«, sagte die junge Frau zum Schaltermann. »Sonst niemand.«
Applaus. Jetzt applaudierten sie auch schon in den anderen Schlangen. Der Beamte vom nächsten Schalter rief unserem Schaltermann zu: »Jetzt nimm ihn doch schon dran, sonst gibt's hier noch einen Aufstand.«
Ich zog den Afrikaner am Ärmel vor den Schalter. »Also los, aber ein bißchen fix!« herrschte ihn der Schaltermann an.
Der Afrikaner zeigte auf seinen Brief und redete in seiner Sprache. Ich stand neben ihm und sah, daß ihm Schweiß auf der Stirn stand.
»Do you speak English?« fragte ihn jemand. Das verstand ich auch. Ich habe ja schon ein Jahr Englisch in der Schule. Aber der Afrikaner hob nur die Schultern.
»Na sehen Sie, sehen Sie«, rief der Schaltermann den Leuten in der Schlange triumphierend zu, »der hält Sie alle auf!«
»Und wenn Sie in seinem Land in der Post etwas erledigen wollten und die Sprache nicht könnten?« rief ich. »Möchten Sie nicht auch, daß die Schalterleute Geduld mit Ihnen haben?«
Der Schaltermann grummelte was – so leise, daß ich ihn nicht verstand. »Wir haben Geduld«, rief jemand hinter mir. Und eine Frau aus der Nachbarschlange rief herüber: »Parlez vous français?«
Da nickte der Afrikaner und strahlte die Frau an. Und schon hatte die Frau aus ihm herausgefragt, was er wollte: Der Brief sollte eingeschrieben geschickt werden. Der Schaltermann erledigte das mit verkniffenem Gesicht, dann nannte er den Preis. Wieder verstand der Afrikaner nichts. Aber drei Leute riefen ihm die Zahl auf Französisch zu, und die junge Frau half ihm, die richtigen Münzen aus seiner Börse zu nehmen. Er zahlte, nahm den Einschreibezettel in Empfang, nickte dem Schaltermann freundlich zu, drehte sich dann um, verbeugte sich lächelnd in alle Richtungen und sagte »Merci, merci.« Das heißt »danke«. Dann ging er.
Schade, daß meine Omi nicht dabei war. Die hält nämlich immer den Mund und denkt: Nur nichts riskieren, nur nicht auffallen, und man kann sowieso nichts dran ändern. Wahrscheinlich hätte sie mir dauernd zugeflüstert: »Sei doch still!« und »Misch dich nicht ein!« Aber ich hätte dort in der Post nicht auf sie gehört. Ich habe ja meine eigene Meinung. Und die laß ich raus, wenn's nötig ist. Laut sogar!

Gudrun Pausewang[1]

Seiten 122/123
Zwei Fotos mit alten Menschen, ein Foto mit einem traurigen Kind, das Trost empfängt – dunkle Seiten des Lebens (Traurigkeit und Schmerz) sind angesprochen – laden ein zu stiller Betrachtung, zu dem freien (auch schriftlichen) Erzählen einer jeweiligen Kurzgeschichte. Phantasie und Kreativität sind hier gefragt.

1 Aus: ›Neues Vorlesebuch Religion 1‹, a. a. O., S. 271–273. © Autorin.

Nicht ausgeschlossen ist, daß der/die Unterrichtende mit einer selbstgefundenen Geschichte (»Ich stelle mir vor. . .«) zu einem der drei Fotos Anregung vermittelt und den Kindern dann die jeweils anderen Fotos zur Wahl freistellt.
Ideen: Die Frau, die verängstigt über den Mauervorsprung schaut, hat vielleicht gar kein Haus. Vielleicht ist sie arm, verlassen, hat niemand, der sich um sie kümmert. Vielleicht ist sie schlecht angezogen und hat Hunger. Vielleicht ist sie ein wenig verwirrt im Kopf. Vielleicht muß sie betteln, sitzt Tag für Tag mit ausgestreckter Hand an der Straße. Vielleicht ist sie obdachlos. Woran denkt sie? Was wünscht sie sich?
Der alte Mann auf der Stange wartet vielleicht auf den Bus. Sein Gesicht ist nachdenklich und gramvoll. Vielleicht hat er seine Frau verloren. Vielleicht ist eins seiner Enkelkinder sehr krank. Vielleicht reicht die Rente nicht mehr aus für die erhöhte Miete, und man hat ihm gekündigt. Vielleicht muß er jetzt ins Altersheim. Vielleicht. . .
Manche alte Leute werden von ihren Angehörigen geradezu verstoßen. Sie haben nichts mehr, woran sie sich halten können. Sie sind zu Wegwerfmenschen geworden. Dazu das folgende Gedicht:

Wegwerfsachen

Kennst du
die Wegwerfsachen?
Man kann sie aus Karton oder Papier,
aus dünnem Blech oder Plastik machen.
Man kriegt sie heute an jedem Ort:
Darin ist Milch,
darin sind Eier,
darin sind Äpfel,
darin ist der Fisch.
Und sind sie verbraucht,
wirft man sie fort:
Hinein ins Feuer,
hinein in den Eimer,
hinein in die Tonne,
hinein in den Schutt.

Und die Wegwerfmenschen,
kennst du die auch?
Sie stehen und liegen herum
nach Gebrauch.
Man trifft sie heute an jedem Ort:
Einer ist krank,
einer ist alt,
einer ist schwach,
einer zu viel.
Und sind sie verbraucht,
schickt man sie fort:
Hinaus vor die Tür,
hinein in die Anstalt,
hinaus auf die Straße,
hinein ins Asyl.

Hans Manz[1]

Mit Anstalt ist das gemeint, was man früher Irrenhaus nannte. Mit Asyl ist das Obdachlosenasyl gemeint.
Foto S. 123: Das Kind trägt eine Pelzjacke mit Pelzmütze. Es muß Winter sein. Dem Kind geht es äußerlich nicht schlecht, aber es hat einen großen inneren Kummer. Man sieht es seinem Gesicht an, seinen Augen. Es ist unbehaust in der Seele. Was mag ihm fehlen?

1 Aus: ›Vorlesebuch Religion 1‹, Verlage Kaufmann/Patmos/Vandenhoeck und Ruprecht/TVZ, Lahr/Düsseldorf/Göttingen/Zürich [15]1990, S. 184. Eine Obdachlosengeschichte findet sich im ›Neuen Vorlesebuch Religion 1‹, a. a. O., S. 128–130.

Wie auch immer: Es wird getröstet. Abgearbeitete Hände eines älteren (alten) Mannes legen sich zart um seinen Kopf. Wer mag dieser Mann sein? Auf jeden Fall will er dem Kind Gutes tun. Er will ihm helfen. Das Kind könnte (in Gedanken) zu ihm sprechen: »Heile meine Seele, sei mir nah.«
Vielleicht können alle drei trotz Not, Traurigkeit und Schmerz sich in die Hände Gottes geben: »Gott, mit deiner Liebe fängt mein Leben an. Dir sing ich mein Lied, solang ich kann« (Jahreslied, S. 5).
So wäre der Kreis des Buches geschlossen.

Arbeitsmaterial
1. Wen alte Menschen selig preisen

Selig,
die Verständnis zeigen
für meinen stolpernden Fuß und
meine lahme Hand.

Selig,
die begreifen, daß mein Ohr sich
anstrengen muß, um alles aufzu-
nehmen, was man zu mir spricht.

Selig,
die zu wissen scheinen,
daß meine Augen trüb und meine
Gedanken träge sind.

Selig,
die mit freundlichem Lachen
verweilen,
um ein wenig mit mir zu plaudern.

Selig,
die niemals sagen:
»Das haben Sie mir heute schon
zweimal erzählt.«

Selig,
die es verstehen,
Erinnerungen an frühere Zeiten
in mir wachzurufen.

Selig,
die mich erfahren lassen,
daß ich geliebt, geachtet und nicht
allein gelassen bin.

Selig,
die in ihrer Güte die Tage,
die mir noch bleiben, erleichtern.

Aus Afrika[1]

2. Biblisches Wort vom Alter

Kinder, wenn eure Eltern alt sind,
nehmt euch ihrer an.
Betrübt sie nicht, solange sie leben.
Denn die Liebe zu den Eltern wird nicht vergessen.
Nach Sirach 3,12.14

3. Die mögliche Not des Kindes auf dem Foto S. 123 kann (nach dem offenen Gespräch darüber) in einen Andachtstext münden, der biblische Psalmworte aufnimmt:

1 Aus: *Bernhard Honsel,* ›Der rote Punkt‹. Eine Gemeinde unterwegs, Düsseldorf 1985, S. 81 f.

Lieber Gott, hilf mir doch (Psalm 27,7)

Sie schreien sich an, meine Eltern.
Sie streiten.
Sie sagen sich böse und gemeine Worte.
Ihre Gesichter sind verzerrt vor Zorn und Haß.
Und mich, mich schimpfen sie aus.
Immer wieder. Oft ohne jeden Grund.
Ich traue mich nicht, etwas zu sagen.
Ich ducke mich. Ich halte den Mund.
Ich verkrieche mich.

Einsam bin ich und elend.
Die Angst meines Herzens ist groß.
(Psalm 25,16–17)

Mutter stößt mich so oft herum.
Sie keift. Sie ist schlechter Laune.
Sie ist sauer auf alles.
Sie kann mich nicht sehen.
Ich bin ihr nur im Wege.
Nicht ein einziges Mal
nimmt sie mich in die Arme.
Dabei sehne ich mich so danach.
Nach ein wenig Zärtlichkeit,
nach ein wenig Liebe.
Auch Vater ist niemals lieb zu mir.
Oft kommt er betrunken nach Haus.
Dann tobt er herum. Dann habe ich Angst vor ihm. Neulich hat er mich geschlagen.
Das hat sehr weh getan.
Viele Tage lang hatte ich die blauen Flecken.
Auf dem Rücken und an den Armen.

Ich bin so allein, so verloren.
Wie in einem dunklen Loch.
Ich weiß nicht mehr,
was ich machen soll.
Ich kann nicht mehr weiter.
Ich will auch nicht mehr.
Oft weine ich schrecklich.
Ich esse und trinke nichts.
Ich habe keine Kraft, meine Schularbeiten zu machen. Ich kann nicht rausgehen zum Spielen.
Niemand von meinen Schulfreunden besucht mich.
Alle wissen, wie das ist bei uns zu Hause.
Alle reden darüber.

Ach, ich bin so müde.
Ich weine die ganze Nacht.
Mein Bett ist naß von Tränen.
Meine Augen sind schon ganz geschwollen.
(Psalm 6,7–8)

Hilf mir doch, Gott.
Denn das Wasser geht mir bis an die Seele.
(Psalm 69,2)

Warum haben sie denn keine Zeit für mich?
Sie sind doch meine Eltern.
Warum haben sie mich nicht lieb?
Warum nimmt mich niemand
in die Arme?
Andere Kinder haben doch nicht
solche Eltern.
Andere Kinder sind froh.
Sie sind gerne zu Hause.
Sie fühlen sich geborgen bei
ihren Eltern.

Ich aber, ich bin ausgeschüttet wie Wasser.
(Psalm 22,15)

Ich bin wie ein zerbrochenes Gefäß.
(Psalm 31,13)

Ich hoffe, daß es bei euch zu Hause
nicht so ist wie bei diesem Kind.
Ich hoffe, daß eure Eltern euch nicht
so behandeln, daß ihr mutlos und
scheu werdet (Kolosser 3,21).
Ich hoffe, daß eure Eltern sich

liebhaben und daß sie euch mit Liebe
behandeln.
Ich hoffe, daß ihr alle zusammen
glücklich seid.
Aber, wenn ihr etwas zu klagen habt,
ihr könnt es Gott sagen.
Gott hört euch zu.
Gott umgibt euch – von allen Seiten.
Gott hält seine Hand über euch.
Gott will, daß ihr fröhlich seid.

Die Liedersänger der Bibel
wußten das.
Sie haben es Gott gesagt,
in ihren Liedern, den Psalmen:

Wenn auch Vater und Mutter mich
verstoßen, du, Herr, nimmst mich auf.
(Psalm 27,7)
Du hörst mein Weinen.
(Psalm 6,9)
Du tröstest mich in der Angst.
(Psalm 4,2)
Deine Hand hält mich fest.
(Psalm 63,9)
Du bist mein Helfer.
(Psalm 63,8)
Immer bist du bei mir.
(Psalm 23,4)
Ja, meine Seele ist fröhlich.
(Psalm 16,9)

Seiten 124/125
Abschließend wird noch einmal mit einem überschauenden Text, sowie mit einem interessanten Foto ein hoffnungsvollerer Ton angeschlagen. Das Miteinander von Konfessionen, Religionen und Hautfarben ist in dem appellativen Text von Martin Luther King sprachlich verdichtet. Die Kinder mögen sich erinnern, was sie über Katholiken und Protestanten, über Muslime, über Schwarze und Weiße gelernt haben, wenn sie diesen Text lesen (abschreiben, illustrieren). Dazu dann das Foto: Fünf fröhliche schwarze Jungen, ein nachdenklicher weißer Junge. Das ist noch einmal die veränderte Sichtweise, die das Buch an vielen Stellen anstrebt: Anderswo bin ich der Fremde, der Ausländer, der, der einer anderen Kultur angehört. Anderswo bin ich darauf angewiesen, daß die anderen freundlich zu mir sind, mich annehmen, meine Religion respektieren. Anderswo im Haus der Welt ist alles anders.
Dieser Gedankengang führt konsequent auf das Fazit des Textes von Martin Luther King: Eine große Familie sind wir im Haus der Welt, eine Familie, die getrennt ist durch Hautfarbe, durch Herkunft, durch Kultur und Religion und die deshalb lernen muß, in Frieden miteinander auszukommen.[1]

Wie alle anderen Bände, so schließt auch der zum 3. Schuljahr mit einem Segen, hier einem Segensbittlied, das (als Memorierlied) von der Weite des Himmels, der Wärme der Sonne, der Frische des Wassers ebenso spricht wie von den Träumen der Kinder, der Liebe der Eltern und den Geschichten der Alten.[2]

Jeder in seinem Haus.
Wir alle im Haus der Welt, im Menschenhaus.
Segne uns alle, Gott, im Haus deiner Welt.

1 Der Name Martin Luther King sollte den Kindern schon geläufig werden. In Bd. 4 ist dann ausführlich von ihm die Rede.
2 Die ›Alten‹, das sind wir, Lehrerinnen und Lehrer. Unsere Geschichten sollen den Kindern zum Segen werden.